한일회담과
반대운동

1951~1965년

이재오의 한국 민주화 운동사 정리 **2**
한일회담과 반대운동 1951~1965년

초판 1쇄 인쇄 2011년 11월 15일
초판 1쇄 발행 2011년 11월 22일

지은이   이재오
펴낸이   김태화
펴낸곳   파라북스
기획   전지영
편집   조은주 · 김영미
본문디자인 박정은
마케팅   박경만
등록번호   제313-2004-000003호
등록일자   2004년 1월 7일
주소   서울특별시 마포구 서교동 247-17 303호
전화·팩스   02) 322-5353   02) 334-0748

ISBN 978-89-93212-40-2 (03910)

한일회담과
반대운동

1951~1965년

이재오 지음

파라북스

김종필-오히라 메모 1962년 11월 12일 김종필과 오히라는 비밀리에 만나 외교적인 기술이나 흥정에 대해 더 이상 거론하지 않기로 하고 액수와 조건을 써서 교환했는데, 이것이 이후 한일회담의 청구권 금액의 윤곽이 된다. 김-오히라의 메모는 1992년에야 우리나라 언론에 "졸속 굴욕외교의 진상"이라며 공개된다. ⓒ조선일보

김종필-오히라의 비밀흥정 ⓒ조선일보

한일회담 반대운동 1964년 3월 26일 반대운동 3일째로 접어들면서 전국적으로 고등학생들이 대거 참여했다. ⓒ경향일보

민족적 민주주의 장례식 1964년 5월 20일 서울대 학생들이 개최한 민족적 민주주의 장례식은 곧 5·16 군사정부에 대한 장례식이었다. 학생들은 "시체여, 너는 오래 전에 죽었다. 죽어서 썩어가고 있다"는 조사로 군사정권을 장송했다. ⓒ조선일보

1964년 6·3사태 6월 1일부터 3일까지 굴욕적인 한일회담을 반대하는 시위가 격렬해지자 군사정권은 계엄령을 선포했다. 군대를 동원해 학생들과 국민들의 입을 막고 손을 묶으려 한 것이다. ⓒ동아일보

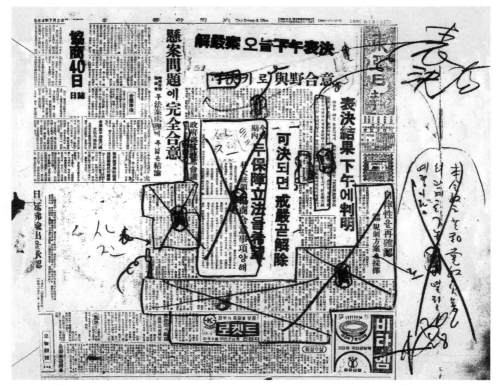

계엄하의 언론통제 1964년 6월3일에서 7월28일까지 계엄하에서는 모든 것이 통제되었다. 신문보도도 그 대상이었다. ⓒ동아일보

군인들의 시위 1965년 3월 23일 한일협정이 가조인되는 날, 조인반대 데모를 막기 위해 군인들이 거리에서 시위하고 있다. ⓒ조선일보

위수령 속에 이루어진 정식조인 대학들이 예년에 비해 20일 정도 앞당겨 방학에 들어간 사이, 한·일 양국정부는 한일협정에 정식조인했다. 방학이 끝나는 8월 중순부터 비준반대 운동이 대대적으로 일어나고, 정부는 위수령으로 이에 강경 대응했다. ⓒ 조선일보

개정판을 내며

1984년 《해방 후 한국 학생운동사》를 출간한 이래 많은 세월이 흘렀습니다. 그동안 한국의 정치 사회적 변화 또한 세월의 흐름만큼이나 다양해졌습니다. 그러나 아무리 세월이 흐르고 변해도 여전히 남아 있는 숙제는 한국 민주주의의 발전과 성숙입니다.

학생운동사를 출간하자마자 이 책은 금서였고, 우스운 일은 지금도 이 책이 금서목록에 들어 있다는 것입니다. 군사독재가 끝나고 민주정권이 들어선 지도 어언 20여 년이 되어갑니다. 그동안 우리의 학생운동에도 다양한 변화가 있었습니다. 지금은 대학캠퍼스에 최루탄 가스가 날리지 않는다는 것일 뿐, 우리 젊은 학생들은 여전히 다양한 요구와 주장을 들고 거리로 나오고 있습니다. 이즈음에 와서 우리 학생운동의 발전사를 들여다보고, 학생운동의 과거와 현재에 대한 성찰의 기회를 갖고자 합니다.

《한국 학생운동사》는 1945년 이후의 학생운동사를 학자가 아닌 민주화 운동가가 저술한 최초의 서적이었습니다. 9쇄를 발행할 정도로 당시 대학가에서는 필독서가 되었고, 이에 군사정부는 금서 딱지를 붙였습니다. 거의 30년 만에 개정판을 출간하면서 이 책이 현대사의 새로운 조명에 기여할 것을 기대합니다. 중·고등학생과 대학생 등, 우리 젊은 세대들이 지난 현대사를 이해하는 작은 사료가 되었으면 좋겠습니다.

또한 1984년에 저자 이름으로 출간된 《한일관계사의 재인식 Ⅰ》은 제가 대표필자였을 뿐, 사실은 몇 명이 함께 집필한 공저였습니다. 해방 후 학생운동사가 널리 읽히자 공저자와 출판사가 저를 저자 이름으로 내세웠던 것입니다. 그 책 내용 중 "한일회담과 반대운동" 부분만 해방 후 학생운동사에서 가필한 것임을 이 자리를 빌려 말씀드립니다.

독도문제는 우리에게 여전히 뜨거운 감자로 남아 있습니다. 일본은 독도문제와 관련해서 끊임없는 도발적인 행위를 해오고 있습니다. 1964년, 1965년 2년 동안 그 처절했던 굴욕적인 한일회담 반대운동을 다시 조명함으로써 민족의 자존적 기개를 높이고자 합니다. 우리 젊은이들로부터 점점 잊혀져가는 한일회담과 그 반대운동의 실상을 다시 한 번 되새길 때라고 생각했습니다. 또한 이 책 역시 우리 현대사 공부의 한 사료적 가치로 사용되었으면 하는 바람입니다.

《한일회담과 반대운동》의 판매인세 전액을 일본제국주의에 의해 피해당한 분들에게 전하고자 합니다.

해방 후 학생운동사를 집필할 때는 원고를 정리할 공간이 마땅치 않았습니다. 역촌동 한 독서실 구석자리에 쪼그린 채 라면으로 세 끼를 때우며 미친 듯이 써내려갔던 그때의 기억이 새롭습니다.

여기 두 권의 개정판에는 초판 출간 후에 확보된 자료사진과 그 후 제가 발표한 3편의 논문이 적절하게 보완되었습니다. 물론 다소 중복되거나 과도한 자료들은 편집과정에서 수정되기도 했습니다. 제목도 출판사의 조언에 따라《한국 학생운동사》와《한일회담과 반대운동》으로 바꾸었습니다.

두 권의 책을 개정하는 데 도움을 주신 여러분께 진심으로 감사드립니다. 언제나 따뜻한 벗들과 함께할 수 있는 것을 큰 복으로 생각합니다. 어려운 여건에서도 개정판 출간에 힘써주신 파라북스 김태화 대표님과 편집부 여러분께 다시 한 번 정중하게 감사의 인사를 올립니다.

2011. 11. 5
북한산 밑 우거에서

전환기의 한일관계

1984년은 한일협정이 체결된 지 20년이 되는 해이다. 근대국가의 형성이 피식민지 체제에서 출발한 우리나라는, 세계 그 어느 국가보다 일본과의 관계가 복잡하다. 상호 동등한 관계에서가 아니라 일방적인 피해를 당해왔다는 의미에서 복잡한 것이다. 역사를 너무 거슬러올라가지 않아도 된다. 봉건사회의 온갖 질곡에서 과감히 벗어나려던 동학농민혁명을 일본은 근대화된 군대와 무기로 짓밟아버렸다. 한반도에 일본을 끌어들인 봉건왕조의 매국행위를 개탄하기에 앞서, 우리는 일본의 제국주의적 속셈을 간파했어야 했다. 우리의 민족주의적 혁명운동은 일본의 식민지 건설의 야욕을 채우기 위해 무자비하게 탄압되었던 것이다.

1964년과 1965년에 걸쳐 일어났던 한일회담 반대 학생투쟁은 이러한 역사적 흐름에 대한 해방 후 최초의 대대적인 반일항쟁이었다. 치욕의 한일관계사에 대한 정확한 인식은, 학생들로 하여금 민족의 나아갈 방향을 제시하고 또다시 피식민지의 가능성이 반복되는 것을 거부하기에 이르렀다.

한일협정 조문에 나타난 한국에 대한 일본의 자세는 강점기 때와 근본적으로 변화가 없었다. 그들은 기본관계 조문에서, 1910년 한일병합조약에서 사용했던 '친밀한 관계'를 1964년 한일협정에서는 '선린관계, 긴밀히 협력함' 등으로 바꾸어놓고 있다. 유사 이래 일본과의 관계에서 우리가 친밀한 관계를 거부한 적이 있었던가? 그들이 내세우는 친밀관계는 '침략관계'일 뿐이었다. 우리는 그것을 역사를 통해 잘 알고 있다.

대일청구권 및 경제협력에 관한 사항을 정리해보면, 청구권 3억 달러를 10년에 걸쳐 연 9,000만 달러 내외로 제공하고, 경제협력이라는 명목으로 유상차관 2억 달러를 10년간 해외경제협력기금에서 일본 내의 생산물과 일본인의 용역으로 제공한다는 것이다. 즉, 무상원조 3억 달러, 유상원조 2억 달러 상당의 일본상품과 일본인의 용역이 10년에 걸쳐 한국경제에 침투하게 되는 것이다. 이러한 제공 및 차관은 우리 경제의 발전을 위한 것이 아니라, 실은 전후 일본의 경제 질서안정을 위한 일본자본의 대외진출이었다. 결국 일본의 경제적 이해에 바탕을 둔 한일협정은 일본자본의 본격적인 한국 진출과 한국경제의 대일종속을 가속화하는 경제침략의 서막을 연 셈이었다.

또 어업협정에서는 우리의 평화선을 철폐해버렸고, 재일 한국인의 법적지위와 대우에 관한 협정에서는 일본국에 거주하고 있는 "대한민국 국민이 일본국의 사회질서 하에서"생활하도록 규정함으로써 '일본국의 사회질서' 속에 교포들의 지위를 묶어버렸다.

한일협정문 가운데 가장 노골적으로 일제통치를 합법화한 협정은 〈문화재·문화협력에 관한 협정〉이다. 이 협정에 대한 합의의사록에 보면 "한국 측 대표는 일본국민의 사유로서 한국에 연유하는 문화재가 한국 측에 기증되도록 희망한다는 뜻을 말했다"고 되어 있다. 강점기에 강탈해가고 훔쳐간 우리의 문화재가 '일본국민의 사유'로 인정되었고, 그

것을 되돌려주는 것은 '기증'하는 것이고, 그것을 되돌려달라는 요구는 '희망'사항이 되어버렸다. 이보다 더 굴욕적이고 치욕적인 내용이 있을 수 있겠는가?

이처럼 굴욕적인 협정문에 대해, 당시 박정희 정권은 우리나라가 참전 국이 아니기 때문에 배상을 요구할 수 없다는 입장을 밝혔다. 그렇다면 수많은 우리 젊은이들이 강제징병 등으로 일본이 일으킨 전쟁에서 목숨을 바친 대가는 어떻게 되는가? 더욱이 인도, 파키스탄, 인도네시아, 말레이시아 등이 2차대전 당시 영국·네덜란드 등의 식민지로서 어느 한 국가도 참전하지 않았지만 전후 배상을 받았으며, 알바니아는 이탈리아의 식민지였음에도 불구하고 배상을 받았다는 사실은 어떻게 설명할 것인가? 또한 베트남도 일본과 전쟁을 하기는커녕 강화회의에 초청조차 받지 못했는데도 독자적으로 배상을 받지 않았던가?

다시금 한일관계가 심각하게 논의되고 있다. 일본 천황 히로히토는 '유감'을 노래하고, 한국의 언론들은 너나없이 '한·일 신시대'를 부르짖고 있다. 그러나 이러한 작태는 분단극복의 문제, 자립경제 실현의 문제와 같은 대다수 민중의 삶과 동떨어진 채 진행되고 있다. 1960년대 지역 안보체제를 지향하는 미국의 동아시아 정책에 따라 해방 이후 20여 년 간 한반도에서의 미국의 역할은 구식민지 종주국이었던 일본으로 대위代位되기 시작했다. 1965년 최루탄·곤봉으로 얼룩진 한일회담을 조인함으로써, 박 정권은 국군 베트남 파병문제와 함께 미국의 동아시아 정책에 이해를 일치시켰고 미국의 대외적 지지를 통해 정권의 정치적 기반을 굳혀나갔다.

대일청구권 자금은, 해방 후 국민적 자본축적 결여로 인해 심화된 외자의존 과정 중 미국원조의 감소로 나타난 경제적 불안을 일시적으로 해소했다. 그러나 다수 국민의 반대를 물리치고 진행된 국교정상화는 이후 일본 보수정권과의 유착을 통해 엄청난 반민족적 결과를 초래했다. 소위 대일청구권 자금은 종료되기도 전에 한국경제는 일본경제의 재생산권에 종속됨으로써 1945년 이전 상태로 회귀했다. 국교정상화 이후 20년도 채 못 되어 대일무역 누적적자는 300억 달러에 육박하고 있다.

군사·정치·외교·문화의 면에서 일본의 신군국주의적 대두는 우려할 만한 선을 넘어서고 있다. 경제침투의 가속화와 군사적 강화로 인한 군산복합체적 보호관계가 노골화되고 있어 모든 부문에 있어서 종속적 수탈과 지배가 우려되고 있는 실정이다.

1982년 일본정부의 비호하에 '교과서왜곡 사건'이 있었다. 교과서왜곡은 식민주의 사관에 의거해 산발적·부분적으로 시도하던 한국사 왜곡과는 달리, 본질적으로 신군국주의를 지향하면서 일본정부에 의해 전국적·통일적·체계적으로 강행되었다. 개편의 초점은 일본 군국주의의 한국 및 대륙 침략과 그들의 약탈·만행을 정당화하자는 데 있고, 이것은 일본의 전후세대들에게 새로운 신군국주의적 사고를 고취시키는 동시에 신군국주의 형성 작업의 일환이라고 볼 수 있다.

이렇게 치달아온 일본의 재무장은 1983~1987년의 '방위력 증강 5개년 계획'이 완료됨으로써 더욱 강화될 전망이다. 그렇게 되면 그들의 방위력은 자위 범위를 훨씬 넘어서게 될 것이다. 이를 통해 일본의 신군국주의 책동자들은 한국사와 한국 민족을 희생해 신군국주의 정신과 의식 그리고 신군국주의 체제를 고양시키려 하고 있다.

신군국주의 일본의 '진출'은 어떠한 양상을 띠게 될까? 평시에는 1945년 이전의 양태를 띠지는 않을 것이다. 그러나 미래에는 경제와 문화의 우회침투 위에, 그것을 측면 내지 후면에서 호위하면서 경제와 문화의 침투와 같은 범위로까지 침략 또는 '진출'하는 군사력이 그 영역을 고착시킬 것이다.

필자는 분단 40년, 그 고난의 벽을 깨기 위한 작업의 하나로《해방 후 한국 학생운동사》를 펴낸 바 있다. 분단 40년 이 땅의 청년·학생들이 무엇을 위해 그토록 처절한 몸부림을 쳐왔는가를 논구하고 싶었기 때문이다. 현상은 본질을 규정하지만, 그 본질은 현상을 잘못 인식하면 완전히 왜곡된 결과로 드러나게 마련이다. 오늘의 시점에서 한일관계의 복잡다단한 면을 다 드러내 밝힌다는 것은 무척 어려운 일이다. 또한 경제관계 부문 등 필자의 능력으로는 도저히 제대로 분석할 수 없는 분야도 있다. 따라서 이 책은 처음부터 필자만의 힘으로는 될 수가 없는 것이었다.

처음의 기획에서부터 원고의 정리·교열에 이르기까지 심혈을 기울인 학민사의 김학민 대표, 우리기획실의 민병두 대표의 도움이 컸다. 또한 자료수집에서 집필에 이르기까지 온 열정을 기울인 후배 황용훈(1장), 진세욱(2~3장), 김용기(4장, 결론) 들이 없었더라면 이 책은 더욱 가능하지 않았다. 지면을 빌려 모두에게 감사를 드린다.

1984년 9월 6일

한일회담 교섭과정

미국의 한일회담 주선 배경

최초의 한국과 일본 사이의 회담인 예비회담은 주일 연합군 총사령부의 주선으로 열렸다. 1948년과 1950년 두 차례에 걸쳐 연합군 최고사령관 맥아더는 이승만 대통령을 설득해 한일 양국간의 유대강화를 희망하는 성명을 발표하게 했다. 그리하여 이승만 대통령은 두 차례에 걸친 맥아더 방문 후 측근에게 "미우나 고우나 일본은 이웃나라인 만큼 한일문제를 해결해야겠다"며 회담에 참가할 의사를 밝혔다.

　미국은 이후에도 한일 국교정상화 및 회담에 적극적으로 개입했다. 여기에는 그만한 이유가 있었다. 2차 세계대전 이후 세계는 사회주의권이 확대되고 민족주의 운동이 치열하게 전개됨에 따라 식민지 체제가 붕괴될 조짐을 보였다. 선진 자본주의국가 내에서도 혁신적 정세가 고양되어 자본주의 체제의 구조적 위기라는 새로운 국면을 맞이했다. 2차대전을 거치면서 자본주의 제국들 사이에서 주도권을 장악한 미국은, 자본주의권의 새로운 위기를 타결하고 세계정책을 입안하는 역할하게 되었다. 따라서 전후 자본주의 국가들의 변화는 미국과의 관계와 그 영향력을 기본적으로 살펴보아야 명확히 규명될 수 있다. 미국이 한일회담을 종용하고 주선하면서 맞게 된 한일관계의 변화 역시 마찬가지다.

1. 한국전쟁 전까지 미국의 동아시아 정책

1차대전 후부터 한국전쟁 직전까지 트루먼 정부 시대 미국의 전략은 사회주의권과의 냉전을 기저로 한 대소對蘇봉쇄전략의 시기라고 할 수 있다. 이는 전후 세계가 위기 상황에 처해 있고 소련과 같은 사회주의권의 팽창을 막아야 위기를 극복할 수 있다는 정책적 입장에서 나온 것이었다. 전후 폴란드, 루마니아, 헝가리, 유고, 불가리아, 체코, 알바니아, 동독 등 동유럽이 소련에 의해 사회주의권으로 넘어가고, 1946년 말부터는 서구 방위의 중요 지역인 그리스가 공산주의자들에 의해 게릴라공격을 받고 있었다. 아시아에서는 중국과 베트남이 사회주의화될 위기에 처해 있었으며, 외몽고 또한 1946년 8월 자치정부를 수립하면서 사회주의 국가가 되었다. 바로 이러한 정세가 미국이 봉쇄정책을 취하는 배경이었다.

봉쇄정책의 구체화 과정으로서 미국은 군사력을 정비 강화하고, 세계적인 규모로서의 반소·반공, 경제·군사 체제의 확립을 시도했다. 또 공산주의 침략으로 위기를 겪는 국가에 군사적 원조뿐만 아니라 경제적 원조를 함으로써 소련의 팽창을 저지하려 했다. 소련에 대한 봉쇄정책은 유럽지역에 최우선적인 중점을 두었으나 아시아 역시 중요한 지역으로 포함되었다.

아시아에서는 중국 문제가 가장 큰 초점이었다. 아시아 지역은 역사적으로 오래 전부터 서구 자본주의 제국의 침략을 받아왔기 때문에 격렬한 민족주의 운동 전통이 강하게 남아 있었다. 그 때문에 내전이 치열하게 전개되고 사회주의화될 가능성이 높은 지역이었다. 게다가 동아시아의 대부분을 차지하는 중국에서는 중국공산당이 이미 영향력을 점점 확대해가고 있었다. 1945년 2차 세계대전이 끝났을 때는 이미 만주·화북·화중을 장악했고 1억 인구가 그들의 영향력 아래 있었다.

미국은 중국 땅에서 소련을 배제하고 독점적 지배를 할 목적으로 국민당 정부의 장개석을 지원해 수십억 달러의 원조를 제공했다. 그러나 극심한 인플레와 경제파탄, 사회·경제적 개혁조치의 미비, 관리들의 부패로 인해 국민당 정부는 국민의 신뢰를 잃었고, 따라서 군대도 전의戰意를 상실하기에 이른다. 1947년 가을부터는 국민당에 제공된 미국제 무기가 공산당 측으로 대거 넘어가 중국인민해방군PLA의 공세가 점점 결렬해졌다. 산동·서주·천진·북경 등이 연이어 함락되고, 1949년 10월에는 중국공산당 정권이 수립되었다.

중공정권의 수립으로 미국은 아시아 정책을 수정해야 했다. 한반도와 인도차이나 반도가 중국의 인접지역으로서 사회주의권에 대한 방어기지로 등장했으며, 이 지역에 대한 미국의 개입이 강화되었다. 일본에 대해서는 반공 방파제로서의 군사적·정치적 의의를 중요시해, 초기 일본 점령정책인 무해화無害化·평화·민주화 정책을 포기하고 극도의 병참기지화로 정책방향을 바꾸었다. 이로써 일본 군국주의의 부활을 허용하게 되었다.

2. 한국전쟁과 아이젠하워 시대, 미국의 동아시아 정책

미국의 대소 봉쇄정책은 곧 한계를 부딪쳤다. 2차대전 직후 미국은 국민여론에 의해 병력을 축소하지 않을 수 없었다. 800만이던 육군병력을

1950년 6월 초에는 59만으로 줄이는 대신, 미국은 원자탄의 독점을 내세웠다. 그러나 이에 대한 미국의 독점적 우위는 소련이 1949년 8월 원자폭탄 실험에 성공함으로써 깨져버렸다. 베트남전 개입 또한 미국의 정책에 변화를 불러왔다. 1946년 11월 이래 계속된 베트남전이 가열되면서 호찌민의 월맹DRV과 베트콩에 대항하던 프랑스가 중압을 이기지 못하고 미국에 군사적·재정적 지원을 요청했고, 미국이 이를 수락하면서 본격적으로 베트남전에 개입한 것이다. 1949년 10월에는 중국이 완전히 사회주의화되어 중국공산당 정권이 수립되었다.

세계정세가 이렇게 변하자, 특히 아시아에서 사회주의 영향력이 고조되자, 미국은 한국전쟁과 인도차이나 분쟁에 개입해 사회주의권에 대해 전면적·직접적인 무력대응을 하게 된다. 이 시기가 바로 '대반격전략의 시기'이다. 아이젠하워의 대반격전략은 소련의 영향이 점점 강화 팽창하자 수세에 놓인 미국이 전 분야 전 전선에서 적극적으로 대응공세를 취해 극복하려 한 것으로, 서유럽의 재군비와 아시아에서의 전선확대를 골자로 한다.

이 대반격전략이 가장 철저하게 수행된 곳이 바로 한국전쟁이었다. 1950년 6월 25일에 시작된 한국전쟁은 한반도를 중심으로 동남아시아를 포함한 아시아·태평양 지역에서의 군사행동을 상정하고 중국연안을 봉쇄하면서 대륙으로 전선을 확대하려는 미국의 대반격전략의 결집점이었다. 국지전의 차원을 넘어선 세계적인 규모의 전쟁으로 사회주의권에 대한 미국의 총력전이기도 했다.

한국전쟁을 수행하는 데 있어 결정적 역할을 한 것은 일본인이었다. 한국전쟁이 터지자 맥아더는 일본정부에 7만 5,000명의 경찰예비대의 조직과 해안을 초계하는 해상보안청의 8만 명 증원을 허락했다. 일본의 군사전문가들은 연합군에 복무하면서 한국전쟁 수행에 결정적인 도움을 주었고 동시에 기술인력 등이 미군에 종사함으로써, 일본은 한국전쟁 수행의 후방 지원기지 역할을 했다. 또 일본 전체가 미국의 전쟁수행에 동원되어 군수품 조달기지, 미국 발진기지 등의 역할을 했다. 후에 일본 없이는 한국전쟁 수행이 불가능했다는 평가가 나온 이유가 여기에 있다. 일본은 미국 영향력 아래 동아시아 반공 군사동맹 및 군사 기지망의 역할을 확실히 수행했던 것이다.

한국전쟁은 일본경제에도 매우 중요한 계기가 되었다. 패전 후 수습기에 있던 일본경제는 한국전쟁 특수特需를 통해 경제성장의 발판을 마련했고, 일본 독점자본은 부활의 계기를 맞았다. 또한 일본은 주한·주일 미군을 위한 전쟁물자 및 전시구호에 대비하라는 미 국방성의 특별 조달령을 근거로 무기까지 생산하게 되었다. 이것은 일본이 반공 아시아의 병기고 역할을 수행함과 더불어 일본 군국주의 부활하는 계기가 되었다.

아이젠하워 정부도 트루먼 정권 말기에 채택된 정책들을 대체로 변화 없이 받아들였다. 아이젠하워 행정부는 뉴룩New Look전략을 세웠는데, 이것은 대소련 공세라는 적극적인 목표와 군사비 축소라는 현실적인 요구에서 비롯된 모순을 해결하기 위해, 핵과 전략공군에서 우위를 유지하고, 동맹국의 군비강화로 국지적 지상전투에 대처한다는 내용을 포함하는 것이었다. 뉴룩전략에 의거해 미국은 해외주둔 병력을 축소하고 독일·일본의 재군비를 추진하면서 전면전쟁을 위한 동원기반을 만들었다. 그리고 전체적으로 미군 병력과 국방비는 삭감했다.

일본에 대해서는 5년간의 막대한 투자가 계획되었다. 일본을 아시아 자본주의권의 병기고로 상정하고, 경제적·군사적인 부흥을 위해 막대한 방위지원 계획의 대상으로 삼아, 한국군의 확장과 강화를 측면에서 지원하게 했다.

한편 미국은 한국을 중공에 대한 군사적 봉쇄를 유지하는 최전선으로 확고히 하는 동시에, 동남아시아에서 발생할지도 모를 공산권과의 대결을 대비해 반공보루로 성장시키려 했다. 1953년 이후 1958년까지는 한국의 군사력 증강기라고 할 수 있다. 1945년 11월 17일 한미 합의의정서에 따르면, 양국은 한국군을 72만 명으로 증강하는 데 합의했다. 미국은 거대해진 한국군을 통제하기 위해 6만여 명에 달하는 2개 사단을 한국에 주둔시키고 군사고문단을 두어, 군사 예산규모와 훈련 및 기구편성은 물론 휘발유와 탄약의 양까지 통제했다.

　1950년대 초반 미국의 기본전략으로서 대량보복전략[1]을 상정한 뉴룩전략은, 후반에 들어서면서 소련의 군사력 팽창으로 인해 네오뉴룩Neo New Look전략으로 변화했다. 1955년부터 소련은 장거리 폭격기를 현저히 발전시켰고, IRBM중거리 탄도탄, ICBM대륙간 탄도탄 실험발사에 성공했다. 그리고 1957년 10월에는 인공위성 스푸트니크호를 발사했다. 이렇게 소련의 핵 군사력이 팽창함에 따라 핵제한에 의한 전쟁억제가 불가능 해지자, 미국은 국방비를 늘리고 병력을 축소하는 대신 전술 핵병기를 장비한 병력, 특히 육군의 핵 포병대인 펜토믹 사단에 중점을 두며, 핵 보복력은 미국 본토 또는 미국에 중요한 지역에 대한 직접 공격을 억제하는 정도로 만족한다는 내용의 네오뉴룩 전략을 수립한 것이다.[2]

　그러나 전략공군에 치중한 나머지 제한전쟁에 필요한 재래식 병력은 경시되었고 재정긴축 정책으로 일관했기 때문에 네오뉴룩전략은 특별한 진전을 보지 못했다. 1950년부터 1960년까지 네오뉴룩전략이 전개되는 시기에 미·소 양대 진영의 핵 교착상태는 미국의 주변기지보다 전

---

1 공격을 받으면 핵무기 적재 폭격기로 즉각 보복 반격한다는 미국의 전략
2 문희석, 〈미 극동 군사정책의 변모〉, 《사상계》 1946년 5월호, p.100.

진기지의 가치를 격상시켰다. 그래서 미국은 동남아시아의 제3세계 군소국가들에 대해 반공활동을 강화했다. 또한 극동지역에서 군비경쟁을 전개해 한국과 대만을 핵전쟁에 대비케 하는 한편, 일본에 대해서도 방위력 정비계획을 추진했다. 1957년 6월 21일부터 이승만이 퇴진한 1960년 4월 25일까지 미국은 한국에 최신형 제트기들과 전술핵무기를 들여왔다. 1958년 초경 미국은 남한에 어네스트 존 미사일부대, 핵 포병대 펜토믹 사단을 배치하고, 오키나와에 나이키 미사일 기지를 건설했다. 1957년 7월 1일 미 국방성은 도쿄에 있는 극동군 사령부를 폐쇄하고, 도쿄에 있던 유엔군 사령부를 서울로 옮겨와 미8군 본부를 겸하게 했다. 동시에 하와이에 새로운 태평양 사령부를 설치했다.

국방성의 이 같은 조직상의 변화에 병행해 미국은 일본에 한국과 동남아에서 좀 더 적극적인 역할을 위한 준비를 요구하며 압력을 넣었다.[3] 그리고 1960년에는 일본과의 상호안보조약을 갱신했다. 이는 일본 여론을 무마하기 위해 양국이 대등한 관계를 맺는다는 형식상의 자격을 부여하는 것이었지만, 실질적 의미는 새로운 조건하에서 미국의 정책을 지원하도록 강제한 것이었다.

3. 케네디 시대의 동아시아 정책

1960년 말경, 즉 아이젠하워 정부 말기부터 케네디 정부 성립기에 걸쳐서 미국의 태평양군은 중국의 고립과 봉쇄를 더욱 강화했다. 미국의 대중국전략은 소련의 핵보복을 억제하면서 동시에 전쟁을 다른 지역으로

---

3   허버트 p. 빅스, 〈지역 통합전략〉, 《1960년대》, 거름출판사, pp. 235~236.

파급하지 않는다는 한정·국지 핵전략이었다.

아이젠하워 시대의 네오뉴룩전략은 미사일 갭gap, 핵독점·우위 상실 등으로 인해 특별한 효력을 보지 못하고 파탄을 맞았다. 베트남과 라오스의 위기가 한층 심화되고 아프리카 여러 나라의 독립, 쿠바혁명 등 새로운 정세를 맞아, 케네디 정부는 최대한의 억지전략과, 핵전쟁과 병행한 국지전, 대게릴라전을 위한 유연반응전략을 세웠다. 유연반응전략은 전면 핵전쟁을 하지 않고서도 전쟁목적을 최대한 달성하기 위한 케네디 정부의 전략으로, 이에 기초해 미국은 육군을 개조했다. 비핵화력을 증강하고 모든 환경에 혹은 위협에 대처할 수 있는 전술적 기동력과 유연성을 확보했다. 그리고 비핵전쟁, 준군사작전, 준국지전쟁, 비통상전쟁에 대비해 부대를 재훈련했다. 또한 주요 동맹국들과의 결합을 강화하고, 유럽·태평양 지역 등에 새로운 공수여단을 배치했다.

새로운 전략과 동시에 추진된 것은 미·소 협조체제였다. 미·소 협조체제는 중·소 대립의 틈바구니와 쿠바 위기의 처리를 둘러싼 미·소 협조를 계기로 1963년까지 급속히 진전되었다. 양국은 부분 핵금지 조약, 대소 소맥수출, 우주협력 등의 조약을 체결했다. 미국이 소련과 부분 핵금지 조약을 맺게 된 이유는 미국이 우위를 점하고 있는 핵무기 분야에서 핵확산과 중국의 핵전력 획득을 막기 위한 것이었다. 또 미국은 SEATO[4], ANZUS[5] 등 군사동맹을 체계화했고, 버마 등의 비동맹 제국과의 외교도 중요시했다. 또한 베트남의 메콩강 개발계획, 아시아개발은

---

4 동남아시아 조약기구. 미국의 제창에 의해 설립된 지역 방위기구로서 북대서양 조약기구(NATO)의 동남아시아 판이다. 동남아시아 지역에서의 공산주의 침투를 방지하기 위한 조약기구로, 미국·영국·프랑스·오스트레일리아·뉴질랜드·태국·파키스탄·필리핀이 회원국이다. 그러나 프랑스·파키스탄의 탈퇴로 약화되었다.
5 오스트레일리아·뉴질랜드·미국, 3국이 1951년 9월에 안보조약을 체결했는데, 가맹 3국의 머리글자를 따서 'ANZUS조약'이라 한다. 미·필리핀 상호방위조약, 미·일 안보조약과 함께 태평양 방위구상의 주요 일환이다.

행, 동남아시아 개발 원조계획 등의 군사·경제개발 원조계획을 실시했다. 이러한 일련의 움직임은 중국봉쇄정책과 결합되는 것이었다.

아시아에서 미국은 사회주의화를 저지하기 위해 베트남전쟁에 개입했고, 그와 더불어 진행된 중국봉쇄정책에서는 일본을 동반자로 상정했다. 제2차 세계대전의 종결 이후 미국은 989억 달러에 달하는 천문학적 숫자의 경제 및 군사 원조를 여러 자본주의 국가들 및 자국의 영향력하에 있는 나라들에 제공했다.

그러나 이것은 무역 외 지출로 인한 미국의 만성적 재정적자를 야기했고, 그래서 미국은 경제원조 정책은 물론이고 군사정책의 부담을 영국·독일·프랑스·이탈리아·일본 등에 분담 또는 전가하기로 했다. 따라서 아시아에서 유일한 선진공업국인 일본이 그 대상국가로 부상해 봉쇄정책의 동맹자 역할을 떠맡게 된 것이다. 일본은 동남아시아 원조와 각종 지역협력기구에서 주도권을 담당하게 되었고, 바로 이러한 배경이 한일회담이 조속 타결되는 요인이었다.

일본이 동아시아에서 미국의 동맹자로 급속히 부상하게 된 것은, 1960년 1월 19일 미·일 간에 신新안보조약을 체결하면서부터이다. 이 조약은, 일본의 자위대를 증강하고 이 자위대가 새로이 재편된 태평양 지휘구조에 따라 행동하기를 기대하는 미국의 요구를 유화시킨 형태로 맺어졌다. 일본에 대한 미국의 요구에서 제1차적인 부분은 바로 한국 문제였다. 1961년 11월 미·일 무역경제 합동위원회 제1차 회의에서 러스크 미 국무장관은 다음과 같이 말했다.

"한국 문제는 미국의 아시아 정책의 중심과제이다. 남베트남이 매우 위험한 상태에 빠지고 있는 이때 한국에서 실패하는 것은 미국의 위신에도 관계한다. 동아시아의 정세를 개선하는 것은 미·일의 공동목표이므로, 일본은 조속히 한국과 국교를 정상화해서 한국의 정치적·경제적

안정에 협력하기를 바란다."[6]

　구조약이 한국전에 대한 일본의 지원을 보장하기 위한 것이었던 데 비해, 미국의 요구에 의해 맺은 1960년의 신안보조약은 일본 영내에서 발생하는 미·일 어느 쪽에 대한 무력공격에도 공동대처한다는 내용이 포함되어 있었고, 현실적으로는 베트남에 대한 일본의 지원을 확보하려는 것이었다. 일본의 위치 부상과 함께 미국은 육·해·공군을 중국 일선 기지에 재편해 배치했다. 즉 한국 38선 부근과 대만·베트남 등에 배치되었던 핵부대가 국지전투에 적합한 부대로 개편된 것이다.

　미국의 중공봉쇄전략은 중공의 성장과 베트남·인도차이나에서 전쟁이 확대됨에 따라 정책수립의 초점을 동남아시아와 인도차이나 지역으로 이행시키는 것이었다. 미국은 베트남 정부군을 증강하는 한편 공·해군 기지나 미군원조 사령부를 설치해 베트남에 대한 미국의 개입을 보다 구체화·본격화했다. 더불어 아시아지역 전반에 걸친 미국의 영향력을 확대하기 위해 라오스의 1964년 4월 쿠데타를 지원하는 한편 한국의 5·16쿠데타를 승인하고, 미얀마·인도네시아의 중립정권에 대해서도 접근을 시도했다. 그러나 베트남전쟁이 파탄을 맞으면서 케네디 정책은 새로운 난관에 부딪치고 미국은 또 한 번 동요하게 된다.

4. 본격적인 베트남전쟁 개입 이후, 미국의 동아시아 정책

케네디 암살 이후 존슨의 시대, 미국의 아시아와 태평양 지역에 대한 기본전략 및 정책은 원칙적으로 변화가 없었다. 즉 대소협조와 국지적 반

6　畑田重夫,〈일한회담과 미극동전략〉,《일본과 조선》, 勁草書房, p.122.

격의 기본노선에는 변화가 없이, 중국을 주요 적국으로 규정하고 한국·대만 등 아시아대륙의 주변에 육·해·공군력을 지속시켰다. 그리고 오키나와와 하와이에 이것을 지원하는 국지적인 기동 공격병력을 두고, 미국 본토에는 전략예비군을 배치했다. 이러한 병력전개에 덧붙여 미국은 적의 공격을 전방지역에서 적극적으로 억제하는 소위 전방전략을 채용하였고, "전면적인 핵공격에는 핵보복으로, 통상군비에 의한 국지전에는 통상군비로, 게릴라전에는 게릴라전으로"라는 유연반응전략을 기본전략으로 삼았다. 그리고 그를 위한 거점으로 일본이 상정되고, 그 관계 속에서 한일 국교정상화가 미국의 주요 요망사항이 되었다. 이에 한일 양국에 대한 미국의 압력이 가중되었다.

존슨 시대의 미국은 자국의 전략을 수행하기 위해 5개년 국방계획을 실시했고, 이에 따라 전략 핵보복 부대, 본토 대공·대미사일 방위부대, 전방 목적 부대, 공수 및 해상 수송부대를 설치했다. 태평양 통합군은 이 부대들로 하여금 극동 및 동남아시아 지역에서의 봉쇄정책을 수행하게 하고, 각종 성격의 분규 및 전쟁에 대비했다. 존슨 시대에 커다란 변화 없이 계승되었던 봉쇄정책이 실질적으로 변화를 보게 된 것이다.

베트남전쟁이 격화되면서 특수전쟁이 파탄됨에 따라 베트남전은 국지·한정전쟁으로 격상되었고, 미국은 군사개입을 무제한 확대하는 한편 중국과 데탕트를 추구하면서 국지적 반격전략을 베트남·인도차이나 등 소사회주의국에 집중시켰다. 그러나 재정적자와 피해 격증 그리고 미국 내의 반전 분위기 고양 등으로 결국 베트남에서의 미국 정책은 이후 완전한 실패로 끝나버렸다.

아시아 정책의 두 초점 가운데 하나인 베트남 문제가 실패로 끝난 데 비해, 다른 하나인 한국 문제는 한일회담을 타결시킴으로써 1차적으로 성공했다고 볼 수 있다. 한일회담의 타결이 급속히 추진된 것은, 아시아에서 미국의 영향력이 후퇴하고 있다는 위기감이 작용한 데다 직접적으로는 베트남 상황의 급속한 악화가 그 이유였다.

당시 미국이 아시아에서 느끼는 위기감에는 그만한 이유가 있었다. '남베트남 해방민족전선'과의 싸움에서 미국이 패배하였고, 베트남전쟁 수행을 주요 목적으로 했던 동남아시아 방위조약기구SEATO는 프랑스의 반발과 파키스탄과 중국의 국교 강화로 유명무실해졌다. 그리고 한국에서는 학생을 중심으로 한 한일회담에 대한 반발이 거세게 일어나 박 정권의 존립이 위기에 처해 있었다. 인도네시아는 1965년 1월 말레이시아가 유엔안보이사회 비상임이사국에 선출된 것에 항의해 유엔에서 탈퇴했고, 이로써 말레이시아와의 관계가 악화되었다. 캄보디아는 1963년 11월 미국의 원조를 거부하고 1965년 4월 20일에는 모든 대미관계의 단절을 선언했다.

이처럼 동남아시아 전방지역에서 미국 봉쇄정책에 동요가 일자 미국은 급기야 유일한 동맹국으로서 일본을 필요로 했고, 일본이 동맹국으로서 해야 할 첫 번째 임무는 한일회담의 타결이었다. 즉, 아시아에서 자유세계국가 간의 관계를 강화하고 중립국들에 대한 자유세계국의 영향력을 강화하기 위해 경제협력을 중심으로 하는 지역 협력체제를 형성하려는 것이 미국의 의도였고, 그 첫 번째 과제가 바로 한일회담이었던 것이다. 결국 한일조약은 아시아·태평양 지역의 반공군사동맹을 결성하려는 미국의 아시아 정책의 극히 중요한 부분이었던 것이다.

1차회담을 위한 예비회담

애초 예비회담은 주일연합군총사령부SCAP 외교국장 시볼트W. J. Sibolt의 지시에 의해 1951년 10월 8일부터 SCAP가 옵서버 자격으로 참석한 가운데 열릴 예정이었으나, 한국 측이 불만을 표시하며 12월 하순으로 연기할 것을 요청했다.

그 이유는 한국 측은 회담을 대일對日 강화조약이라고 생각해 재일 한국인의 국적문제뿐만 아니라 한국의 해방에 따른 재산처리 또는 통상문제, 어업권, 선박반환 문제 등을 의제에 포함시킨다는 입장이었지만, 일본 측은 오직 한국인의 법적지위 문제만을 토의대상으로 하려고 했고, 시볼트가 일본의 입장을 지지했기 때문이다.

한국이 이에 불응한다는 입장을 전하자 SCAP는 10월 9일 일본정부에 각서를 전달해 한국 측의 희망을 알리고, 10월 20일로 회의를 연기한다고 통고했다. 이에 일본은 10월 9일 "SCAP로부터 재일한국인의 국적에 관한 SCAP, 한국 및 일본 대표 간의 회담을 20일부터 하고 싶다는 요지의 각서를 받았다"고 발표했다. 재일한국인의 국적문제만으로 의제를 축소하겠다는 의지를 명확히 한 것이다.

성격과 의제도 모호한 가운데 예비회담은 미국의 주선으로 1951년 10월 20일부터 12월 22일까지 개최되었다. 양유찬 주미대사와 이구치 사다오井口貞夫가 각각 수석대표로 나왔고, 사회는 SCAP 외교국장 시볼트가 보았다. 한일회담 전 과정을 통해 한국은 외교적 미숙함을 그대로 드러냈는데, 특히 예비회담에서 한국 측 대표들은 정부의 훈령도 제대로 받지 못하고 참가해 본인들의 식견과 국내여론의 동향에 따라 막연히 회의에 임했다.

회담이 진행됨에 따라 한국 측이 의제확대를 요구했다. 그러나 구체적인 토의과정에 들어가자 양국간의 의견차이가 표면화되었다. 우선 의제부터 논란이 되었다. 한국은 전승국戰勝國으로서의 배상을 포기하고 채권적인 청구권 성격의 대일청구권을 요구했다. 또 어업협정을 맺어 일본 어선의 남획으로부터 연안 어족을 보호하고자 했다. 이에 반해 일본은 소수민족 문제를 발생시킬지도 모를 재일한국인 문제부터 처리하고자 했다.

일단 한국정부의 승인문제에 있어 한반도에 두 개의 정부가 있지만 일본은 대한민국 정부를 정통으로 인정한다는 입장을 밝힘에 따라, 재일한국인의 국적문제는 해결되었다. 하지만 법적처리 문제에서 의견이 대립되었다. 한국 측의 주장은 다음과 같았다.

1. 재일한국인 및 그 자손에게 자유로이 일본을 출입국할 수 있는 권리를 보장할 것
2. 교육·사회보장·재산권 등의 수익 및 권리행사에 있어서 일본국민과 동등한 처우를 받도록 보장할 것
3. 그들의 재산을 소유 또는 처분하는 권리와 귀국 희망자에 대해서 종류·

양·가격에 관한 아무런 제한 없이 전 재산을 세금을 내지 않고 반출할 수 있는 권리를 보장할 것

4. 재일한국인에 대해서 출입국관리령을 적용하지 말 것.[7]

한국정부는 이 골격을 이후 재일한국인 문제에 관한 기본원칙으로 삼았다. 이에 대해 일본은 한국인의 특권적 지위를 인정하면 타 외국인의 특권도 인정해야 할 우려가 있어 곤란하다는 입장이었으나, 다소 후퇴해 '특수 외국인 대우' 의사를 밝히는 대신 무조건적이며 항구적인 특권을 제공할 수는 없다는 뜻을 표명했다. 그리고 일본이 가장 관심을 기울였던 제24조 강제추방 규정은 유보되어야 한다고 주장했다. 결국 재일한국인 문제는 다음과 같이 애매모호하게 일단 합의를 보았다.

1. 전쟁이 끝나기 전부터 일본에 계속 재류在留하는 조선인은 샌프란시스코 강화조약 발효와 동시에 일본국적을 상실한다.
2. 광업권 등 외국인에게 소유가 금지되고 있는 것으로 재일한국인이 기득권을 가지고 있는 경우의 취급에 대해서는 일반 외국인 이상의 특권을 인정하지 않으나, 실제상의 조치로서 교환 등에 대해 일정한 유예기간을 인정한다.
3. 본국 귀환시 휴대할 수 있는 하물의 양 및 본국 송금액에 대해서 수출무역관리령 등의 제한을 완화한다.
4. 강제퇴거에 관해서는 출입국관리령에 규정된 퇴거조건 적용에 있어 다소 고려를 한다.
5. 재일조선인으로서 재일 한국대표단이 협정체결 후 발행하는 신분증명서

---

7 박정희, 〈전후 일본의 대한정책에 관한 소고〉, 한양대 석사학위논문, p.15.

를 가지고 있는 자는 일본 입주를 인정한다. 단, 출입국관리령의 퇴거조
건에 해당하는 자는 강제퇴거의 대상이 된다.[8]

재일한국인 문제에 대해서는 일단 이상과 같이 합의를 보았고, 선박문
제에 대한 논의가 계속되었다. 11월 6일에 열린 선박분과위원회 제4차
회의에서 한국의 '미군정법령' 제33호(1945년 9월) 및 '한미 재산 및 재
정협정'(1948년 9월) 제5조를 근거로 한국 측은, ① 1945년 8월 9일 현재
한국에 적을 두고 있던 일본정부 및 일본인 소유 선박을 반환할 것, ②
1945년 8월 9일 및 그 이후 한국 연안에 있던 일본정부 선박으로서 위
법적으로 회항回航한 선박을 반환할 것 등 2개항을 제시했다. 일본 측은
③ SCAP의 지시에 의해 일본이 종전 후 한국에 대여한 5척의 선박을
반환할 것, ④ 맥아더라인 침범으로 한국에 나포된 선박을 반환할 것 등
4개 항목을 제시했다. 이 4개의 항목 중 한일 양국은 ① ② ③, 3개의 항
목을 의제로 채택하기로 합의했다.

한국은 이에 11월 13일 6차 소회의에서 한국 국적을 가진 상선·어선
의 상세한 목록과 현상, 보존조치, 인도시기 및 방법 등에 대해 설명해줄
것을 요구했다. 이에 대해 일본 측은 처음에는 "SCAP 각서 제368호에
의거한 군정법령의 입법취지를 검토해, 선박 및 수역주권에 대한 의문
이 풀릴 때까지 한국 측의 질문과 요구에 응할 수 없다"는 법이론을 내
세워 회담을 지연하려 했다. 그러다가 태도를 바꾸어서 우선 한국 측이
주장하는 선박에 대한 조사에 착수하기로 하고, 11월 24일에 한국 측에
선박목록을 제시했다.

한국 측은 이 선박목록에서 한국에 적을 두고 있던 19척의 선박을 즉

---

8 박정희, 앞의 논문, p.16.

시 반환하라고 요구하고, 그밖에도 반환되어야 할 여러 척의 선박이 있다고 주장했다. 이에 대해 일본 측은 종전終戰 및 한국전쟁 등에 따른 혼란과 자료분실로 한국이 구체적인 선박목록을 제시하기 어렵다는 점을 이용해 한국 측의 선박반환 요구를 최소한도로 억제하려 했다. 그를 위해 일본 측은 한국 측 대표가 이에 관해 구체적인 선박목록을 제시해 의제의 범위를 명확히 하고, 한국 측이 제시한 의제 및 일본 측이 제시한 의제 등 3개 의제에 관련해 반환해야 할 선박의 전체적인 범위가 명백히 규정되어야만 한국의 선박반환 요구에 응할 수 있다고 주장했다. 이후의 한일회담에서는 선박문제 분과위원회의 주 업무가 사실상 선박목록의 확인으로 고정되어버렸다.

결국 예비회담은 뚜렷한 결론을 얻지 못한 채, 다음해에 정식회담을 개최하기로 약속한 상태에서 12월 22일 끝이 났다.

청구권 문제의 혼란과 1차회담의 결렬

예비회담이 끝나고 1차회담을 앞둔 시기에 한일회담 전 과정을 통해서 가장 큰 난관이 되는 새로운 문제가 등장한다. 한국이 1952년 1월 19일에 '인접해양 주권선언'(이른바 평화선)을 선포한 것이다. 이것은 한일 양 국간에 어업분쟁을 일으켜 갈등을 야기하는 중요한 요인이 되었다.

　일본은 어업기술이 발달해 있었기 때문에 전쟁 전부터 원양어업을 통해 각국의 어업에 큰 피해를 입히고 있었다. 그러다가 패전과 함께 맥아더라인이 설정되면서 일본어선이 맥아더라인 밖으로 진출하는 것이 금지되자 일본어업은 주춤한 상태에 있었다. 그런데 샌프란시스코 강화조약이 발효됨에 따라 일본이 주권을 회복하고 동시에 맥아더라인이 철폐되면서, 일본어선들이 한국 영해를 침범할 것이 우려되었다. 그래서 한국정부 지도자들은 오래 전부터 이 문제에 대해 논의를 했고, 1949년 6월 3일에 주일대표부에 훈령을 내려 맥아더라인의 존속과 그 선을 넘어 어로행위를 하는 침범선을 나포하고 취체하는 권리를 한국이 가질 수 있도록 교섭하라고 지시했다.

맥아더라인의 철폐가 현실적으로 다가오자 한국 측으로서는 그 대응책으로 평화선(이승만라인 혹은 이라인이라고도 한다)을 선포할 것을 고려했다. 그러나 이승만 대통령은 막상 평화선 선포에 임해서는 주저할 수밖에 없었다. 아직 철폐되지 않고 있던 기존의 맥아더라인과의 관계를 고려해야 했고, 평화선 선포를 세계 언론이 어떻게 받아들일지 알 수 없었기 때문이다. 그런데 샌프란시스코 강화조약 제9조, 즉 "일본은 공해公海에서의 어렵漁獵의 규제 또는 제한 및 어업의 보존과 발전을 규정하는 2국 간과 다수국 간의 협정을 체결하기 위해 희망하는 연합국과 조속한 시일 내에 교섭을 개시하기로 한다"는 조항을 수행함에 있어, 일본은 한국에 대해선 미온적인 태도를 보였다. 일본은 미국과 캐나다에 대해서는 샌프란시스코 강화조약이 비준되기도 전에 어업협상을 자청했으면서도, 한국에 대해선 준비가 되어 있지 않다는 핑계를 대면서 협의를 회피했다. 그래서 결국 한국 측은 평화선이 맥아더라인을 부정하는 것이 아니라는 입장을 밝히면서, 평화선 즉 '인접해양 주권선언'을 한국전쟁 중인 1952년 1월 18일 선포했다.

　일본 측은 평화선 선포가 한국 영해를 일방적으로 공해公海까지 확대한 위법행위이며, 공해자유의 원칙 및 공해에 있어서의 수산자원의 보호개발에 대한 국제협력 원칙에 위반되는 것이라고 한국정부에 항의했다. 이에 한국정부는 어떠한 국가의 어선이라도 결코 평화선을 침범해서는 안 된다고 밝히고, 1월 27일에는 다음과 같은 외무부정보국 성명을 발표했다.

　　1. 이것은 1945년 트루먼 대통령의 연해어업에 대한 선언과 해면의 지하 및 해저의 자연자원에 대한 선언을 위시해, 멕시코·아르헨티나·칠레·페루·코스타리카 등 각국의 유사한 선언에 의해 확립된 국제관례에 따른

것이다.

2. 맥아더라인은 일본어선의 출어구역만 제한하고 국제협정에 의해 대체될 때까지만 존속하는 것이나, 이와는 달리 보호수역은 일본인뿐 아니라 본국인에게도 수역 내 자원을 고갈시키지 않도록 제한되는 것이며, 항구한 국민복리를 목표로 하고 있다.

3. 보호수역 설정은 공해를 향한 영해의 확장이 아니다.

4. 인접해양에 대한 특수성을 인정한 국제선례는 하나둘이 아니며, 인접 해양에도 어업자유가 절대적으로 존재한다는 유의 전前 세기적 이론에 집착하는 것은 국제법의 진보를 이해하지 못하는 데서 나온 것이다.

한국이 평화선을 설정한 것은 맥아더라인 폐지에 따라 한국영해를 침범하는 일본어선으로부터 한국어민의 권리와 어족자원을 보호하기 위한 것이었지만, 뒤에 살펴보겠지만 회담 전 과정을 통해 보면 일본 측이 회피하고 있는 청구권 문제와 어업협정체결 문제를 해결하기 위한 하나의 대항수단으로 전락하고 만다.

미국은 한국전쟁을 수행하면서 대륙적화에 대응한 대륙 반격전략을 전개하고 있었다. 이 대륙 반격전략에 따라 미국은 한·미·일·대만의 4국 군사동맹을 계획하였는데, 한일조약 타결이 4국 군사동맹을 이루기 위한 가장 중요한 고비였다. 그래서 미국은 한일 양국에 조약을 빨리 타결하라는 압력을 가하는 한편, 한국전쟁을 직접 수행하고 있는 입장을 고려해 한국 측을 옹호하는 태도를 취했다.

회담은 양유찬과 마쓰모토 도시카즈松本俊一를 수석대표로 해 1952년 2월 15일 도쿄에서 열렸다. 예비회담에서는 일본 측이 가장 관심을 보였던 재일한국인의 법적지위에 관한 문제와 함께 선박문제, 기본관계, 재산청구권, 어업문제가 의제로 채택되어, 샌프란시스코 강화조약의 발효에 앞서 국교수립 전에 해결되어야 할 모든 현안의 토의에 들어갔다. 의제 중에서 재산청구권 문제와 어업문제가 양국간에 가장 심한 이견을 드러내는 것이었다.

일단 기본관계는 일본 측에서도 조속한 타결을 바라던 문제였고, 1차 회담이 열리기 전에 이미 기본조약안을 작성해 준비했으므로 순조롭게 진행되었다. 2월 20일 일본이 제시한 '4호 조약안'과 4월 2일 한국이 제시한 '기본조약안'을 토대로 절충해 일단 의견조정을 끝냈다. 그리고 문구상에서 발생한 약간의 이견은 본회의에서 최종적으로 조정하기로 했다. 그런데 여기에서 우호통상조약이라는 일반적 용어 대신 기본조약이란 용어를 사용한 것은, 한국국민의 여론을 의식한 때문이었다. 식민지 지배로 인해 일본에 대해 좋지 않은 감정을 품고 있는 상황에서 일본과 '우호'라는 말을 쓰면 국민감정이 크게 상하고 반발이 있을 것이라는 우려 때문이었다.

재일한국인의 법적지위 문제 역시 의견접근이 상당히 이루어졌다. 이 부분에 대해선 다음과 같이 합의했다. 일단 일본정부가 발행한 외국인 등록증명서 및 한국정부가 발행한 국적증명서를 가진 자에 대해서는 무조건 영주권을 허가한다. 그리고 이 사람들에 대해서는 기득권을 인정하고 귀국 시 재산반출 및 송금에 대한 제한을 완화한다. 또한 강제퇴거 대상자는 파괴분자·범법자·극빈자에 한정하되 양국간에 협의기구를 설치한다. 이렇게 합의를 보고 기타 세부사항에서 의견이 조정되지 않은 부분은 본회의에서 최종적으로 결정하기로 했다.

그런데 문제는 청구권 부분이었다. 한국 측은 전승국으로서 받아야 할 배상이 아니라, 채권적 청구권의 성격을 갖는 대일청구권을 요구해 대일청구권요강 8항목을 제출했다.

1. 조선은행을 통해 반출해간 지금地金, 지은地銀의 반환(금 249,633,118g, 은 67,541,771g)

2. 1945년 8월 9일 현재 일본정부의 대對조선총독부 채무의 변제

3. 1945년 8월 9일 이후 한국으로부터의 진체 또는 송금된 금품의 반환

4. 1945년 8월 9일 현재 한국에 본사 또는 주 사무소를 둔 법인의 재일 재산의 반환

5. 한국법인 또는 한국 자연인의 일본국 또는 일본국민에 대한 일본 국채, 공채, 일본은행권, 피징용 한인 미수금, 보상금, 기타 청구권의 면제

6. 한국법인 또는 한국 자연인 소유의 일본법인의 주식 또는 기타 증권을 법적으로 인정할 것

7. 앞에서 말한 여러 재산 또는 청구권에서 행한 여러 법정 과실의 해결과 반환

8. 앞에서 말한 반환결재는 협정성립 후 즉시 개시해 늦어도 6개월 내에 끝낼 것

그러나 이 8개 항목의 재산 및 청구권에 관한 제반 증빙서류는 한국전쟁 등으로 없어지고 남북으로 흩어져 있었기 때문에, 구체적인 목록을 작성할 수가 없었다. 그리고 채권·채무에 관한 청구였지만 보상적인 색채가 강한 청구권을 한국 측에서 주장하고 나선 것이었다. 이 두 가지 점 때문에 청구권 문제는 애초부터 정치적 협상을 통해 조정할 필요성을 안고 있었다.

한국 측은 한국에 있던 일본 및 일본인의 재산에 대해서 일본이 소유권을 주장할 권리가 없다고 보았다. 식민지 지배하에서 강제적인 수단에 의해 축적된 것이라는 게 이유였다. 그 같은 판단의 근거는 샌프란시스코 강화조약 제4조 (b)항의 규정이었다. "일본은 미군에 의한 재외 자

산처리를 승인한다"는 내용으로, 이로써 주한 미 군정청에 의해 이미 한국에 있는 일본 및 일본인의 재산이 처리되었기 때문이었다. 그래서 한국은 일본이 한국에서 발행한 공채·통화의 보상, 보험료 및 우편저금 지불, 조선은행에서 일본은행으로 대월貸越해간 대월액수의 정리 등 수십억 달러에 달하는 한국재산에 대한 청구권을 상정하고 있었다.

그런데 일본 측은 먼저 한국 측에서 선포한 '인접해안 주권선언'에 대항해 대한對韓 청구권을 들고 나왔다. 일본 측은 애초 재일교포 문제와 기본관계 문제의 해결로 토의를 축소하려 했으나 한국 측이 이에 응하지 않자, 평화선에 대한 대항과 한국 측의 대일청구권에 대한 봉쇄를 목적으로 샌프란시스코 강화조약 4조 (b)항을 달리 해석하고 나섰다. 즉, 청구권이 전쟁배상이 아니고 한국이 일본으로부터 독립함으로써 생긴 채권·채무 청산이라면, 한국에 두고 온 일본 및 일본 민간인의 재산도 청구할 수 있다는 것이다. 일본 측은 법이론을 내세워 4조 (b)항은 "조문 및 일반 국제법의 원칙에 의해 해결해야 하는 것으로 한국의 미군정이 점령군으로서 적산 관리적 처분을 하였을 때도 그 원래의 소유권은 소멸하지 않는다"고 주장했다. 이어 "예를 들면 매각행위가 이루어졌을 때 매각행위는 승인하지만, 그 재산의 원권리는 있기 때문에 매각에 의해 생긴 대금은 우리 측에서 청구할 수 있다"고 억지를 부렸다. 그리고 1952년 3월 6일 양유찬 수석대표에게 한국 전 재산의 85%에 달하는 재한 일본인 재산, 즉 적산을 일본에게 반환해줄 것을 서한형식으로 청구해왔다. 당시 일본 측 대표의 서한내용을 정리하면 다음과 같다.

청구권은 일방적이어서는 안 된다. 미군정의 처사는 어쨌든 어느 정도 정당하다고 일본은 인정한다. 물론 이것은 일본의 주장을 어느 정도 제한한다. 그러나 미군정이 일본인 재산을 몰수하고 그것을 한국에 이전했다고 해서 모든 권리가 모두 이전된 것은 아니다. 이것은 국제법 위반이다.

결론적으로 미군정의 처분을 인정하지만, 그것이 한국에 있어서의 청구권의 포기를 의미하는 것은 아니다. 이와 같은 근본적인 권리와 청구권은 당연히 효력을 가질 것이다.

이에 대해 한국 측은 다음과 같이 선언하고 퇴장했다.

일본 측은 모순된 주장을 하고 있다. 두 번이나 일본은 미군정이 일본인 재산을 몰수해 한국에 양도한 사실을 인정하면서도 딴소리를 하고 있다. 더욱이 일본은, 그들이 소위 주장하는 권리와 청구권이 있다는 재산을 공갈·뇌물·테러, 그리고 경찰국가에서 쓰는 기타 수법으로 취득했다는 사실에 주목해야 한다. 일본이 한국에 대해 청구권을 가지고 있는가 없는가, 또한 그러한 청구권이 정당한가 아닌가 세계에 물어볼 수밖에 없다.[9]

결국 1차회담은 결론을 얻지 못하고 4월 25일 서로간에 회담결렬의 책임을 전가하면서 중단되어버렸다. 억지에 가까운 일본의 대한對韓 청구권에 대해 한국 측은 강화조약 4조 (b)항의 해석을 미 국무성에 의뢰했다. 1952년 4월 29일 미 국무성은 샌프란시스코 강화조약 제4조의 해석에 관해 양유찬 주미대사에게 다음과 같은 공한을 보내어 미국의 입장을 밝혔다.

미국은 샌프란시스코 강화조약 제4조의 효력, 주한 미군정의 적절한 지령 또는 행위에 의해 한국에 있어서의 일본국 및 일본인의 소유 재산권 이익은

---

9   이석열·조규하, 〈한일회담 전말서〉, 〈신동아〉 1965년 6월호, p.103.

모두 상실되었다는 의견을 가지고 있습니다. 따라서 미국의 견해는 그러한 재산에 대한 합당한 권리를 일본은 주장할 수 없다는 것입니다.[10]

미국은 샌프란시스코 강화조약 초안 작성자로서의 의무 때문에 이와 같은 해석을 발표하는 것이라고 덧붙이면서, "제4조 (a)항에 규정된 한 일 간의 특별협정은 일본인에 대한 한국의 청구권이 한국에 있었던 일 본인 재산이 한국정부에 이전됨으로써 어느 정도 소멸 또는 충족되었는 지의 범위를 결정하는 데 참조가 될 것"이라고 밝혔다.

---

10 이석열 등, 앞의 글, p.104.

일본어선 나포와 2차회담

일본이 대한청구권을 주장함으로써 회담이 결렬되자, 한국 측은 크게 분개했다. 이에 이승만 대통령은 평화선을 수호하라고 손원일 해군참모총장에게 강경한 지시를 내렸다. 이어 손 총장은 1952년 9월 19일 일본어선의 평화선 침범에 대해 엄중한 경고를 내리고, 평화선을 침범하는 일본어선을 나포하라고 지시했다.

10월 13일 그동안 한국 영해를 침범했던 일본인 선원 천여 명에게 체형이 언도되었다. 그러자 일본 국내의 여론이 들끓기 시작했고, 선거를 앞둔 일본 정치계에 중요한 문제로 대두되었다. 이에 요시다 시게루吉田茂 수상은 한일 어업분쟁을 해결하기 위해 한일회담을 재개할 수 있도록 압력을 가해줄 것을 바라며, 클라크 유엔군 사령관에게 중재를 요청했다. 이를 수락한 클라크 사령관이 1953년 1월 5일 이 대통령을 일본으로 초청함으로써 이·요시다 회담이 이루어졌다. 그러나 이 회담 역시 별다른 합의를 보지 못하고 끝나버렸다. 이 대통령은 나중에 이 회담에 대해 "일본은 문제해결을 위한 성의를 보여주지 않았으며, 심지어는 보호조약이나 한일합병조약도 폐기하려 하지 않았다"고 평가했다.

이·요시다 회담이 끝난 후 3월에 미 국무성 일본과장 영과 아들라이 스티븐슨Adlai Stevenson 특사가 양국을 차례로 방문해 회담을 열라고 권고했다. 16일에 이 대통령을 만난 스티븐슨은, "현재의 공산침략의 위기에 비추어 과거의 대일감정은 한국과 기타 아시아 국가에 있어서 2차적인 것으로 취급되어야 한다"고 권고했다. 미국 측의 권고로 회담을 열지 않을 수 없었던 한국은 회담재개에 합의했다. 2차 한일회담은 평화선 분쟁으로 한일 양국관계가 극도로 악화된 가운데 김용식 주일공사와 구보타久保田를 수석대표로 해 개최되었다. 그리고 한국전쟁 전세가 고착되고 있는 상황에서 회담을 빨리 타결시키려는 미국 측의 열의가 반영되어, 1차 때와는 달리 기본관계, 재일한국인의 국적 및 처우, 선박, 재산청구권, 어업 등 5개 분과위원회를 설치해 토의를 진행했다.

한국 측에서는, 일본이 한국에 있는 모든 재산에 대한 주장을 철회할 것으로 생각하고 회담에 임해 대일청구권 문제를 해결하려 했다. 그러나 일본 측은 1차회담 때 준비가 되어 있지 않다는 핑계로 토의조차 꺼렸던 어업문제를 '어업 및 평화선'이란 의제로 채택해, 이 문제 해결에 중점을 두고 회의를 진행하려 했다. 따라서 회담은 진전되지 못했으며, 청구권과 평화선 문제를 놓고 법이론 해석 논쟁만 되풀이되었다.

회담이 공전되는 사이 일본은 한국의 속뜻을 알아보기 위해 평화선의 중요기점인 독도에 일본 해상보안청 소속 순시선을 보냈다. 평화선을 침범하는 배를 발견한 독도 수비대는 즉각 발포하였고, 한국의 강경대처를 확인한 일본은 회담재개의 의욕을 잃었다. 그러던 차에 한국 휴전협정 후의 문제를 해결하기 위한 제네바 정치협상이 열리자, 일본은 한반도 남북문제의 결정을 관망하기로 하고 휴회를 제의했다. 결국 회담은 아무 진전 없이 끝나버렸다.

3차회담에서의 구보타 망언

2차회담이 중단된 후 일본의 최대 관심사는 평화선 문제와 한국전쟁의 휴전이 일본에 미치는 영향이었다. 한국전쟁으로 인해 일본은 유리한 위치에서 샌프란시스코 강화조약을 체결할 수 있었고, 국제적 지위의 급속한 상승이라는 정치적 이득과 함께 경제적 이득을 보았다. 한국전쟁에 의한 특수는 일본경제의 성장과 국제수지 개선에 크게 기여해, 결과적으로 일본은 한국의 희생으로 호황을 누리고 있었다. 그러나 한국을 식민 지배한 죄악을 저질렀고 2차대전의 전범국인 동시에 패전국이면서도 한국에 대해 반성이나 사죄의 빛을 전혀 보이지 않았다.

한국은 이러한 일본의 태도에 불만을 품고 있었으나 국력의 차이와 경제적으로 대일 의존도가 높았기에 아무런 조치도 취할 수 없었다. 일본이 이를 이용해 경제적 압력을 가해도 적절한 대응조치를 취하지 못했다. 한국이 평화선 문제에 강경한 입장을 고수한 것은, 바로 이런 일본에 압력을 가할 수단이 달리 없었기 때문이기도 했다.

2차회담이 무기휴회로 들어간 지 40일 만인 1953년 8월 27일 클라크 유엔군사령관의 '한국 방위수역'(클라크선)이 철폐되었다. 클라크선이 폐지되자 때마침 고등어 성어기를 맞이해 수백 척의 일본어선이 평화선을 넘어 출어했다. 한국정부는 클라크선 폐지에 항의하는 한편, 1주일 후인 1953년 9월 8일 0시를 기해 해군을 평화선에 진출시켰다. 9월 9일에는 해군참모총장이 "10일 정오 이후 평화선 내에서 발견된 일본어선은 모두 한국 해군에 나포될 것"이라고 경고했다. 9월 10일에는 같은 뜻의 손원일 국방장관의 경고가 있었다.

이와 같은 한국 측의 조치에 대해 일본에서는 그 불법성을 유엔에 호소하거나 제3국에 중재의뢰 혹은 국제사법재판소에 제소해야 한다는 여론이 들끓었다. 그와 동시에 정부의 유약한 외교를 비판하고 자위대를 강화해야 한다는 재군비 주장도 나왔다. 이에 일본정부는 한국에 대한 실력행사에 따르는 위험부담과 국제사법재판소 제소에 한국이 불응할 것을 고려해, 일단 한국정부에 항의하고 미국에 중재를 의뢰하기로 결정했다.

일본정부는 9월 9일 한국정부에 항의 구상서口上書를 전달하고, 오카자키岡崎 외상이 엘리슨 주일 미국대사를 만나 중재를 요청했다. 하지만 엘리슨 대사는 한일 양국간의 문제에 개입할 의사가 없다고 밝히고, 한일 양국이 직접 회담을 열어 문제를 해결하라고 권고했다. 그래서 안전조업이 아쉬운 일본은 1953년 9월 24일 한국정부에 회담을 열어 어업문제를 토의하자고 제의했다. 이에 한국 측은 모든 현안의 일괄 교섭을 강력히 요구했고, 9월 30일에 김용식 주일대표부 공사와 오쿠무라奥村勝藏 일본 외무차관이 만나 10월 6일부터 회담을 재개하기로 합의했다. 결국 한국은 일본이 대한청구권이라는 억지를 부릴 것이라는 것을 알면서도, 평화선을 침범한 일본어선의 나포에 대해 세계 여론이 나쁘게 돌아가고 문제해결에 성의가 없다는 비난을 우려해, 3차회담 재개에 합의했던 것이다. 한편 평화선을 침범해 한국 경비정에 의해 나포된 일본어선이 일본 측에 부담으로 작용할 것이라는 것도, 한국 측이 협상재개에 동의한 또 하나의 요인이었다.

회담은 전과 같이 5개 분과위원회로 나뉘어 진행되었고, 초반부터 평화선 문제로 충돌이 일어났다. 일본 측이 먼저 "한국은 포획되어 있는 일본어선을 반환해 회담을 진행하기에 바람직한 분위기를 만들기 바란다"고 말했고, 이에 한국 측은 "일본은 더욱 한국 어족자원 보호와 한국의 방위선으로서의 평화선을 존중하기 바란다"고 반박했다.

그런데 회담재개에 합의할 때부터 회담이 타결점을 찾지 못할 것으로 예상한 한국 측에게 회담을 중지시킬 좋은 구실을 일본이 만들어주었다. 이른바 '구보타 망언'이라는 것이었다. 1953년 10월 15일 제2차 청구권 소위원회에서 양국 대표 사이에 다음과 같은 발언이 오갔다.

한국 재한국 일본 및 일본인 재산은 군정법령 33호에 따라 주한 미군정청에 모두 넘어갔다. 이와 같은 사실은 미 국무성 각서로서 명백히 증명되었다. 그 밖에 한국은 일본이 한국을 36년 동안 지배하는 동안에 한국의 애국자들을 투옥하고 학살했으며, 한국인의 기본적인 인권을 박탈하고, 세계 시장가격보다 훨씬 싼 값으로 쌀을 걷어간 것을 포함해 강제로 식량을 공출하고, 노동력을 착취하는 등등으로서 입은 손실을 보상하도록 요구할 권리를 가지고 있지만, 아직 한국 측은 그것을 청구하는 것을 삼가고 있다. 이상에서 주장한 바와 같은 견지에서 우리는 일본 측이 그들의 대한청구권을 철회하기를 바라고 있다.

일본 그러나 일본이 36년 동안 한국에 많은 공헌, 즉 철도부설·토지개량을 통해 많은 이익을 주었으므로, 일본은 보상을 요구할 권리를 가지고 있는 것이다.

한국 당신들의 말은 만일 일본이 한국을 점령하지 않았더라면 한국인은 게으르고 잠만 자고 있었을 것이란 전제 밑에서 하는 것 같은데, 만일 한국이 일본에 점령되지 않았더라면 한국인은 스스로 힘으로 현대국가를 건설했을 것이다. 그리고 어찌해 카이로선언은 한국인의 실태를 노예상태로 표현했고, 일본이 그러한 선언을 수락했다고 당신들은 생각하는가?

일본 그것은 당시 연합국이 흥분했기 때문이다.

이와 같은 모욕적인 일본 측 발언에 대해 보고를 받은 경무대에서는, 이 발언을 전체회의 석상에서 문제 삼으라고 지시했다. 며칠 후 전체회의에서 김용식 교체 수석대표와 구보타 일본 수석대표 사이에 다음과 같은 말이 오갔다.

김용식 귀 대표는 강화조약 체결 전에 한국이 독립한 것은 국제법 위반이라고 말했는데, 지금도 귀하는 강화 전 독립을 국제법 위반이라고 생각하는가?

구보타 전쟁은 강화조약으로서 끝난다. 이것은 종래의 국제법 관례로 보아 이례라고 말한 것이다. 적극적으로 위반인지 아닌지 답변은 보류하겠다.

김용식 솔직하게 말해달라.

시모다 카이로선언에는 일본이 참가하지 않았고, 이 카이로선언에 있는 한국의 독립문제가 포츠담선언에 인용되어 이를 일본이 수락, 항복문서에 서명한 것이다. 따라서 이 항복서명 이후 일본은 마치 미성년자 취급을 받았던 것이다. 물론 항복문서에서 포츠담선언을 수락해 한국의 독립을 인정하기는 했으나, 일본이 점령당하고 있었을 때에는 일본은 한국의 독립을 결정적으로 최종적으로 승인할 수 없었던 것이다. 그러므로 강화조약에 의해 일본은 한국의 독립을 승인한 것이다.

김용식 왜 일본은 비건설적인 발언을 하는지 의문이다. 당신들은 국제법 위반이라 했지 이례라고 하지 않았다. 이 발언을 정정 또는 변경할 의향이 있기를 바란다.

구보타 나로서는 특별한 의도가 있어 한 말은 아니다.

김용식 아직도 카이로선언에서 한국민의 노예상태 운운한 문구는 연합국의 흥분에 의한 표현이라고 생각하는가?

구보타 그렇다.

김용식 일본이 통치해 한국에 은혜를 베풀었다고 아직 믿고 있는가?

구보타 마이너스된 면만을 이야기하므로 플러스된 점도 있다는 것을 말한 것이다.

김용식 그러면 이것은 공식 발언이었는가?

구보타 물론 개인적으로 말한 것이 아니라 공식자격으로 말한 것이다. 그러나 정부의 훈령에 의한 것은 아니다.

시모다 2차대전 후에는 종래 국제법에 이례가 되는 사례가 많이 생겼으며, 한국 독립도 이러한 이례의 하나이다. 이것은 법적으로 보면 국제법 위반이 아니다.

김용식 수석대표로서의 의견은 어떤가?

구보타 지금은 답변 않겠다.

김용식 수석으로서 답변을 않겠다는 것은 기이한 일이다. 우리는 과거를 잊어버리고 한일 친선을 급속히 맺으려 노력했는데, 지난 제2차 청구권위원회에서 귀 수석대표는 문제의 발언을 하였고, 그릇된 발언과 의견을 정당화하려고 노력하는 것은 심히 유감스러운 일이라 생각한다. 본인은 귀측의 건설적인 태도를 기대하였으나 귀측은 종내 그런 태도를 표하지 않았으므로 이하 2개항을 요청한다. 만일 이 요청이 일본 측에 의해 수락되지 않는다면 우리 대표는 이 회의에 계속 참석할 수 없다. 첫째, 발언한 문제의 5개항의 성명을 철회할 것. 둘째, 상기 성명이 과오였다고 언명할 것.

구보타 철회하라 하나 이 회의는 평등한 외교회의인 것이라 생각한다. 한

나라의 대표로서의 견해표명은 당연한 일이고, 또 서로 차이가 있는 의견을 토로함은 응당 있을 수 있는 일이다. 그러나 본인의 경험으로 보아 일국의 대표가 발언한 것을 철회했다는 얘기를 들은 일이 없다. 마치 본인이 폭언을 한 것같이 본인의 발언 중 한두 개만을 발표해 외국에 선전하는 것은 타당하지 않다고 생각한다. 따라서 본인은 이 문제되는 회의에 관한 회의록을 공표할 생각이다. 철회의사는 없다. 둘째, 과오였다고 생각하지는 않는다. 귀측은 우리 측이 수락 않는다면 회의를 진행할 수 없다 하나 우리 측은 그렇게 생각하지 않는다. 만일 그대로 귀측이 진행 못 한다면, 유감스럽지만 회의는 결렬되는 것이며 할 수 없는 일이다.

김용식 귀하는 우리 측의 요청을 거부했다. 본인이 말한 바와 같이 이 회담에는 계속해 한국대표단이 출석할 수가 없다.[11]

결국 한국 측은 일본 측이 구보타 망언의 취소를 거부하자 그대로 퇴장했고, 이로써 회담은 2주일 만에 끝나버렸다. 그리고 구보타 자신도 이 발언으로 인해 일본 외교가에서 사라져야 했다.

---

11 이석열 등, 앞의 글, pp.106~107.

회담 중단기

3차회담이 구보타 망언을 계기로 결렬된 이후 1958년 4차회담이 열리기까지 공식적인 접촉은 없었으나, 억류자 상호석방과 4차회담 재개를 위한 준비접촉이 있었다. 미국에 있어 당시는 한국전쟁이 끝나고 소위 미국의 대륙봉쇄전략의 기점이 한국에서 대만과 베트남 등의 남부와 중부 코스로 이전되는 시기였다. 미국은 당시의 한일관계를 관망하면서 한일 간의 알력을 일본 재군비의 구실로 삼아 이전보다 더욱 심화 발전된 재제휴를 준비하고 있었다. 그리고 한국전쟁의 휴전과 미국의 동북아시아 전략의 변화라는 외적 여건의 변동에서 여유공간을 획득한 한일 양국의 대립은 더욱 격화되어갔다.

회담이 결렬되자 한국은 강경자세를 견지해 평화선을 침범하는 일본 어선의 나포를 더욱 강화하고, 나포된 일본인 어부에 대해서는 체형을 가했다. 그리고 형사법령 위반으로 오무라大村 수용소에 강제 수용되어 있는 한국인을 즉시 석방하라고 요구하는 한편, 일본으로 밀입국해간 한국인을 인수하고 억류 일본인 어부를 송환해달라는 일본 측의 요구를 거부했다.

1953년 10월 24일 주일 한국대표부는 일본이 평화선을 침범하지 않겠다고 약속하면 억류된 일본인 어부들을 석방하겠다고 발표했다. 그리고 11월 17일 평화선 침범 어선에 대한 나포조치를 재차 발표했다. 평화선 문제가 엇갈리고 있는 상태에서 독도문제가 심각해지기 시작했다. 그래서 한국은 해양경비대를 동원해 독도에 영토 표지를 설치해 독도가 우리의 영토임을 확실히 하고, 독도에 접근하는 일본 순시선에 대해 포격조치를 취했다.

일본은 평화선에 대응해 오무라 수용소에 있는 한국인을 흥정대상으로 삼았으나 별다른 효력을 보지 못하자 북송계획을 세웠다. 그리고 엘리슨 주일 미대사를 통해 미국정부에 조정해줄 것을 의뢰하고, 재미 한일 양국 대사, 일본정부와 주일 한국대표부 사이에 비공식 회합을 갖고 의견조정을 시도했다. 그러나 한국 측의 강경한 입장이 수그러지지 않아 별 진전이 없었다.

한일관계가 이렇게 지지부진한 상태에서, 1955년 2월 25일 북한이 일본에 외교관계 수립을 제의했다. 이에 대해 일본 측은 한국을 견제한다는 입장에서 북한과의 접촉을 시도해 어로협정을 체결하고, 1955년 2월에는 북한 측이 제의한 대일무역 및 문화관계의 확대에 응한다는 성명을 발표했다.

이에 한국 측이 강하게 반발해 양국간의 문제는 더욱 심각해졌다. 한국정부는 1955년 8월 18일 대일 무역금지조치를 내렸으나 하루 만에 '일본상품 수입제한'으로 완화되었다. 이에 대응해 일본은 한국의 대일 통상의 대부분을 차지하는 수산물의 수입금지와 어선의 대한 수출을 금지했다. 곧이어 8월 24일 일본정부는 외교 각서를 통해 강경책을 통고하고, 일본인 어부의 석방을 요구했다. 그해 11월 17일 이형근 연합참모의장은 "평화선 수호를 위해 공군 출동도 불사하겠다"며 "더 이상 평화선을 침범하면 격침하겠다"고 경고한 후, 해군을 동원해 평화선을 초계했다. 한국 측의 경고 이후 일본은 어선대피령을 자주 내려야 하는 등 문제가 심각해졌다.

양국간의 알력이 깊어지자 결국 극동방위에 불안을 느낀 미국이 개입했다. 블록커 미 육군장관과 덜레스 국무장관이 한일분쟁 해결에 노력할 뜻이 있음을 밝히고, 한국에 대해서는 원조를 증대하고 일본에 대해선 일본 상품을 구매한다는 조건을 내세워 조정에 나섰다. 그리고 같은 해 12월 15일 버크 미 해군 작전부장은 미 해군 7함대의 한일분쟁에 대한 불개입을 선언하고, 동시에 유엔군사령관의 지휘하에 있는 한국 해군의 출동을 금지시킴으로써 평화선 침범 어선의 나포를 막았다. 한편 일본은 평화선에 대해 실력행사를 선언하면서 해상자위대를 강화하고, 동시에 한일문제의 교착 원인을 한국 측에 일방적으로 전가하고 있었다.

그런데 1956년에 들어서면서 일본 측이 태도를 바꾸기 시작했다. 1956년 3월 하도야만鳩山 일본 수상은 "한·일 두 나라는 두 나라만으로 분쟁을 해결할 수 없는 것 같다"며 제3국이 조정해줄 필요가 있음을 시사하고, 을사보호조약 무효선언과 특사를 한국에 파견할 용의가 있음을 언명했다. 그리고 시게미쓰重光 일본 외상 역시 한일문제는 꼭 해결되어야 한다고 자주 거론하면서, 구보타 망언을 취소하고 재산청구권 문제를 타협하자는 뜻을 밝혔다. 이러한 일본의 태도변화는 1955~1956년의 소위 신무경기(일본 1대천황인 신무 이래의 호경기라는 뜻)를 통한 일본경제의 부흥이 그 배경이 되었다.

이러한 분위기에서 1956년 4월 2일 시게미쓰 일본 외상과 김용식 공사 사이에 회담이 이루어져 다음과 같이 합의했다.

1. 한국정부는 억류 일본인 중에서 형기 종료자를 송환한다.
2. 한국정부는 전후 일본에 밀입국한 한국인은 인수한다.
3. 일본정부는 오무라 수용소에 수용중인 한국인으로서 전쟁이 끝나기 전부터 일본에 거주하고 있던 자는 해외로 추방하지 않고 국내에 석방한다.

또한 이들은 한일 양국 사이에 깔려 있는 전체 문제에 대해서도 계속 논의하기로 합의했다. 그러나 양국 사이의 합의사항에 대해 일본 법무성을 중심으로 일본 내부에서 반발이 나왔다. 그 내용을 요약하면, 억류 자체가 부당한데 형기만료자만 인수하는 것은 평화선도 나포도 승인하는 것이며, 오무라 수용소 한국인 중 범죄를 범해 강제퇴거 처분을 받은 사람까지 단지 전쟁이 끝나기 전부터 일본에 있었다는 이유만으로 일본 국내에 석방하는 것은 국제관례상 치안상 인정할 수 없다는 것이다.[12]

이에 일본정부는 이번 회담에서만 예외로 하고, 이후 강제처분을 받은 사람들도 한국정부가 인수한다는 보장을 받는다는 방침을 세우고, 1956년 4월 20일 억류자 상호석방을 위한 회담에 임했다. 그러나 한국정부는 구보타 망언 철회와 청구권 문제의 즉시 해결을 내세웠고, 이로써 이 회담도 타결을 보지 못하고 결렬되고 만다.

---

12 木村修三, 〈일한교섭의 경위〉, 《일·한관계의 전개》, 유비각, p.118.

4월혁명과 4차회담의 중단

4차회담은 제1기 1958년 4월 15일부터 12월 19일까지, 제2기 1959년 8월 12일부터 11월까지, 제3기 1960년 4월 15일까지로 구분되며, 교포 북송문제가 크게 대두되었던 회담이었다.

1955년, 1956년 일본은 소위 신무경기를 겪으면서 독점자본의 급속한 성장을 이루었다. 이 같은 경제성장은 일본이 아시아 시장을 향해 눈을 돌리게 만들었고, 한국에 대한 경제진출을 달성하기 위해 한·일 국교수립에 보다 적극적으로 나서게 했다. 4차회담 이후의 시기가 이전에 비해 크게 비교되는 점이 바로 경제문제 타결욕구가 회담의 배경이 되었다는 것이다. 하토야마 내각이 한일회담에 보다 적극적으로 나서게 되는 이유가 바로 여기에 있다.

한편 이때부터 미국 측의 개입 또한 보다 구체적으로 나타나기 시작했다. 미국은 교포북송 문제를 둘러싼 한일 간의 갈등에 개입해 중재하고, 평화선에 대한 공식입장을 표명했다. 이는 미국의 전략이 극동으로 복귀하고 있음을 나타내는 것이었다.

1957년 2월 25일 일본에서는 영세어민이 많이 살고 있는 야마구치 현 출신의 기시 노부스케岸信介가 새 수상이 되었다. 그는 한일 국교수립을 위해 해결해야 할 현안문제의 타결에 관심을 보이고, 적극적으로 한국 정부에 회담 재개를 제의했다. 그는 이시바시石橋 내각(1956. 12. 23~1957. 2. 25)의 외상으로 있을 때부터 한국 측이 제안한 구보타 망언 철회 및 일본의 대한청구권 폐기문제를 결말짓고, 억류자 상호석방 문제를 해결 하기 위해 노력했다. 그래서 한일회담을 재개한다는 방침을 세우고, 4차 회담이 교착상태에 빠지는 것을 막기 위해 사전에 기본문제에 관한 한 일 양국의 의견을 조정한다는 원칙하에 1575년 1월 중순부터 한국과의 교섭을 진행시켰다.

수상이 된 후 기시는 일본 국내에서 한창 논의되고 있던 북한과의 재 일한국인 북송교섭 문제에 대해, "일본은 한국과 빨리 해결해야 할 문제 가 깔려 있어 지금 북한과 교섭하면 한국과의 사이가 비비 꼬인다"며 신 중한 태도를 보였다. 그리고 같은 해 6월 중순 미국을 방문하기 전까지 한일회담이 재개되도록 노력한다는 방침을 세우고 "필요하다면 김용식 주일공사와 회담도 하겠고, 정치적 결단도 내리겠다"는 등 분명한 입장 을 밝혔다.

한국 측도 이를 호의적으로 받아들였다. 이승만 대통령은 국제 공산주 의 위협에 대항하기 위해 한일 양국은 가능한 한 빠른 기회에 국교를 정 상화하지 않으면 안 된다는 반응을 보였고, 한일회담 재개에 대비해 김 유택을 5월 1일 주일대표부 고문으로 보냈다가 5월 16일 곧 대사로 임 명했다. 하지만 4년 6개월 동안 중지되었던 회담에 대해 한국 측이 태도 를 바꾼 데에는 미국의 압력도 작용했다. 이는 1960년 3월 26일 이승만 의 85회 생일을 축하하기 위해 경무대를 찾은 한일회담 관계자에게 한 이승만 대통령의 다음과 같은 말에서도 알 수 있다.

"저쪽 생각도 대강 알았으니 더 기다려봐야 뭐 큰 것이 나오겠나? 그리고 미국 친구들이 한일문제의 미해결로 극동정책을 못 세운다고 야단이니 그런 입장도 무시할 수만은 없어."[13]

4차회담 재개에 앞서 덜레스 미 국무장관 및 워싱턴의 고위관리들이 서울과 도쿄를 드나들면서 회담재개를 위한 막후조정을 벌이고 있었던 것이다. 이러한 분위기 속에서 일본 수상 기시는 중의원에서 구보타 발언을 철회하고, 대한 재산청구권을 폐기한다는 입장을 명백히 밝혔다. 그래서 김용식 공사 및 후임자인 유태하 공사와 일본의 나카가와中川 아시아국장, 미야케三宅, 안도安藤 참사관이 만나서 의견을 절충한 후, 김유택 대사와 오노大野 외무성 사무차관이 만나 일본 어부석방 문제와 재산청구권 문제에 대해 합의했다. 억류자를 상호석방하고 석방 후 1개월 내에 회담을 개최하고, 구보타 발언을 철회함과 동시에 일본의 대한청구권 역시 철회한다는 내용이었다.

이를 토대로 김 대표와 기시 수상 간에 6월 7~13일까지 세 차례에 걸친 회담 끝에 다음과 같이 합의했다. 첫째, 억류자 석방문제에 대해서는 일본 측이 양보해 "부산 외국인 수용소에 억류되어 있는 형기를 마친 일본인 어부를 석방한다." 둘째, 회담재개를 위한 조건으로서 한국 측이 제시한 구보타 발언은 취소하고, 대한 재산청구권 철회에 대해서는 일본 측이 선처한다는 구상서를 보내고, 한국 측이 이를 접수한다는 구상서를 일본 측에 다시 보낸다. 그런 다음 재산청구권 문제는 1952년 4월 29일자 미 국무성의 해석에 따르기로 합의하고, 주일 한국대표부와 일본 외무성 사이에 최종 초안이 작성되었다.

다음 수순은 이대통령의 재가였다. 그런데 한국 측이 6월 16일 조정환

---

13 박정희, 앞의 논문, p.38.

외무장관을 통해서 "몇 가지 기술적인 문제가 합의되지 않았다"고 밝혔고, 이로써 방미 전에 한일협상을 타결시키려 한 기시 수상의 계획은 이루어지지 못했다.

1957년 12월 10일 국제적십자사에서 한일 양국정부에 억류자 상호 석방문제를 알선하겠다고 제의해왔다. ① 부산 억류 일본인 어부는 석방·귀국시키고, ② 1945년 8월 15일 이전에 일본에 거주하던 오무라·하마마쓰 수용소 억류 한국인은 일본 국내에 석방하며, ③ 한국정부는 억류 한국인 중 일본에 불법 입국해 귀국을 희망하는 자는 귀국시킨다[14]는 원칙하에서 국제적십자사가 석방·귀국계획을 관리·조정하는 책임을 진다는 제안을 한 것이다.

국제적십자사의 이 같은 제의에 대해 일본정부는 찬성을 했으나 한국정부는 반대했다. 이 때문에 한때 교섭이 위기에 처했지만, 11월 하순 김 대사와 후지야마藤山 외상 간의 3차에 걸친 조정으로 12월 31일 최종적인 합의에 도달했다. 〈일본에 수용되어 있는 한국인 및 한국에 수용되어 있는 일본인 어부에 대한 조치에 관한 대한민국 정부와 일본국 정부와의 요해각서〉 및 〈일본국과 대한민국 사이의 전면 회담재개에 관한 각서〉가 교환되었고, 1958년 3월 1일 회담을 전면 재개한다는 내용의 공동성명을 발표했다.[15]

1957년 12월 31일 일본국 후지야마 외무대신과 재일본 대한민국 대표부 대표 김유택 대사 사이에 행해진 회담에서 일본국 정부가 제2차 대전 종료 전부터 일본국에 계속해서 거주하고 있는 한인으로 일본국의 불법입국자 수

---

14 박정희, 앞의 논문, pp.38~39.
15 박정희, 앞의 논문, pp.38~39.

용소에 수용되어 있는 자를 석방할 것 및 대한민국 정부가 한국의 외국인 수용소에 수용되어 있는 일본인 어부를 송환하고, 또한 제2차 세계대전 후의 한인 불법입국자의 송환을 인수할 것에 합의했다. 동시에 일본국 정부는 대한민국에 대해 일본국 정부가 1953년 10월 15일에 구보타 일본 측 수석대표가 행한 발언을 철회하고, 또한 1957년 12월 31일 미 국무성 견해의 표명을 기초로 해 1952년 3월 6일에 대한민국과 일본국 사이의 회담에서 일본국 대표가 행한 재한재산에 대한 재산청구권 주장을 철회할 것을 통고했다. 그 결과 대한민국과 일본국 사이의 전면 회담을 도쿄에서 1958년 3월 1일에 재개할 것에 합의했다.

12월 12일에 합의된 억류자 상호석방 요해각서에 따라 한국은 2월 1일, 28일에 각각 300여 명씩 억류 일본인 어부를 송환하고, 일본 역시 1차로 2월 11일까지 한국인 474명을 석방했다. 그러나 2월 20일부터 이루어진 밀입국 한국인의 송환과정에서 일본이 "북한으로의 송환을 바라는 자는 한국으로 송환하지 않는다"는 방침을 표명함에 따라 한국 측은 이에 항의해 이후 일본인 어부의 송환을 거부했다. 그리고 3월 1일 개최 예정이었던 4차회담은 연기되었다. 하지만 이 대립은 기시 수상이 이 대통령에게 보낸 친서와 4월 2일 호의적인 답신이 교환된 후, 후지야마 외상과 김 대사와의 회담에서 상호이해에 도달함으로써 해소되었다. 그리고 4월 15일 4차회담이 이루어졌다.

회담재개와 함께 기시 수상은 '초심불가망初心不可忘'이라고 적은 휘호를 이 대통령에게 보내는 한편, 사죄사절을 경무대로 보내 이승만 대통령에게 90도 절을 하게 했다. 개인특사 자격으로 파견된 사죄사절은 일본 우파의 거물인 야쓰기 가즈오矢次一夫였다. 이로써 부산에 억류된 일본 어부는 석방되었고, 3차, 4차의 송환도 5월 28일 일단 완료되었다. 한편

이 시기에 한국문화재 106점이 일본정부로부터 반환되었다.

4차회담에서는 한일 양국이 서로 자신의 권리를 주장했던 재산청구권위원회가 한국 측이 주장한 '한국청구권위원회'로 변경되고, 어업위원회 역시 한국 측이 주장한 '어업 및 평화선위원회'로 변경되어 일본 측의 주장이 일보 후퇴한 인상을 주었다. 그리고 종래의 5개 분과위원회에 대신해 ① 기본관계, ② 한국청구권, ③ 어업 및 평화선, ④ 재일한국인의 법적지위 등의 4개 위원회를 설치하고, 한국청구권위원회 안에 일반청구권, 선박의 2개 소위원회를 설치해 교섭을 진행시켰다. 그러나 일본 측이 어업문제를 중요시한 데 비해 한국 측은 청구권 문제에 중점을 두어 계속적으로 강경하게 한국의 권리를 주장하자, 결국 타결점을 찾지 못하고 12월 19일에 휴회로 들어갔다.

그런데 이 휴회기간 중에 교포북송 문제가 발생했다. 그동안 재일한국인 교포의 북송문제를 고려해왔던 일본은, 1959년 1월 29일 후지야마 외상을 통해 "재일한국인으로서 북한에 가고자 하는 자에게는 허가가 내려질 것"이라는 성명을 발표했다. 이에 대해 김동석 외무장관은 "한일관계는 중대한 단계에 직면했다"고 하면서 보복조치를 취하겠다고 선언했다. 그럼에도 불구하고 일본은 1959년 3월 13일 내각회의에서 재일한국인의 북송을 결정하고, 유태하 공사에게 이를 통보했다.

일본이 북송을 계획하게 된 배경에는 조총련계 불순분자 추방과 동시에, 두 개의 한국을 조성하는 분위기를 만들어 한국에 대해 보복을 꾀하는 한편, 정경분리정책하에서 북한과 교역해 경제적 이득을 보자는 속셈이 있었다. 4차회담이 개최된 지 오래지 않아 일본은 '동남아 개발기금'을 만들어 한국 및 동남아 각국과 접촉했는데, 한국 측에서 '대동아공영권'의 재판을 노린 경제적 침략의 수단에 불과하다고 외교활동을 벌여 방해함으로써, 그들의 의도가 실패한 데 대한 보복이기도 했다. 그리고 일본으로서는 연간 15억 엔이 들어가고 있는 재일한국인의 생활보호에 대한 부담이 또 하나의 이유가 될 수 있었다. 일본 국내 생활보호 대상자 중 20%가 한국인이었고, 한국 측에 그들을 인도해갈 것을 요구했으나 한국 측에서는 그들이 귀국해서 잘살 수 있도록 준비해 보내라는 주장을 하고 있었다.

일본이 재일한국인 교포를 북송시키려는 계획을 세우자, 한반도의 유일한 합법정부라고 주장하던 한국은 충격적으로 받아들였고, 두 나라 관계는 극도로 악화되었다. 한국은 일본의 만행을 규탄하고 나섰으며, 일본의 배신을 세계에 호소하기로 하는 한편, 1959년 2월 28일 한일회담 재개를 거부했다. 그리고 한국전쟁 참전 16개국 및 유엔에 북송저지를 호소하겠다며 일본을 위협했다. 또한 국회에 북송저지를 위한 초당적인 외교자문위원회를 설치하는 한편, 6월 15일 대일통상 단절을 감행하고 영사증명 발행을 중지했다.

그런데도 국제적십자사의 중개로 제네바에서 일본·북한 양 적십자사 사이에 교섭이 진행되어 6월 10일 사실상 합의를 보았고, 1959년 7월 13일 캘커타에서 북송협정에 조인했다. 이러한 사태 진전에 대해 이 대통령은 "전쟁하는 자세로 이를 막아야 한다"는 내용의 성명을 발표했다. 또한 주일 대표부에 막대한 액수의 저지운동 자금을 보내는 한편 니가타행 선로 파괴계획을 세우고, 재일 거류민단에서는 단식투쟁과 함께 북으로 가는 철도 위에 아예 누워버렸다.

교포북송 문제에 강경하게 대응해오던 한국정부는 7월 30일 한일회담을 무조건 재개하자고 제의하고, 당시 한국 정계의 거물인 허정을 수석대표로 내세웠다. 여기에는 미국정부의 설득과 통상단절로 인한 경제적 압박, 그리고 무엇보다도 직접 회담을 통해 북송을 저지하려는 의도가 배경이 되었다. 1959년 8월 12일 허정과 사와다澤田廉三를 양측 수석대표로 해 회담이 열렸다. 한국은 당연히 교포북송 문제 때문에 재일한국인 법적지위 문제에 초점을 맞추어 회의를 진행하려 했으나, 1959년 12월 14일 북송희망자 제1진 975명이 청진을 향해 떠나자 회담에 대한 열의를 잃었고, 회담은 곧 결렬되었다. 그리고 국내에선 정부의 주도하에 북송반대 관제시위가 계속되었다.

1959년 11월 한일 양국간의 무역이 부분적으로 재개되었지만, 억류어부 송환은 중지되어 있었다. 1960년 들어 일본정부는 억류자 상호송환을 제의하면서 한국이 조건으로 제시한 한국 쌀 3만석 매입요청에 응했다.

그리고 한일관계의 타결을 바라는 미국이 평화선에 대해 최초로 공식적인 입장을 표명했다. 3월 16일 허터 미 국무장관은 양유찬 주미 한국대사에게, 한일 간의 현상을 우려하며 한국의 일본어선 포획을 경고한다고 했다. 이에 한국 측의 강경한 자세가 일단 누그러져 3월 18일 이세키伊關 아시아국장과 유 대사가 회담해 상호송환과 전면 회담재개에 합의했다. 그리하여 3월 말부터 상호송환이 실시되고, 4월 4일부터는 한국과 일본 사이의 무역도 전면 재개되었다. 회담은 유태하와 사와다를 양측 수석대표로 해 4월 15일에 재개되었으나, 한국의 4·19혁명으로 이승만 정권이 붕괴됨으로써 하루 만에 중지되었다.

이 정권 아래서 한일회담은 9년 6개월 동안 네 차례 있었다. 그러나 네 차례의 회담을 통해 양국은 서로 교섭에 적극적으로 나섰다고 볼 수는 없었다. 이 정권 스스로가 과연 회담을 타결시키려고 했는지 의심스러운 면도 보인다. 이 정권 시대의 회담에서 한일 양국은 전반적으로 서로가 자신의 주장을 굽히지 않았고, 자기 측의 권리를 내세우며 그를 뒷받침해줄 법이론 시비로 일관했다. 일본은 전후 동남아시아 각국에 전쟁 피해배상을 지불하였으나, 전후 수습기에 있던 일본경제의 과중한 부담을 줄일 필요가 있었고, 그것이 한국에 대해서는 청구권 액수를 줄이려는 노력으로 나타났다. 하지만 회담이 타결되지 않은 상태에서도 일본은 한국전쟁을 통해 전쟁특수로 막대한 이윤을 얻으면서 성장기반을 다지고 있었다.

이 정권 시대에 한국 측이 일본에 대해 강경한 자세를 취할 수 있었던 이유는, 미국이 전략적 입장에 의해 한일 양국 문제를 방관했거나 혹은 한국 측을 옹호했다는 것과 함께 미국의 대한원조를 들 수 있다. 비록 원조가 성격상 문제가 있었고 이 정권이 경제개발의 장기적 비전을 수립하지는 못했지만, 미국으로부터 받은 2억, 3억 달러의 단기원조로 긴급구호와 필수 소비수준의 유지를 통해 반민족적인 만족을 구했다. 따라서 일본으로부터 자본을 도입할 필요성을 크게 느끼지 못했던 것이다. 또 한편으로 이승만 정권에게는 실정失政과 비민주성에서 국민의 시선을 돌릴 수 있는 민족적인 속죄양이 필요했다. 바로 이러한 배경 속에서 이 정권의 강경한 대일정책이 통용될 수 있었던 것이다.

그러나 이승만의 강경 대일정책과 한일회담의 실패는, 미국이 4·19혁명 당시 이 정권에게 퇴진압력을 가하는 한 요인이 되었다. 이 정권 시대에 끝내 타결을 보지 못한 한일회담 문제는 곧 민주당에게 넘어갔다.

5차회담에서의 한·일 접근

본회담에 이르지 못하고 유산된 5차회담에서는 경제문제가 주요한 관심사로 등장하고 한·미·일 삼각관계가 보다 구체적으로 부각되기 시작한다. 일본 독점자본은 1955~1956년 신무경기에 이어 잠시 불황기를 거친 다음에 1959~1961년 호경기를 통해 더욱 고도성장을 이룩해, 과잉상품과 자본의 처리를 위해 한국에 대한 경제진출의 욕구가 더욱 강해졌다. 한편 중국이 핵을 보유해 군사력이 강화되고 베트남전이 격해지면서 동북아시아 반공기지를 안정적으로 확보해야 할 필요가 강해지자, 극동지역에 대한 미국의 관심이 다시 커졌다. 또한 서유럽 및 일본 자본주의의 전후 경제성장이 미국경제에 위협으로 등장하였고 군사비와 원조 등의 지출은 미국경제의 부담을 키워 달러방위의 필요성을 느끼게 했다. 그래서 미국은 극동지역에서 그동안 짊어졌던 경제적 부담을 일본에 대위한다는 입장에서 한일회담의 타결에 주목했다. 또한 한국의 민주당 정부로서도 경제위기가 심화된데다 1950년대 말 이후 현격히 감소한 미국의 대한원조를 대신하는, 경제위기 타결의 제1 요건으로 한일국교 타결을 통한 청구권자금 및 일본자본의 도입을 생각하게 되었다.

이렇게 3국의 이해가 일치하는 가운데 1960년 8월 12일 윤보선 대통령이 취임하였고 23일에 장면 내각이 발족된 후, 24일 정일형 외무장관이 신외교방침을 발표해 대일 외교개선을 표명했다. 회담타결의 필요성을 느끼고 있던 일본 측은 장면 내각이 조각을 끝내기도 전에 고사카小坂 외상을 한국에 보내겠다는 의사를 표명한 바 있었다. 그리고 정 외무장관이 신외교방침을 발표하자 9월 6일 전후 최초로 공식 친선사절로서 고사카 외상이 방한해 윤 대통령, 장 총리, 정 외무장관 등과 회담했다. 이 회담에서 양국은 10월 하순부터 5차회담을 위한 예비회담을 열기로 하고, 일본이 총선거를 치르는 11월 후에 본회담을 열기로 했다. 이 같은 합의를 본 후 한국 측은, 회담에 앞서 대표단을 구성하고 예비회담 연습까지 실시하는 등 철저히 대비하는 모습을 보였다.

5차회담은 한국 측은 유진오 고려대 총장을 수석대표로 하고 일본은 사와다를 수석대표로 해 도쿄에서 열렸다. 최초의 회담 분위기는 매우 우호적이었다. 양국은 최대한 성의를 보이자고 서로 약속했으며, 특히 일본정부는 일본국민에게 한국국민의 감정을 자극하는 언동을 삼가라고 요청했다. 10월 25일 양측 대표가 참석한 가운데 첫 회의를 개최하고, 이어 각 위원회의 설치 문제를 토의하기 위해 10월 중에 비공식적인 수석대표 회담을 열기로 했다. 또 재산청구권, 어업문제 및 한인교포의 법적지위 문제를 11월과 12월에 각 위원회에서 협상하고, 기본적인 국교관계 문제는 위의 문제들이 해결될 1961년 초로 예정된 본회담에서 다루기로 했다.

5차회담은 4차회담의 4개 분과위원회 중에서 한국청구권위원회 안에 일반청구권과 선박 소위원회에 더해 문화재 소위원회를 신설하였으며,

회담이 개최된 이래 9년 만에 처음으로 청구권 세부토의에 들어갔다. 한국은 청구권 문제를 가장 중요시해 1차회담 때 제출한 것과 비슷한 8항목의 '대일청구권요강'을 제출했다. 그러나 애초의 우호적인 분위기와는 달리 회담은 좀처럼 타결점을 찾지 못했다. 한국 측이 청구권 문제에 중점을 둔 데 비해, 일본은 어업문제에 가장 큰 관심을 두었다. 유진오 대표는 청구권 문제를 조속히 해결하자고 종용하는 뜻에서 일본 측 대표에게 다음과 같이 요구했다.

"청구권 문제는 결국 일본정부의 정치적 결정으로 해결될 것이니 속히 해결해달라. 평화선 문제는 한국의 여론과 국민감정 문제가 있으며, 또 평화선 내 수산자원이 한도에 달했으니 해결하기 극히 힘들게 되어 있다. 기본방침만을 정하고 뒤로 미루자."

이에 대해 사와다 대표는 "솔직히 말해 모든 문제는 일본이 양보해야 할 성질의 것인데, 한국이 양보해야 할 것은 평화선뿐이므로 적어도 청구권과 평화선을 한꺼번에 해결해야 한다. 청구권만을 먼저 하고 평화선을 뒤로 한다는 것은 절대 반대한다"[16]면서 평화선 문제에 대해 집요하게 물고 늘어졌다.

이 때문에 회담이 잠시 주춤하자, 민주당에서는 평화선을 그대로 두고 한일어업합판회사韓日漁業合辦會社를 만들어 고기를 같이 잡아 상품화해 그 이익을 나누자는 아이디어가 나왔다. 이에 어업 및 평화선위원회에서 김윤근, 우야마 두 한일 대표들이 어업합판회사에 대해 논의하고, 합판회사의 주식 51%를 한국이 갖고 회사운영권도 한국이 주도한다는 내용의 회사구성안을 토의했다. 이 사실은 정일형 외무장관이 밝힘으로써 알려졌는데, 이에 대해 유진오 대표는 "어업협정의 목적은 수산자원의

---

16 이석열 등, 앞의 글, p.111.

보호가 첫째이므로 자원에 대한 고려 없이 합판회사를 만드는 것은 말이 안 된다. 이 문제는 국교정상화 뒤로 미루자"고 말했다. 그러나 사와다 대표는 "무조건 뒤로 미룰 수는 없지 않은가? 적어도 대개의 원칙만은 합의해두자"면서 적극적인 자세로 나왔다.

한편 청구권 문제에 대해서는 일본이 일정금액의 경제원조 방법을 주장하면서 이때까지의 수천만 달러 선에서 청구권 조로 6억 달러의 경제협력안을 제시했다. 이는 정일형 외무장관이 국회증언을 통해 밝혔는데, 이 6억 달러에 대해선 미국과 일본이 사전타협을 보았다는 소문이 이전부터 외교가에 퍼져 있었다. 이는 후일 문제의 김종필·오히라 메모에 등장하는 6억 달러 경제협력 액수의 윤곽을 암시하는 것이기도 했다.

5차회담이 우호적인 분위기 속에서 적극적으로 진행되자, 한국의 정계·재계 인사들은 일본자본의 도입에 열을 올렸다. 이는 수석대표 간의 비공식회의에서 사와다의 "막연히 한국의 개인이 찾아와 경제협력에 관한 얘기를 하니 믿을 수 없다. 비공식으로라도 좋으니 정식채널을 통해 계획을 말해달라"는 발언에서도 알 수 있다. 이에 대해 유진오 대표는 '선국교 후경제협력'이라고 대답했다.

회담기간 동안 일본자본 도입에 열을 올리던 한국 측에서 '중석불사건'이 생겼다. 이는 대한중석이 중석의 판매권을 도쿄식품에 넘겨주고 100만 달러의 커미션을 받은 사건으로, 일본자본의 도입과정에서 커미션이 정계를 부패시키리라는 우려를 자아냈다. 이를 교훈으로 1961년 2월 3일, 국회에서 '대일복교원칙'이란 결의문을 채택했다.

1. 국내의 정세로 미루어보아 대일국교는 제한국교에서부터 점진적으로 추진되어야 한다.
2. 평화선은 국방상 또는 어민의 보호를 위해 존중해서 지켜야 한다.

3. 정식국교는 일본의 점령에 의해 우리가 입은 손해와 고통의 청산이 있은 뒤에야 처음으로 성립될 수 있다.
4. 현행 통상 이외의 한일 경제협조는 정식국교가 개시된 후부터, 국가 통제하에 우리 국내산업이 침식당하지 않은 범위에서만 실시되어야 한다.

이는 장면 총리가 평가했듯이 주권과 경제권이 침해되지 않기 위한 당연한 조처였다. 이 결의안에 대해 일본 측은 어업문제의 토의가 진행되지 않으면 다른 현안의 타협은 어렵다는 입장을 전했다. 결국 양측은 예비회담 진행방식에 대해 다시 협의한 후 1961년 3월에 들어 그동안 별 진전을 보지 못했던 토의를 일제히 재개했다. 종래 원칙상 대립했던 문제들을 논의하면서 법적지위 문제에 대해서는 구체적인 진전을 보았다. 그리하여 샌프란시스코 강화조약 4조의 해석에 관한 1957년 12월 31일자 미국정부의 '구상서' 및 한일양국이 미국정부의 해석과 같은 의견임을 확인한 합의의사록이 양국의 합의하에 공표되었다.

또한 일본 자민당은 기시 전 수상과 이시이石井光次郎를 중심으로 한일관계의 조속한 정상화를 목표로 하는 한국문제간담회를 설치하고, 5월 6일 노다 우이치野田卯一를 단장으로 하는 방한의원단이 서울을 방문했다. 그리고 동시에 이세키 아시아국장이 방한해 김용식 외무차관과 회담해, 진행 중인 예비회담을 5월로 끝내고 6~8월의 정치절충을 거쳐 9월에 본회담을 개최해 가을까지 조인할 것에 합의했다.

그러나 재차 무르익은 한일회담은 결국 1961년 5·16쿠데타에 의해 군사정부의 손으로 넘어가고 만다. 그래서 5차회담 역시 아무 결론 없이 끝나고 말았다.

비밀흥정으로 이루어진 6차회담

5·16군사정부의 가장 큰 과제는 경제위기 타결이었다. 한국의 경제위기가 점점 깊어가는 상황에서 쿠데타라는 비합법적인 수단으로 정권을 장악한 군사정권은, '국가 자주경제의 재건목표'를 정권의 정치생명과 직결되는 것으로 생각했다. 따라서 쿠데타 초기부터 경제개발을 위한 외자공급원의 하나로 일본자본에 기대를 걸었고, 오히려 '지일知日 내각'이라고 불렸던 장면 정권보다도 더 조급한 의욕을 보이면서 한·미·일 3국 가운데 가장 열의를 드러냈다. 한국 측이 주장한 정치적 교섭, 거물급 회담, 현안의 정치적 타결 등은 바로 박 정권의 열의와 조급함을 드러내는 것이었다. 이는 쿠데타 2개월 뒤인 1961년 7월 19일 당시 국가재건최고회의 의장이었던 박정희의 다음과 같은 기자회견에서도 잘 나타나 있다.

"한일관계가 지금까지 부자연한 상태로 계속되어온 것은 두 나라에게 다 불행한 일이 아닐 수 없다. 혁명정부는 한일회담을 연내에 일괄 해결할 방침으로 모든 노력을 다하고 있다."

군정의 이러한 의도는 쿠데타 6일 후인 5월 22일, 김홍일 외무장관이 공식 기자회견을 통해 "일본은 우리나라와 여러 가지로 관계가 있는 국가이므로 정상적인 국교수립을 위한 우리의 생각과 노력은 변함이 없다."[17]라고 한일교섭에 대한 입장을 최초로 표명함으로써 이미 나타나기 시작한 것이기도 했다.

군정은 이러한 뜻을 주일대표부를 통해서 일본 측에 전달하고, 일본 측의 이해를 얻기 위해 7월 5일 군정의 대외 친선사절단을 일본에 제일 먼저 파견했다. 그러나 이 당시 일본은 과거의 적극적인 모습과는 달리 5·16군사정권의 제의에 대한 미국 측 반응을 살피면서 신중한 입장을 취했다. 김홍일 외무장관의 기자회견이 있은 22일 오후에 고사카 외상은 참의원에서 "한국의 쿠데타는 사후계획을 생각하지 않은 것 같으며, 따라서 한국정정의 조기안정을 바라기 어렵다"고 말해, 군정을 상대로 한 교섭에 곤란함을 밝혔다. 한국 측 친선사절단이 방일해 최덕신 단장이 박 의장의 친서를 이케다池田 수상에게 전하고 관계정상화를 제의했을 때에도, "한국이 훌륭한 민주적 국가가 되기를 바란다"는 희망만을 밝히고 다른 언질을 하지 않았다.

일본정부가 이처럼 소극적인 태도를 보인 까닭은, 군정의 장래를 확신할 수 없었을 뿐만 아니라 쿠데타가 좌익적인 성격이 아니라는 것이 확인되지 않았기 때문이었다. 그리고 쿠데타 자체가 비합법적인·비민주적이었으므로 일본 국내의 야당 및 매스컴 등의 여론도 의식하지 않을 수 없었다. 이러한 일본의 태도를 결정적으로 바꾼 것은, 그동안 관망상태에 있던 미국이 7월 28일 러스크 국무장관을 통해 발표한 군사정부를 지지한다는 성명이었다. 그래서 7월 말 새로 임명된 이동원 신임공사가 이세키 아시아국장과 회담한 후 회담재개를 제의했고, 9월 20일을 전후

---

17   이상우, 〈내막: 서울과 도쿄 14년〉, 〈월간조선〉 1982년 7월호, p.15.

해서 6차회담의 예비회담을 열기로 합의했다.

일본정부가 회담재개 방침을 세운 배경에는 미국의 영향과 더불어 마에다前田利一 외무성 북동아과장의 보고서가 있었다. 그는 1961년 8월 6일부터 10일간 서울에 파견되어 각계각층의 인물들과 접촉하면서 정세를 시찰하는 한편, 군정에 대한 한국국민의 반응을 살폈다. 그리고 자신의 견해를 토대로 해서 "군정의 전도에 대해서 낙관한다. …… 박 정권을 상대로 한일회담을 전개할 수 있다"[18]는 요지의 보고서를 제출했다. 이 보고서를 토대로 일본 외무성이 회담재개 방침을 세웠던 것이다.

회담재개를 위한 양국간의 접촉이 이루어지면서, 8월 15일에는 한국에서 경제개발계획이 입안되고 외자도입 교섭을 구체화하기 시작했다. 그래서 박정희 국가재건최고회의 의장은 교섭단을 유럽과 미국으로 파견하는 한편, 8월 30일 김유택 경제기획원 장관을 일본에 보내 이케다 수상, 고사카 외상 및 자민당 간부, 재계 인사들과 접촉해 회담의 주요 안건인 청구권 문제와 어업문제는 가능한 한 빨리 정치적 타결을 보아야 한다는 뜻을 알렸다. 그러나 일본 측은 정치적인 일괄타결은 곤란하며, 먼저 사무절충을 해야 한다는 견해를 보였다. 청구권 문제에 대해서도 법적으로 근거가 있는 것에 한해 처리할 용의가 있으며, 덧붙여 한국 경제개발을 위한 경제협력자금으로서 청구권 조로 5,000만 달러를 고려 중이라는 등 매우 여유 있는 반응을 보였다.

6차회담에 들어가면서 한국 측은 회담을 타결하기 위해 매우 서두르는 반면, 일본은 정치적 차원에서는 열의를 표명하면서도 실무회담에 임해서는 오히려 뒷걸음질하는 교섭형태를 취했다. 바로 이러한 외교방식은 일본 자민당 내 각 파벌의 알력과 야당을 비롯한 여론을 무마하면

---

18 이석열 등, 앞의 글, p.115.

서, 미국의 조기회담 타결에 대한 압력과 한국의 열악한 경제사정을 계산해 최대의 외교성과를 올리고자 하는 생각에서 나온 것이다. 회담에 대한 양측의 태도는 9월 20일의 회담에서도 확인된다. 군정은 과도내각의 수반이었던 한국의 정계거물 허정을 수석대표로 임명하고, 일본 측에서도 거물급 정치인인 기시나 이시이를 수석대표로 임명하리라고 기대했다. 그러나 일본 측은 일본무역진흥회 회장인 스기杉道助를 수석대표로 임명했다. 이에 불만을 품은 한국 측은 회담연기를 통보한 후 스기에 상응해 허정 대신 배의환을 수석대표로 임명했다.

결과적으로 이러한 과정은 군정의 계산착오를 여실히 보여주었다. 순진하리만큼 강한 의욕과 자신에 차 있었기 때문에 일본의 국내사정을 냉철하게 파악하지 못한 것이다. 이케다 수상은 한일회담 타결의 공이 정치적 라이벌인 기시나 이시이에게 돌아가는 것을 원하지 않았을 것이다. 그러나 군정은 이처럼 단순한 사실조차 생각지 못했다.

게다가 일본 내의 한국 로비에 지나친 기대를 걸고 있었다. 군정은 친한파 정치인이 대표로 나선다면 교섭은 별 어려움없이 한국 측에 유리한 방향으로 타결되리라고 기대했을 뿐, 그들이 지니고 있는 일본 내에서의 발언권과 그들이 보이는 '친한'의 성격을 잘 이해하지 못했다. 소위 친한인사들이란 과거 일제강점기 군 출신의 동창 및 동료관리들이었다. 그들은 군국주의 시대의 동료의식은 강했지만, 대부분 한국 정치인과의 감정적인 야합 내지 경제적인 계산을 노리고 형성되었거나 몇몇 정치인과의 술자리 친구인 경우도 있었다. 또 국가외교 차원에서의 영향력이나 국민으로부터의 신임도는 낮았다.[19] 더욱이 간과할 수 없는 부분은 바로 그들이 대부분 과거 일제침략의 선두에 섰던 제국주의자들이었다는 점이다.

---

19 이상우, 앞의 글, p.62.

군정의 열의와 자신감에 비해 소극적인 일본의 태도로 인해 거물급 대표를 통한 정치교섭으로 현안을 일괄타결하려는 의도는 실패하고, 회담은 사실상 실무급 회담으로 격하되고 만다. 이런 상태에서 1961년 10월 20일 배의환과 스기를 수석대표로 해 회담이 열렸다. 일단 사무절충과 정치절충을 병행하기로 하고, 5차회담과 같은 방식으로 분과위원회를 설정해 토의를 진행했다. 청구권 문제에 대해서는 청구권 요강 주요 부분의 근거 및 내용 등을 토론하였고, 법적지위 문제에 대해서는 영주권 범위 및 강제퇴거 등의 문제를 중심으로 회의를 진행시켰다. 또 어업 문제에 대해서는 어족자원 문제가 주요 관심사로 대두되었다.

회담이 열린 지 4일 후인 10월 24일 김종필 중앙정보부장은 케네디 초청으로 이루어진 미국방문 일정 중에 일본에 들렀다. 박 의장의 방일 초청을 주선해 양국 원수의 직접회담으로 현안을 일괄타결할 속셈이었다. 김의 제의를 이케다 수상이 수락하였고, 11월 2일 스기 대표가 수상의 친서를 갖고 방한해 박 의장을 일본에 초청했다. 그래서 11월 11일 박 의장은 방미 길에 일본을 들려 이케다와 회담했다. 이 회담 후 일본의 고사카 외상은, ① 한일문제, 아시아 문제, 세계정세 전반에 대해 의견을 교환해 대부분의 점에서 합치를 보았으며, ② 진행 중인 한일회담 타결을 위해 계속 쌍방이 최대한 성의를 갖고 추진·노력하기로 했으며, ③ 현안 외에 한일 간의 장래문제에 대해서도 격의 없는 의견을 나누기로 합의했다고 발표했다. 하지만 청구권 문제에 대해서는 법적 근거가 있는 것에 한해 지불한다고 했다. 박 의장 역시 회담 후 기자회견에서 다음과 같은 입장을 밝혔다.

"한국 측으로서는 대일청구권은 전쟁배상의 성격을 갖는다는 생각이 아니라 확실한 법적 근거에 의거해 요구하고 있다. 청구권 문제에 대해 일본 측이 어느 정도 성의를 보이는가가 한일회담 타결의 주요 변수이나, 이 문제에 대해서도 탄력적인 자세로 이야기할 수 있다."[20]

　박·이케다 회담에서 확인된 원칙에 따라 각 현안의 사무절충은 상당 부분 촉진되었으나, 본질적인 문제는 타결되지 않고 12월 하순부터 휴회에 들어갔다. 1962년 2월에 들어서면서 각 위원회는 일제히 토의를 재개하였으나 역시 견해 차이는 좁혀지지 않았다. 즉 박·이케다 회담의 결과 한일교섭의 분위기는 고조되었으나, 실무급 회담은 청구권 액수, 평화선문제, 독도문제 등으로 교착상태에 빠져 있었다. 그래서 재차 정치적 교섭에 의해 합의를 보고자 김종필이 이케다 수상을 방문해 외상회담을 열기로 결정한다.

　그러나 이렇게 열린 외상회담 역시 교착상태에 빠졌다. 1962년 3월 초에 최덕신과 고사카 양국 외상이 만난 자리에서도 평화선·독도문제, 청구권 액수 문제는 해결을 보지 못했다. 일본 측은 한국 측의 대일청구 대상지역으로 남한만을 설정하고, 일본이 포기한 청구권 액수와 대일 한국청구권 액수를 상쇄해야 한다고 주장하였으며, 독도문제를 국제사법재판소에 제소하자고 했다. 그리고 한국 측이 차기 회담장소로 서울을 제안하자, 암호전보 타전시설 등을 설치해야 하므로 일본대표부를 먼저 설치하자고 했다. 한편 한국 측은 청구권 대상지역을 한반도 전체로 설정하였으며, 청구권 액수를 상쇄하자는 일본 측 주장에 대해서는 일본의 청구권 폐기를 고려한 뒤에 한국청구권 액수를 상정하였으므로 상쇄할 수 없다고 했다. 또 독도문제의 국제사법재판소 제소, 일본대표부 설치는 거부했다.

　외상회담에서도 진전을 보지 못하자 양국관계는 냉각되었다. 그리고 일본의 참의원선거 등으로 회담이 일단 중단되었고, 회담기간 중에 억

20　木村修三, 앞의 논문, p.123.

류 일본인 어부를 석방했지만 외상회담 결렬 후인 5월 13일부터 다시 나포하기 시작했다.

1962년 7월에 들어서면서 일본은 참의원선거 후 3차 이케다 내각이 발족하고, 외상에 오히라가 임명되었다. 7월 26일에 배·스기 회담이 이루어져 정치회담의 사전조정을 위한 예비절충을 시작했고, 다시 회담을 진행시키기로 했다. 8월 21일 배·스기를 수석대표로 해 이루어진 예비절충에서는 청구권이 주로 논의되었다. 청구권 액수, 범위, 대상지역 그리고 대한청구권 폐기에 따른 상쇄 내용, 대여형식이 그 대상이었다.

청구권 문제에 대해 일본 측은, 우선 청구권이라는 명목을 버리고 실질적으로는 청구권을 포함한 무상공여(1억 5,000만 달러)와 장기차관(1억 5,000만 달러)을 포함하는 총액 방식으로 3억 달러를 제시했다. 청구권이라는 명목을 버린 데에는 몇 가지 이유가 있다.

우선, 한국의 대일청구권으로서 자료적 증명이 가능한 것은 전시 중 피징용자의 미불임금, 우편저금, 간이생명보험 등 개인의 청구권에 속하는 소범위의 것에 한정되고, 산출되는 금액도 수천만 달러에 지나지 않는다. 둘째, 청구권을 갖는 개개인 중 어느 정도가 남한에 있고, 어느 정도가 북한에 있는지를 판정할 수 없다. 셋째, 한국 측이 일본으로부터 지불받아도 실제로 그것을 개개의 해당자에게 지불하는 것이 가능하지 않다. 넷째, 샌프란시스코 강화조약 제4조에 대한 미국정부의 '상쇄'해석에 의해, 일본이 대한청구권을 폐기한 것으로 어느 정도 한국의 대일청구권이 상쇄되었는가를 합리적으로 산정하는 것이 가능하지 않다. 다섯째, 청구권 상쇄를 인정하면 상쇄에 의해 보상받지 못하게 되어 대한對韓 추가보상 문제가 일어나고, 국내 정치문제로 떠오를 우려가 있다.[21]

---

21 大村修三, 앞의 논문, pp.124~125

이러한 이유들로 해서 일본 측은 한국 측에 무상·유상의 공여로 청구권 문제를 해결한다는 입장이었다. 이에 대해 한국 측은 일단 무상의 형태는 어떨지 몰라도 차관을 포함한 형식에 대해서는 곤란하다는 의견을 표시했다.

예비절충에서 청구권 문제가 주로 논의된 것은 한국의 경제상황과 밀접한 관계가 있었다. 군사정부는 이 해부터 제1차 5개년 경제계획을 추진하고 있었고, 경제문제 해결을 위해 청구권 문제의 조속한 타결을 바라고 있었다. 그리고 더불어 이 해에 화폐개혁이 있었고, 가을에는 민정이양 계획이 논의되기 시작했다. 예비회담에서 또다시 청구권 문제가 답보되는 상황에서 정치적 절충을 목적으로, 그리고 측면지원을 목적으로 김종필 중앙정보부장이 다시 나서게 된다.

9월 15일 박 의장은 "긴박한 제 정세를 고려해 한일문제를 성공시키기 위해서는, 양국의 정치가는 어느 정도 국민으로부터의 비난을 각오하고서라도 강력하게 추진해야 한다"는 뜻의 의견을 표명했으며, 10월 20일 김 정보부장은 박 의장의 친서를 갖고 세 번째로 일본을 방문했다. 그는 이케다 수상에게 친서를 전달한 다음, 오히라 외상을 방문해 2시간 동안 비밀회담을 가졌다. 이때의 이야기는 일체 비밀에 부치기로 서로 약속했으며, 그 분위기는 외교회담이라기보다는 친구간의 담화와 같았다고 일본신문은 보도했다. 22일까지 김종필은 정계·재계 인사들과 만나 어울린 후 23일 미국으로 떠났다.

워싱턴에서 김종필은 러스크 국무장관, 해리먼 국무차관보, 로버트 케네디 법무장관, 맥스웰 테일러 합참의장, 매콘 CIA장관, 국방성 정보관계자 및 FBI 당국자와 만났다. 방미 전 기자회견에서 김종필은 시찰이 목적이라고 밝혔으나, 여기에는 예상과 달리 질질 끌고 있는 한일교섭을 측면지원하려는 의도가 숨어 있었다.

11월 11일 김종필은 미국에서 바로 귀국하지 않고 다시 도쿄로 갔다. 그의 행보는 미국에서 한일교섭에 대해 모종의 언질을 받았으리라는 추측을 낳았다. 도쿄에 도착한 날 저녁 도쿄 시내 호텔에서 재일교포가 주최하는 만찬회에 참석해 그가 한 연설은 그 같은 추측에 더욱 힘을 실어 주었다.

지금처럼 성숙한 한일회담 추진의 기회를 다시 놓칠 수 없습니다. 나는 어떤 사람들이 비난하더라도 꿋꿋이 서서 국가와 민족을 위하여 유익하다면 이 기회에 한일회담을 결단코 성공시키겠습니다. 한일회담은 아무리 좋은 방향으로 추진해도 국민이 비난하리라는 점을 각오하여야 합니다. 정권이란 4년마다 달라질 수도 있고, 또 일본도 이케다 정권이 언제까지나 계속된다고 말할 수 없기 때문에 양국의 국교정상화는 누구의 정권에도 관계없이 해나가야 합니다. 나의 이런 신념은 미국에 다녀와서 더한층 강해졌습니다.[22]

다음날인 12일 오후 3시 6분 일본 외무성 외상실에서 2차 김·오히라 회담이 열렸다. 김·오히라 회담의 핵심은 청구권 액수에 관한 것이었다. 한때 청구권 액수 문제를 해결하기 위해 일본 측이 독도문제를 거론하자, 한국 측에서 독도의 해면 윗부분을 폭파시켜버리자는 의견이 나오기도 했다. 양자는 외교적인 기술이나 흥정에 대해 더 이상 거론하지 않기로 하고, 청구권 액수에 관해 서로가 양보할 수 있는 최저선을 '메모지'에 적어서 서로 보이기로 했다. 그래서 두 사람이 생각했던 액수와 조건을 써서 교환했는데, 이것이 소위 '김·오히라 메모'라는 것이다. 그 내용은 다음과 같았다.

---

22 이상우, 앞의 글, p.66.

김종필 메모

1. 청구권은 3억 달러(무상공여 포함)로 하되 6년 분할 지불한다.

2. 장기저리 차관도 3억 달러로 한다.

3. 한국의 대일무역 청산계정 4,600만 달러는 청구권 3억 달러에 포함하지 않는다.

오히라 메모

1. 청구권은 3억 달러까지 양보하되 지불기한은 12년으로 한다.

2. 무역계정 4,600만 달러는 3억 달러 속에 포함한다.

3. 차관은 청구권과 별도로 추진한다.

이 메모는 즉석에서 조정되어 다음과 같이 합의되었다.

1. 무상공여로 3억 달러를 10년에 나누어 제공하되, 그 기간은 단축시킬 수 있다. 내용은 용역과 물품, 한·일 청산계정에 대일부채로 남은 4,573만 달러는 3억 달러 중에서 상쇄한다.

2. 해외경제협력기금 차관으로 2억 달러를 10년에 나누어 제공하되 그 기간은 단축시킬 수 있다. 7년 거치 20년 분할상환, 연리 3.5%(정부차관).

3. 수출입은행 조건차관으로 1억 달러 이상을 제공한다. 조건은 케이스에 따라 달리한다. 이것은 국교정상화 전이라도 실시할 수 있다(민간차관).[23]

이 합의내용은 박 의장과 이케다 수상에 의해 추인된 후, 12월 말 배·스기 대표 간의 예비회담에서 외교문서로 확인되었다. 이렇게 한·일 간

---

23 이상우, 앞의 글, pp.67~68.

의 가장 큰 쟁점이었던 청구권 문제는 김·오히라가 주고받은 '메모'를 통해 타결되었다.

　김·오히라 메모의 내용은 당시에 즉각 밝혀지지는 않았으며, 한국에서는 거의 2년 동안 비밀에 붙였다. 하지만 결국 김·오히라 메모는 곧 한일 양국에서 커다란 논란을 불러일으켰다. 우선 메모 자체가 정상적인 외교루트를 통해 이루어진 것이 아닌 변칙적인 성격이었고, 그 내용에 모호한 점이 많아 여기에서 말하는 액수와 그 사용에 관해 양국정부가 상이한 해석을 할 여지가 있었다. 또 이 메모에서 결정된 원칙이 한국에서 말하는 바처럼 청구권적 성격을 가지고 있는지, 일본에서 주장하는 바처럼 경제협력을 위한 지원금인지 여부도 논란이 되었다. 한국에서는 액수가 너무 적어 여기에도 모종의 흑막이 있지 않느냐는 주장이 나왔다.[24]

　김·오히라 메모에는 청구권 대신 무상공여·차관·경제협력이란 용어를 사용하고 있다. 일제 식민지 치하에서 받은 피해에 대한 <u>배상권</u>이 채권·채무적인 성격의 <u>청구권</u>으로 바뀌었다가, 다시 <u>경제협력</u>이란 명목으로 후퇴해버린 것이다. 그런데도 오히라의 회고에서처럼 일본 측에서는 청구권 문제에 대해 자신들이 양보했다고 생각했다. 1973년 한일의원연맹 간담회 모임에서 오히라는 "이케다 수상이 유럽에 가고 없을 때, 당시 38세의 젊은 김종필 씨의 정치인다운 설득에 감복해 메모를 한 것인데, 나중에 이케다 수상한테 혼이 났다"고 당시를 회고했다.

　김·오히라 회담에서 청구권 문제가 일단 해결되고, 이후 회담의 쟁점은 어업문제로 옮겨갔다. 김·오히라 회담에서 평화선 문제는 사실상 한국 측이 양보를 했다. 회담 후 김종필은 "평화선을 만고불변의 생명선처

24　최창규,《해방 30년사》, 제4권, 성문각, p.222.

럼 생각하는 것은 현실적으로 무의미하며, 어민의 이익문제를 놓고 볼 때 그다지 손해될 것은 없다. 평화선에 대한 국민의 구태의연한 사고방식은 조국의 근대화라는 대의에 입각해 역적이라는 욕을 먹더라도 불식시키겠다"고 말함으로써 평화선 양보를 시사했다. 이러한 의도를 갖고 박 정권은 이듬해 여름까지 국교정상화를 이룰 준비를 하고 있었다.

그러나 막상 토의에 들어가자 어업문제는 난관에 부딪쳤다. 1962년 12월 한일 양측은 어업규제에 관한 입장을 상호 제시했다. 한국은 자원보존과 어민의 권익보호 및 어업분쟁을 미연에 방지할 목적으로 연해국의 독점 관할수역을 설치하고, 외측 필요수역에 공동규제 수역을 설치한다는 입장이었다. 이에 따라 한국 측 독점 관할수역으로 평화선을 약간 축소한 수역을 제시했다.

일본 측은 공해상의 어업자유와 자국이 불리하지 않는 범위 내에서 협정을 체결할 목적으로, 연해 저조선低潮線으로부터 12해리 폭의 수역을 영해에 준하는 한국 측 전관수역으로 인정하되, 그 가운데 외측 6해리 수역 내에서는 협정체결 후 10년간 일본어선의 입어권入漁權이 허용해야 한다고 주장했다. 또 현재로서는 12해리 전관수역 외측에서의 어업자원 보존을 위한 규제조치가 필요하다는 것은 인정하지 않으나 자원상태에 관한 조사의 필요성은 인정했다. 결국 정치적 해결만이 아니라 기술적인 문제가 크게 걸려 있던 어업문제는 해결되지 못하였으며, 이와 더불어 한일국교 협정체결이 조만간 이루어지리라는 예견이 어긋나면서 해가 바뀌어 1963년이 되었다.

1963년에 들어서면서 민정이양을 위한 한국 내의 정치적 상황으로 회담은 일단 답보되었으나, 이런 와중에도 1962년 8월 21일부터 시작된 예비회담은 1963년까지 예비절충, 전문가 회담, 비밀절충, 밀담 등의 형태로 수십 차례 계속되었다.

1963년 7월 5일 한국 측은 40해리 전관수역과 1억 7,800만 달러의 어업협력을 골자로 하는 새로운 안을 제시했으나, 일본 측은 계속 12해리의 전관수역을 주장했고 청구권 내에 어업협력자금을 포함시킬 것을 내세워 팽팽하게 맞섰다. 미국 측이 한국 측에 압력을 가해 타협을 종용함에 따라 일단 어업자원 조사와 어업분쟁 해결을 위한 한일 공동위원회의 설치에 대한 합의가 이루어졌다. 7월 26일과 30일 2차에 걸쳐 김용식 외무장관과 오히라 일본 외상 간의 회담에서 어업협정을 체결해 어업문제의 조속한 해결을 합의했으나, 1963년은 전반적으로 전관수역과 공동규제수역의 범위, 규제수역 내 어획량, 직선기선 획정 등에 있어서 이견으로 덧없는 협상만 되풀이했다.

11월 일본국회의 해산과 12월 한국의 민정이양으로 인해 양국이 정치적인 부산한 가운데 회담은 맥이 빠져버린다. 그러나 박정희의 대통령 취임식에 참석한 오노 자민당 부총재가 "박정희와는 친자 사이 이상이며 한국은 원양어업이 필요 없다"고 발언함으로써 한국 내의 반발이 고조되었지만, 1964년에 들어서 사태는 급변하기 시작했다. 민정의 집권자가 된 박정희 대통령은 1월 6일 정부·여당 수뇌회의를 소집하고, 한·일 본회담에 특명 전권위원 자격의 대표단을 보내 한일협상 일괄타결 계획을 세웠다.

1월 18일에 로버트 케네디 미 법무장관이 방한해 군사·경제원조와 한일회담에 대한 의견교환을 하는 한편, 회담 조속타결을 종용했다. 미국은 드골 프랑스 정부가 중국을 승인함에 따라 국제사회에서 중국의 부상이 본격화되자 중국봉쇄정책의 강화 필요성을 긴박하게 느끼고, 한일회담을 조속히 타결시키려 한다. 이를 위해 프랑스의 중공승인 이틀 만에 국무장관 러스크가 방한, 수뇌회담을 한 후 다음과 같은 요지의 공동성명을 발표했다(1월 29일).

첫째, 한일회담의 조속한 타결은 한·일 양국뿐 아니라 전 자유세계의 이익에 공헌할 것이라는 데 의견의 일치를 보았으며, 한일관계의 정상화로 군사 및 경제 원조에 영향을 받지 않는다. 둘째, 한국방위에 충분하고도 강력한 한국군 및 미군을 유지한다. 셋째, 한국경제가 가일층 발전하기 위해서는 경제원조가 계속 요청될 것이다.[25]

이후 러스크 국무장관은 2월 28일 주미 한·일 양국 대사를 불러 한일회담과 극동아시아 안정에 관해 논의하고, 회담의 조기타결을 다짐했다. 러스크의 방한 이후 한일교섭은 더욱 활발히 진행되어 2월 말 일본 측의 태도에도 큰 변화가 있었다. 이케다가 내각의 운명을 걸고라도 한일 국교정상화를 꼭 실현시키겠다고 언명한 것이다. 이어 3월 초 한국 측에서도 제3공화국의 흥망을 걸고라도 회담을 타결시키겠다는 결의를 보였다. 그 이유는 다음과 같이 분석된다.

첫째, 한국정부의 안정에 무엇보다도 경제적 안정이 필요하며, 따라서 청구권 등 경제협력이 더없이 요긴했다. 둘째, 자민당 내 친한파가 소위 '부산적기론'을 내세워 일본이 한국을 돕지 않으면 부산까지 적기가 나부낄 것이라고 해 압력을 가하고 있었다. 셋째, 이케다의 3선을 위해 당론을 모으고 야당공세에 대응해 자민당을 결속시켜 자민당 내 대항후보의 총재 출마를 견제할 필요가 있었다. 그리고 넷째, 회담을 조속히 타결시키라는 미국의 압력이다.[26]

2월 하순, 민주공화당의 김종필 당의장을 비롯한 회담관계자들이 모여 한일회담 전반에 걸쳐 토의한 후 회담의 조기타결 방침을 확인했다. 이들은 3월 초까지 어업협상을 타결시킨 후 각료급 정치회담을 개최해

---

25 최창규, 앞의 책, p.232.
26 최창규, 앞의 책, p.233.

5월에 조인한다는 계획을 비쳤다. 가장 중요한 어업협상의 문제점은 다음과 같았다. 첫째, 전관수역 범위를 결정하는 기선을 긋는 방법에 대해, 한국 측은 외곽의 섬을 연결하는 직선기선을 주장했고, 일본은 국제관례에 따른 저조선을 내세웠다. 둘째, 트롤과 저인망底引網 구역인 제주도 주변의 A수역에 대해, 한국 측은 소흑산도와 제주도를 잇는 선을 주장하고, 일본은 이에 반대했다. 셋째, 대마도 주변 B, C수역을 4구분해 대마도 북방과 서방은 B-2수역으로 해 이곳에 일본어선의 출어를 극도로 제한한다는 것과, B-1, C-1, C-2지역은 자주규제 수역으로 한다는 한국 측의 입장과 일본 측의 입장이 서로 대립되었다. 넷째, 공동규제에 있어서 두 나라가 주장하는 출어척수의 차이가 있었다. 다섯째, 한국 측이 제주도 남방에 E수역(평화선 안쪽)을 설정해 겨울철 금어기로 하자는 데 일본이 반대했다.[27]

　3월 7일 고위급 어업회담이 열렸다. 이 회담은 2월 10일 열릴 농상회담의 문제점을 정리한 것으로서, 여기에서 '직접기선에 의한 40해리 전관수역' 주장이 철회 내지 후퇴되고 만다. 3월 10일에 원용석 농림장관과 아카기赤城 농상 사이에 한일 농상회담이 열렸다. 원·아카기 한일 농상회담은 한국 전관수역, 공동 규제수역, 출어척수, 규제방법, 어업협력자금 문제를 토의했다.

　회담에서 제주도를 둘러싼 기선획정 문제에 가장 많은 시간이 걸렸다. 한국은 제주도와 본토를 연결해서 선을 그어 기선으로 해야 한다고 주장한 데 반해 일본은 분리를 주장했으나, 이는 결국 한국 측의 주장에 접근되었다. 기선획정 문제에 일본이 한국 측의 주장에 양보한 대신 규제수역 안에 들어올 수 있는 일본어선의 수를 늘려줄 것을 내용으로 한

27　최창규, 앞의 책, p.234.

'아카기 시안'을 제시했다. 일본은 규제수역 안의 일본어선 수에 대해 1일 324척을 제시했으나, 한국은 그 반 정도를 주장했다. 어업협력자금에 대해선 애초 제시했던 1억 7,800만 달러에서 6,400만 달러를 줄여 1억 1,400만 달러를 한국 측이 요구했으나, 일본은 5,000만 달러 안을 내놓았다. 그러나 결국 원·아카기 회담에서 상호간의 의견을 상당히 접근시키는 데 성공했다.

이제 어업협정 체결과 어업협력 문제를 단안할 수 있는 실권자의 결정이 필요했다. 이에 김종필이 3월 20일 밤 일본 국내의 반대시위가 진행되는 가운데 일본으로 건너갔다. 23일 김종필은 오히라 외상과 회담해 4월 초 외상회담 개최, 4월 20~25일 사이에 한일관계 협정초안을 마무리하고 5월 초 조인한다는 데 의견일치를 보았고, 이 방일 중에 제주도 근해의 기선획정 문제도 타결되었다. 이로써 드디어 한일회담이 사실상 10여 년 만에 종결을 이루게 되었다.

그런데 타결 직전에 제3공화국의 대일회담 자세를 비판적으로 보았던 한국인의 분노가 마침내 폭발하였고, 이에 따라 한국 정정이 혼란에 빠짐으로써 회담도 중단된다. 3월 6일 민정당, 민주당, 자유민주당, 국민의당 등 전 야당이 연합해 '대일 저자세 굴욕외교 반대 범국민투쟁위원회'를 결성하고, 어업·평화선 사수, 직선기선부터 40마일 전관수역 규정, 재산청구권 15억 달러와 배상금 조 12억 달러, 도합 27억 달러를 제시하고, 청구권 금액 중 피해보상 12억 달러는 일본이 10년간 15억 달러어치의 한국상품을 수입해간다면 제하겠다고 주장했다.

더불어 투쟁위원회는 유세에 들어갔다. 3월 24일에는 학생들이 대일굴욕외교 반대를 외치며 국회의사당 앞에서 연좌시위를 하면서 일본의 경제침략과 이에 부응한 매판자본가들을 규탄하는 한편, 매국정상배인 김종필의 귀국을 요구했다. 또한 김·오히라 메모의 공개를 요구하면서 시위는 점점 확산되어 서울과 지방의 각 대학 및 고등학교까지 번져 반정부적인 색채를 띠기 시작했다.

26일 박정희 대통령은 특별담화를 통해 한일회담의 타결은 자신의 임기 중에 부여된 의무이자 권리이며, 동기의 순수성을 심판받기 위해 1951년 이래의 한일회담 비밀문서를 공개하겠다면서 교섭과정에서의 흑막을 부인했다. 또 학생들에게 자중해줄 것을 부탁했다. 김종필 또한 저자세 운운은 협상타결이 지금까지 안 된 것이 한국 측의 강경자세 때문이었음을 잘 모르기 때문이라고 주장했다. 박 대통령은 협상타결을 앞둔 현지사정을 염두에 두어 김종필의 소환을 보류하고 있다가, 사위의 격화로 27일 김종필에게 다음날까지 귀국할 것을 지시했다. 김의 소환으로 시위는 일단 수그러졌다.

그후 정국은 혼란에 빠지고 국회는 한일회담 타협내용으로 시비가 벌어졌으며, 일본 역시 같은 문제로 중의원에서 질의가 있었고, 김·오히라 메모가 안건으로 부상했다. 이 와중에서 4월 4일 정일권 외무장관과 오히라 외상 사이에 회담이 열려 한국 측의 현 상황에 대한 양해를 구하고 조기타결을 서로 다짐했다. 그리고 이때 한국 국회에서는 김준연 의원이 박정희·김종필 라인이 일본으로부터 정치자금을 받았다고 폭로하자, 양측에서 서로를 외환죄와 무고죄로 고발하는 사건이 발생했다. 또 학원가에서는 소위 불온소포 사건이 터졌다. 불온 문서와 미국의 100달러가 들어 있는 소포가 4월 11일 고려대와 연세대에 배달된 것이다.

3월 24일 시작된 시위가 4월부터 다시 고개를 들어 6월까지 전국으로 퍼져나갔고 폭력화하면서 박 대통령의 하야를 요구하기에 이르렀다. 이제 박 정권으로서는 한일교섭 문제에 앞서 정권 존속여부가 더욱 큰 문제가 되었다. 6월 2일 학생시위에서 박정희 하야주장이 나오자 사태가 심각하다고 판단한 정부는, 3일 국가안전보장회의에서 계엄령 선포를 논의했다. 그러나 시책의 성과를 확신할 수 없는 상황에서 국민에게 계엄이 어떤 반응을 불러일으킬지 자신할 수 없어 박 대통령은 주저했다.

이때 미국은 한일교섭을 중단하고 박 정권을 구할 것인가, 아니면 박 정권의 위기를 무릅쓰고 회담을 강행할 것인가를 두고 망설였다. 그러나 5·16쿠데타 이래 미국의 요구에 충실히 부응해온 박 정권을 우선 구한 다음 교섭을 계속하는 것이 유리하다는 판단을 내렸다. 그리고 버거 미 대사와 해밀턴 하우즈 주한 유엔군사령관이 청와대로 헬리콥터를 타고 찾아와 의사를 전달했다. 이에 박 대통령은 헌법 75조에 의거 1964년 6월 3일 오후 8시를 기해 서울특별시 일원에 비상계엄을 선포했다.

비상계엄과 정치정세의 변화로 6월 초 개최 예정이었던 어업문제에 관한 한일 각료회담은 무기한 연기되었다. 한일 국교정상화를 목표로 한 한일회담이 난관에 봉착하자, 한일 간에 우선적인 경제교류문제 해결을 내세우기 시작했다. 즉 한국 내의 정세변화로 회담을 통한 정식교류는 일단 뒤로 미루고, 절박한 경제사정을 해결하기 위해 경제협력을 선행시킴으로써 정상화 분위기를 조성하자는 '선교류 후체결'로 방향을 잡았다. 이러한 변화에 일본 역시 호응해왔다. 1억 달러 이상의 민간 베이스 경제협력으로 한국경제 재건에 공헌해 협상분위기를 조성하자는 것이었다. 이러한 분위기 속에서 7월 정일영 외무차관은 2,000만 달러 상당의 원자재와 보수기계를 연불방식으로 한국에 제공하겠다는 일본의 제의를 수락했다.

한일회담의 내용이 변화하는 가운데 외무장관이 이동원으로 바뀌었다. 그는 장관에 임명되어 한미친선의 증진, 한일관계의 개선, 수출증진을 위한 경제외교의 강화 등을 지시받으면서 한일관계 타결의 임무를 물려받았다.

9월 중순부터 일본어선들의 평화선 집단침범이 빈번해지고, 심지어는 밀수선을 보호하기 위해 한국어선을 들이받아 파괴하는 사태까지 발생했다. 이에 정부는 강경하게 대응할 것을 선언했다. 평화선을 비롯한 한일문제를 조정하기 위해 찾아온 주한 미 대사 브라운과 이동원 외무장관과의 9월 18일 회담에서, 이 장관은 한국 측이 일본어선의 평화선 침범에 강경히 대응할 것임을 설명하고, 유일한 해결방안은 일본정부 스스로 일본어선의 평화선 침범을 저지하는 것이며, 미국의 조정은 이 선에 의거해 이루어져야 한다고 밝혔다. 한편 경제협력의 일환으로 일본은 9월 22일 각의에서 청구권과는 별도로 1회에 한해 1년 거치 4년 상환, 연리 5.75%의 조건으로 5,000만 달러의 차관을 제공할 것을 결정하고 주일 대표부에 전해왔다.

9월 들어 베트남과 라오스에서의 분쟁이 격화되고, 중공이 핵실험에 성공해 국제사회에서 그 영향력이 강화됨에 따라 초조함을 느낀 미국은, 윌리엄 번디 차관보를 일본과 한국에 보냈다. 9월 29일 번디는 시나 외상, 오우다黃田 차관 등 외무성 수뇌들과 회담하고 한일 국교정상화에 미국이 할 수 있는 모든 일을 하겠다고 밝혔다.

번디 차관보는 방일 후 곧 방한해 10월 2일 정일권 국무총리, 박 대통령 등과 회담한 후, ① 미국은 한일 국교정상화 후에도 한국에 대한 경제원조를 계속하고, ② 한국의 자립경제와 재정안정을 위해 두 나라가 계속 협조하며, ③ 한국군에 대한 원조에 할 수 있는 모든 일을 하겠다[28]는 요지의 공동성명을 발표했다. 또 공동성명에서 두 사람은 한일 국교정상화를 위한 교섭이 빠른 시일 안에 다시 열리기를 희망한다고 밝혔다.

번디의 양국 방문 후 10월 하순 한일회담을 두고 새로운 움직임이 양국에서 일어났다. 국내에서는 한일회담 타결 후의 정세를 원만하게 할

---

28 최창규, 앞의 책, p.273.

정치적 요소들을 정비할 목적으로, 2,000만 달러의 일본차관 도입에 대한 완전한 공개와 정치자금의 양성화, 당내 주류와 비주류의 융화·결속을 다짐하며, 여야 외교문제 협의체 구성을 준비하고 나섰다. 일본에서는 수상 이케다가 지병으로 내각과 함께 총사퇴하고 친한파의 거두 기시 전 수상의 동생 사토 에이사쿠佐藤榮作가 수상에 취임했다. 사토의 취임에 대해 한국은 홍종철 공보부장관을 통해 환영하면서, 사토 수상이 한일국교 조기타결을 적극적으로 주장하는 것으로 알려졌기 때문에 앞으로 회담에 박차를 가하게 될 것으로 믿는다고 언급했다. 11월 10일 사토 수상은 기자회견에서, 한일문제 해결과 대중공정책의 수립이 사토 정권의 2대 과제라고 밝히면서, 한일문제는 막바지 교섭에 이르렀고 최후 손짓만이 남아 있어 일본의 상승과 함께 한국의 민생안정에 기여하려 한다고 언급했다.

11월 하순 김동석 주일대사와 시이나 외상과의 회담에서 12월 3일 7차회담을 열 것과, 그 형식 전반에 대해 합의를 보았다. 합의·정리된 내용을 보면, 우선 12월 3일 회담을 개최하기로 하고, 12월 7일에는 기본관계, 어업, 교포의 법적지위 등 3개 분과위원회를 열며, 21일 전체회의를 열어 그해 교섭성과를 검토하기로 했다. 그리고 한국정부는 나포한 일본어선과 어부를 가능한 한 회담재개 전에 석방하며, 일본은 30일 조인 예정인 2,000만 달러 원자재 연불차관은 물론 11척의 냉동 운반어선을 한국으로 수출하는 등의 문제를 연내에 실현한다. 또한 현안을 속히 해결하기 위해 실무자회담에서 의견을 압축·정리한 후, 고위 정치회담에서 타결을 볼 것에 합의했다. 즉 12월 3일 회담은 실무자 교섭이 되고, 이동원·시나 회담, 정일권·사토 회담 등이 정치회담이 되는 것이다. 그리고 이동원 외무장관은 청구권 문제의 구체적 내역이 총정리될 것이라고 언급했다.

11월 말 한때 중의원 예산위원회에서 2,000만 달러 차관 및 공장시설 수출은 1억 달러 민간차관 내에서 제공될 것이라고 증언한 '시나 발언'으로 논란이 일기도 했다. 그러나 24일 일본 외무성이 착오였다고 밝히면서 이 문제는 해결되었다.

한일교섭의 타결: 7차회담

7차회담은 14년을 끌어왔던 한일교섭을 마무리 짓고 한일협정에 조인하기 위한 회담이었다. 여기에서 다룰 현안은 다음과 같았다.

① 기본관계의 형식과 내용: 형식을 공동선언과 조약 중 어느 것으로 할 것인가? 내용에서 영토규정을 독도 · 북한까지 포함할 것인가?

② 재일교포의 법적지위: 영주권 부여 기준시점을 국교정상화 조약 발효로 할 것인가, 샌프란시스코 강화조약 발효로 할 것인가? 그리고 강제퇴거 사유를 어느 정도로 압축할 것이며 교육 · 사회보장을 어느 정도로 할 것인가?

③ 어업 및 평화선: 제주도를 포함하는 직선기선 방식을 택할 것인가, 제주도를 본토와 분리해서 기선을 그을 것인가? 제주도 서북방과 동북방의 고등어 어장을 한국의 전관수역으로 할 것인가, 한일공동 규제수역으로 할 것인가? 또 출어하는 일본어선의 수를 계산함에 있어 현재를 기준으로 삼을 것인가, 1958년을 기준으로 할 것인가? 그리고 강목, 어선톤수, 광력光力, 어구漁具 등의 제한문제와 어업 협력자금의 액수문제 등

을 어떻게 할 것인가?[29]

7차회담은 1964년 12월 3일 김동석 주일대사와 다카스기高杉晋一를 수석대표로 해 열렸다. 7일에는 한·일 어업회담이 열렸다. 한국 측은 제주도 주변선에 대한 아카기 시안을 거절하고 제주도를 본토와 연결되는 기선에 포함시킬 것을 주장했으며, 이에 일본은 약간 후퇴해 제주도를 본토와 분리시킬 것을 주장했다. 그리고 어업협력에 대해선 원·아카기 회담 때의 민간 베이스 안보다 정부의 차관으로 해줄 것을 요구했으며, 일본은 독도문제를 국제사법재판소에 제소해 한국이 이에 응하면 이에 준해 문제를 풀겠다고 했다.

1964년 12월 김·오히라 메모가 다시 문제를 일으켰다. 일본이 한국에 대한 시멘트(1,470만 달러), PVC(360만 달러) 등 2건의 공장연불수출을 김·오히라 메모의 일환으로 취급하고 한국 측이 이에 동의했는데, 이는 국교정상화 전에 청구권이 거래대상이 된 것이었다. 따라서 민정당이 12월 28일 성명을 발표해, 정부가 국교 전 김·오히라 메모에 의한 민간차관을 받아들이지 않겠다는 공약을 어겼음을 밝히고, 다음 회기 국회를 목표로 논박하고 나왔다.

1965년 새해가 되면서 한일 양국은 연내 회담타결을 다짐했다. 특히 사토 수상은 3월 안으로 대강 타결을 보겠다는 방침을 세웠다. 2월에서 3월까지는 성어기가 아니므로 평화선 부근의 불상사가 적을 것이고, 회담을 조기에 타결해 이케다의 뜻을 계승하는 한편, 사토 내각 초기의 실적으로 남기고 싶었기 때문이다.[30]

양국의 이러한 조기타결 의도가, 한때 일본 외교관 자동차 사용에 관

---

29 최창규, 앞의 책, p.275.
30 최창규, 앞의 책, p.287.

한 인가문제와 구보타 망언을 상기시키는 내용의 다카스기 발언("20년 더 한국을 가지고 있었으면 좋았을 것을, 전쟁으로 좌절되었다.")으로 장애가 되는 듯했으나 크게 번지지 않고 끝나고 만다. 아마도 이것은 이승만 정권 시대와 달리 양국이 서로 회담타결을 위해 크게 확대시키지 않은 때문일 것이다.

야당의 반대가 점점 심화되는 가운데 회담은 급진전되었다. 처칠의 장례식에 참가하기 위해 영국으로 떠났던 정 국무총리가 2월 6일 일본 수상관저에서 사토와 회담해 재차 타결합의를 보는 한편, 기본관계위원회는 구조약 무효를 확인하는 문제와 한국정부가 한반도에서 유일한 합법정부임을 밝히는 문제의 표현을 제외한 나머지 부분을 시나 외상에게 맡기고 회담을 끝내기로 했다. 2월 17일 시나 외상이 방한해 다음날 1차 한일 외상회담이 개최되어, 기본관계는 곧 가조인하고, 무역통상관계 협의를 위해 3월 초 무역각료급 회담을 열고, 어업협상은 농상회담을 통해 해결한다는 원칙을 교환했다. 한편 박정희는 시나 외상에게 조기타결을 당부하고 일본의 성의가 필요함을 강조했다.

19일의 2차회담에서 기본관계, 어업문제, 경제협력관계, 무역회담, 재일교포 법적지위, 선박 및 문화재 반환 등 전반적인 현안에 대해 의견교환을 나눈 후 마침내 2월 20일 다음과 같은 한일 기본조약이 가조인되었다.

제1조　양 체약당사국 간에 외교 및 영사관계를 수립한다. 양 체약당사국은 대사급 외교관계를 지체 없이 교환한다. 양 체약당사국은 또한 양국정부에 의해 합의되는 장소에 영사관을 설치한다.

제2조　1910년 8월 22일 및 그 이전에 대한제국과 일본제국 간에 체결된 모든 조약 및 협정이 이미 무효임을 확인한다.

제3조 대한민국 정부가 국제연합총회의 결의 제195(Ⅲ)호에 명시된 바와 같이 한반도에 있어서의 유일한 합법정부임을 확인한다.

2월 20일 임시국무회의는 한일 기본관계 가조인안을 승인했다. 3월 3일부터는 평화선과 어업문제 해결을 위한 양국 농상회담이 열렸다. 한국 측은 작전상 원·아카기 회담 양해내용을 백지화한다는 방침을 갖고 차균희·아카기 회담에 임했으나, 일본 측의 강한 반발로 원·아카기 회담 합의사항을 존중하기로 했다. 그리고 두 나라 야당이 맹렬히 비난하는 가운데 몇 번의 결렬 고비를 넘기면서 다음과 같은 내용의 대강이 확정되었다.

1. 규제수역 안에서의 일본 측 연간 어획량을 15만 톤 플러스 10%로 확정한다.
2. 원·아카기 시안보다 조금 나온 선에서 제주도 주변의 일본어선 금어수역을 설정한다.
3. 한국 전관수역 밖에서의 단속은 기국주의旗國主義로 한다.
4. 규제수역에서의 일본어선 입어척수는 실적을 인정한다.[31]

어업회담이 3월 24일로 타결되자 3월 말 한일 외상회담에서 일괄 가조인할 수 있도록 마지막 손질을 했다. 가장 어려웠던 어업문제가 해결되자 나머지 문제도 곧 해결되어 9월 1일 철야회담을 거쳐 4월 3일 가조인에 이르게 되었다. 청구권 문제 및 경제협력에 관한 합의사항은 연하구 외무부 아주국장과 우시로쿠後宮 일본 외무성 아시아국장이 일본

---

31 이석열, 앞의 글, p.120.

외무성에서, 재일한국인 처우에 관해서는 이경호 법무국장과 야기八木 법무성 입관入管국장이 일본 외무성에서, 어업문제 합의사항에 대해서는 김명보 수산진흥원 원장과 와다和田 일본 수산청 차장이 일본 농림성 분실에서 각각 서명했다.

가조인이 이루어진 후 격렬한 반대운동과 지원운동이 교차되는 가운데, 청구권 자금 사용문제, 기국주의, 독도 영유권 문제 등에 대해 마지막으로 정리가 있었고, 6월 22일에 마침내 조약이 정조인되었다. 이 조인은 일본 수상관저에서 한국정부 수석 전권대표 이동원 외무장관과 일본정부 수석대표 시나 외상 및 수행대표들 사이에 30여 개의 협정안 및 부속문서에 서명함으로써 끝났다.

조인 후 박 대통령은 조인을 지지하는 성명을 발표했다. 그리고 8월 14일 오후 임시국회에서 민주공화당 소속 의원만이 참석한 가운데, 재적 111명 중, 찬성 110, 기권 1로 14년 넘게 끌어온 한일조약이 비준되었다.

2장

한일회담의 의제

의제의 분류 및 배경

한일회담은 미국의 강력한 요구하에 동북아시아 대공산권 전략의 일환으로서 시작되었다. 그렇다고 하더라도 일단 한일회담이 시작되고 그것이 진행되기 위해서는, 한국과 일본 양국간에 가로놓인 과거의 특수한 관계가 해결되는 것이 중요한 문제로 등장할 수밖에 없었다. 아무리 미국의 의도가 강력한 것이라고 하더라도 한일회담은 복잡한 승강이 과정을 거치면서 14년이라는 긴 세월을 끌었다. 그리고 한국국민의 격렬한 반대투쟁 속에서 전격적으로 타결되었다. 이것만 보아도 한일관계가 얼마나 뿌리 깊고 복잡하게 얽혀 있었는지를 알 수 있다.[1]

한국과 일본의 관계는 보통의 식민지와 식민지 종주국의 독립 후의 상황과는 근본적으로 다른 양태를 띠고 있다. 따라서 객관적 상황으로서의 한일관계의 역사와 한국의 특수성에 대해 고찰한 후, 한일회담의 의제를 분석해보겠다.

---

1 원용석,《한일회담 14년》, 삼화출판사, 1965, p.8.

한일회담을 복잡하게 만들었던 첫 번째 요인은 한반도 해방의 특수성에 있다. 우리 민족이 일본으로부터 해방된 것은 스스로의 민족해방 투쟁의 결과가 아니었다. 만약 민족해방 투쟁의 결과로 이룬 독립이라면, 그것은 일본에 대한 우리 민족의 승리였고, 아울러 한일관계에 있어서도 주체성과 주도권을 장악할 수 있었을 것이다. 또한 우리 민족의 독립은 2차대전 후의 인도 등과 같이 제국주의 제국의 이해관계에서 합의로 이루어진 것도 아니었다. 만약 이러한 형식으로 독립이 이루어졌다면, 독립의 과정에서 한일관계는 이미 설정되었을 것이며 모든 이해관계도 이때 해결되었을 것이다.

식민지 조선이 제국주의 일본으로부터 독립한 것은, 일본의 항복과 더불어 일본을 패전시킨 연합군의 합의에 의해서였다. 곧 1943년 11월 27일의 카이로선언에서 미국·중국·영국의 3국 수뇌는 "한국국민의 노예 상태에 유의하고 적당한 시기에 한국이 해방되고 독립하게 될 것을 결의한다"고 해 한국의 해방과 독립을 확인했다. 이렇게 우리 민족의 독립 과정에는 일본의 주체적 의사가 전혀 개입되지 않았고, 따라서 참여도 없었다. 독립과정에서의 이러한 특수성—독립과정에서의 양국관계의 전무全無—으로 인해 한일회담에 이르러 처음부터 그리고 아주 기본적인 것부터 서로 논의하지 않을 수 없었던 것이다.

두 번째 요인은 한반도의 분단이다. 민족의 해방과 더불어 한반도는 미·소 양국에 의해 분단되고 말았다. 더구나 남한과 북한은 서로 체제를 달리하였고, 한국전쟁으로 인해 극심한 대립을 보이고 있었다. 남북한은 공히 서로를 적으로 규정한 상태에 있었다. 따라서 외교상에 있어서도 일본이 적국인 북한을 인정하지 않고 남한만이 한반도 전체를 통할하는 유일한 합법정부로서 인정해 주기를 요구했던 것이다.

세 번째, 한국과 일본은 인접국가이다. 부산에서 대마도가 육안으로도 보이는 짧은 거리에 있는 나라이다. 그러다 보니 국경문제를 비롯해 오랫동안 계속되어온 문제들이 한일회담을 계기로 다시 전면에 나타나기 시작했다.

한일회담에 임함에 있어서 한국 측은, 비록 샌프란시스코 강화조약에는 참가하지 못했지만 일본과의 교섭은 전승국과 패전국 간의 교섭이어야 한다는 입장이었다. 한국 측이 이 같은 입장을 취한 것은 일본 측에 한국의 요구조건을 수락시키려는 데 있었음은 틀림없는 사실이다. 한국 측이 자신을 연합국의 일원이라고 주장한 근거는, 망명중인 한국 임시정부에 의한 대일 선전포고로 일본과 전쟁상태에 있었으며, 이것은 필리핀과 일본이, 프랑스와 독일이 점령중이면서도 전쟁상태에 있었던 것과 마찬가지라는 것이다. 그럼에도 불구하고 한국은 샌프란시스코 대일강화회의에 참가가 제외되었기 때문에, 이번의 경우 강화방식에 의해 일본과 외교관계를 수립하는 것은 당연하다는 주장이었다.

이에 대해 일본 측은, 한국과 일본 사이에는 전쟁상태도 없었고, 한국의 독립은 한국과 관계가 없는 제3국과의 합의에 따라 결정된 것이기 때문에 한국독립 이전의 문제는 더 이상 협의할 것이 없고, 일본은 다만 한국을 승인하는 절차만 남았다는 입장이었다. 따라서 한국과 협의할 문제는 한국의 독립 이후에 발생할 미래의 문제뿐이라는 것이다.

회담 초기 일본의 입장은 재일교포의 법적지위 문제에 한정되어 있었고 다른 문제는 상정하지 않았다. 이는 재일교포가 연합군 최고사령부 SCAP의 통치하에 있었던 당시 일본의 골칫거리였고, 이에 대한 SCAP의 입장도 동일했다. 그러나 한국 측은 어업권과 선박반환 문제를 비롯한 전반적인 문제를 다루려고 했다. 일본 측이 재일교포의 법적지위에 한정된 의제를 상정하면서 회담 자체에 소극적인 입장을 취하자, 한국 측은 1952년 1월 18일 '인접해양에 대한 주권선언'(이른바 평화선 선언)을 발포해 한일회담에 있어서 교섭상의 무기로 이용했다. 이후 평화선·어업문제가 중요한 의제로 부각되었다. 한국 측의 평화선 선포에 대해 일본 측은 재일교포의 북송으로 맞서면서 회담은 난항을 거듭했다.

회담의 진행과정에서 일본 측은 평화선 문제를 가장 중요하게 받아들였고, 한국 측에게는 기본관계·청구권 문제가 중요한 관심사였다. 이 같은 양국의 의견차이로 한일회담의 의제설정에 논란이 계속되었고, 제1차 회담에서 조정을 거쳐 5가지 의제로 확정되었다.

이때 확정된 의제가 그후 전 회담기간에 걸쳐 중심의제가 되었다. 그것은 재산청구권 문제, 평화선·어업 문제, 선박반환 문제, 재일교포의 법적지위에 관한 문제 등 4가지이고, 이 4가지 문제가 해결되면 국제법상의 기본조약 문제로 끝내자는 것이었다. 이 기본조약은 관례적으로 외교상 우호통상조약이라 부르지만, 제1차 회담 당시 '우호'라는 말을 쓰면 한국국민의 감정이 상한다고 해 '기본조약'이란 용어를 사용했다는 것은 앞에서 이미 밝혔다.[2]

기본관계 문제는, 이것이 어떻게 해결되는가에 따라 다른 문제들에 지대한 영향을 미치는 것으로서, 한·일 양국관계의 원칙 수립의 문제이다. 재일교포의 법적지위 문제는 한국에 대한 일본의 사과와 분단 한국의 주체적 위치의 인정이라는 내용을 지닌다. 청구권과 평화선·어업의 문제는 둘 다 실리에 얽힌 문제인 것처럼 보이나, 청구권의 문제는 과거관계에 대한 일본의 반성적인 태도 여부에 관계되는 문제이고, 평화선·어업의 문제는 미래에 있어서의 한국의 일본에 대한 주체성의 표현이라는 측면이 내포되어 있었다.

2 대한민국정부,《한일회담백서》, p.192.

기본관계

1. 기본관계의 내용

기본관계의 문제가 제기되는 배경은, 전술한 바와 같이 한국의 독립과 일본의 식민지 상실과정에서 양국의 주체적 입장이 개입되지 못하였기 때문이다. 따라서 회담의 벽두부터 이 기본관계의 문제가 대두되었다. 기본관계에 대한 논의의 초점은 다음과 같다.

첫째, 양국간의 과거관계를 청산하는 문제.

둘째, 대한민국의 한반도 관할권 문제.

셋째, 기본관계를 조약의 형식으로 할 것인가 공동선언의 형식으로 할 것인가의 문제.

이러한 문제는 성격으로 보아 기본관계가 어떻게 처리되는가에 따라 다른 문제들의 방향을 제시해주는 것이다.

2. 논의의 진행과정

기본관계의 문제 가운데 과거관계를 청산하는 문제에 있어서 한국 측이 주장했던 것은, 과거 일본의 침략에 의한 식민지 지배에 대한 일본의 사과였다. 또 이것과 더불어 침략과정에서 강제로 체결되었던 모든 조약과 협정을 무효화하자는 것이었다. 과거에 대한 일본의 반성과 사과가 명확히 이루어지지 않는 한 또다시 이러한 일이 발생할 우려가 있고, 설사 그렇지 않더라도 올바른 관계는 있을 수 없기 때문이다. 그러나 일본 측에서는 이미 구조약 및 협정들의 법적 효력이 없어졌으므로 구태여 따질 필요가 없고, 구조약과 협정들이 체결된 것은 누구도 부정할 수 없는 역사적 사실이라는 점을 들어, 이미 지나간 일들을 들추어내기보다는 과거의 사실로부터 역사적 교훈을 얻어 양국의 상호번영을 위해 협력하는 것이 보다 중요하다고 주장했다.

이와 같이 한국 측은 한일회담을 일본의 패전과 한국의 해방쟁취에 따라 의당 있어야 할 일종의 강화조약을 위한 협상으로 보려고 한 반면, 일본 측에서는 한일 양국은 교전국이 아니었으므로 일본은 한국에 대해 하등 국제법상의 배상의무를 질 것이 없고 아울러 사과할 것도 없다는 입장을 고집했다.[3]

구조약의 무효를 확인한다는 점에 있어서도, 일본 측은 구조약은 역사적으로 존재하였던 사실이며 이제 와서 무효를 확인한다고 없어지는 것은 아니라고 주장해 과거의 잘못을 인정하지 않으려고 했다. 이에 대해 한국은 구조약들이 무력에 의해 강압적 조치 속에서 이루어진 것이기 때문에 조약의 성립 그 자체가 불법이며, 이는 이번 조약에 반드시 명문

---

3   유기주, 〈한일협상의 쟁점과 과정분석〉, 고려대 석사학위 논문, 1971, p.15.

화되어야 한다고 주장했다.

　이러한 기본관계에 있어서의 과거관계 청산에 대한 일본의 입장을 여실히 드러내주는 것은 3차회담시 일본 측 수석대표였던 구보타의 망언이다. 구보타는 3차회담 때 "36년간에 걸친 일본의 한국 통치는 한국 근대화에 유익한 대목도 많았다"고 말하고, 또 이어서 "샌프란시스코 강화조약이 성립되기 전에 한국이 독립한 것은 국제법 위반이다"[4]고 하였던 것이다. 곧 과거의 한일관계는 일본이 한국에 베풀어준 것이니 반성할 것이 조금도 없으며, 한국의 독립은 일본의 승낙 없이 이루어진 것이니 인정할 수 없다는 내용이다. 이것으로 보아도 일본은 기본관계에 대해 한국과 의견의 일치를 보기 힘들었다.

　구보타 망언으로 3차회담이 깨진 후 4차회담이 열리면서 구보타의 망언은 정식으로 취소되고, 그 이후 7차회담까지 회담의 당사자들이 실리의 문제에 보다 더 신경을 씀으로써 기본관계 문제는 한일회담의 모든 의제의 근거가 되는 최우선적인 의제임에도 불구하고 뒤로 밀려나고 말았다. 그런데 기본관계의 문제는 어떻게 보면 도의적 차원으로 볼 수도 있으나, 실제로는 공식사과가 선행됨으로써 여타의 의제들이 그에 따라 지대한 영향을 받기 때문에 매우 중요한 문제였다.

　기본관계에서의 두 번째 쟁점은 대한민국의 한반도 관할권 문제이다. 관할권 문제는 회담 초기에는 별다른 쟁점으로 등장하지 않았다. 그것은 대한민국의 건국이 1948년 12월 12일 제3차 유엔총회의 유엔결의 195(Ⅲ)호[5]로 세계 대다수 국가의 승인을 얻어 이루어진 반면, 일본은

4　원용석, 앞의 책, p.38.

5　유엔총회는 대다수 국민이 거주하며 유엔감시위원단의 감시기구가 가능했던 지역에 효과적인 통치와 관할력을 갖는 합법적인 정부(대한민국 정부)가 수립되었음을 선언하며, 또한 동 정부는 선거민의 자유의사의 정당한 표현에 의한 선거에 입각하고 있으며 동 선거는 감시위원단의 감시를 받은 바 있는, 한반도에서의 유일한 합법정부임을 선언한다.

회담 초기인 1951년만 하더라도 미국의 점령하에 놓여 있어서 이 문제에 대해 강하게 주장할 수도 없었고 또 그럴 필요도 없었다.

그런데 1950년대 중반이 지나면서 일본경제는 전전戰前 수준을 완전히 회복하고, 새로운 시장의 개척이 요구되자 이념을 달리하는 국가와도 교역을 하게 되었다. 따라서 대한관계에 임하는 태도도 변화한다. 1955년 5월 27일에 일본은 북한과 민간어업협정을 체결했고, 이어서 일본 실업인 사절단이 북한을 방문했다. 1959년 8월 13일 일본은 인도 캘커타에서 북한과 교포북송 협정을 체결해 1967년까지 약 8만 8,000명의 조총련계 재일동포를 북송했다. 이어서 일본은 1962년에 이르러 두 개로 잘린 한국이 존재한다는 것과, 한국의 주권은 그의 관할권이 현실적으로 유효하게 미치는 범위에 국한된다는 것을 공표했다.[6] 이로써 한반도에 있어서 대한민국의 관할권에 관한 문제도 7차회담에서 중점적으로 다루어져 조약에 명문화되기에 이르렀다.

기본관계의 세 번째 문제는 표현형식이다. 이 문제에 대한 일본의 입장은, 기본관계의 첫 번째 문제인 과거관계 청산에서 일본이 보였던 입장과 일맥상통하는 것이었다. 곧 과거관계에 연연할 필요가 없으며 앞으로의 일만 잘되면 되므로, 구태여 조약의 형식을 취할 필요는 없고 공동선언으로 하자고 주장했다. 일본이 이 같은 주장을 하는 저의는 일본 국회의 비준을 받지 않겠다는 심산이고, 그것은 바로 일본국민 1억의 의사로 구조약의 무효화와 대한민국의 승인을 하지 않겠다는 생각과 상통하는 것이었다. 그러나 한국은 국회의 비준을 받아야 하는 조약의 형식을 바랐고, 한일회담이 샌프란시스코 강화조약에 의거한 것이므로 당연히 준평화조약의 성격을 지녀야 한다고 주장했다.

---

6 유기주, 앞의 논문, p.18.

3. 기본관계 조약과 그 평가

기본관계를 놓고 쟁론을 벌였던 3가지 문제 가운데에 결국 형식상의 문제는 기본조약으로 이루어짐으로써 명백하게 우리의 입장이 관철되었다고 할 수 있다. 그런데 나머지 두 문제에 대해서는 똑같은 조문을 놓고 한일 양국이 서로 다르게 해석하는 사태까지 유발되었다. 기본관계의 문제에서 과거관계 청산에 관한 문제는 조약의 전문과 2조, 3조로 표현되었다.

> 대한민국과 일본국은, 양국 국민관계의 역사적 배경과, 선린관계와 주권 상호존중의 원칙에 입각한 양국관계의 정상화에 대한 상호 희망을 고려해…….
> **제2조** 1910년 8월 22일 및 그 이전에 대한제국과 대일본제국 간에 체결된 모든 조약 및 협정이 이미 무효임을 확인한다.

그러나 여기서 보는 것처럼, 국교를 정상화해 앞날의 새로운 친선관계를 맺음에 있어서 과거의 제국주의 통치관계를 반성은 못할망정 당연히 삽입되어야 할 그것을 영원히 청산한다는 의미의 구절이 전문에 단 한마디도 포함되어 있지 않다.

또 제2조에서는 '이미'라는 애매모호한 표현을 사용함으로써 양국정부의 각기 다른 해석을 했다. 한국정부는 1910년 8월 22일 체결된 한일병합조약과 그 이전에 체결된 모든 구조약과 협정 등이 각각 그 '서명일로부터' 무효라고 표현한 것이고, 또한 일본이 과거에 대한 사과를 표명한 것이라고 해석했다.

이에 대해 일본정부는 한일합방조약은 1948년 8월 15일의 정부수립과 더불어 무효가 되는 것이며 결코 소급되지는 않는다고 해석했다. 따라서 한국 통치기간 중 일본이 행한 것은 합법적 행위이므로 논의의 대상이 되지 않는다고 주장했다. 1965년 3월 19일 시나椎名 외상이 중의원 외교위원회에서 한 발언은 일본의 이러한 생각을 잘 보여준다.

병합조약은 이것에 반한 사실이 발생하였을 때, 즉 한국이 독립선언을 하였을 때 무효화되었습니다. 병합조약 이전의 조약은 병합에 의해 무효로 되는 것이며, 또 조약 중에 어떠한 사정이 발생하는 경우에 무효로 된다는 것이 규정되어 있습니다. 조약에서 무효라는 것은 이러한 의미입니다.

이러한 일본정부의 주장에 대한 한국정부의 입장은, 1965년 2월 27일 국회에서 강문봉 의원의 질문에 대한 이동원 외무장관의 답변에서 잘 드러난다.

강문봉 의원(민정당) 정부는 지금까지 당초부터 전부 무효라고 주장하지만 일본 외상이 한국과의 합의사항으로 1948년 이후부터 무효라고 하고 있습니다. '이미 무효'란 언제부터 무효라는 것입니까? 일본 외상과 명확한 시기를 약정한 것이 있습니까? ……
국제조약의 소멸에는 상당한 이유가 있어야 한다고 생각합니다. 현재의 국제법상에는 조약의 종결 혹은 무효·폐기는 어떠한 이유가 있어야만 하는데, 우리가 소급해 그 법률이 무효라는 것은 국제법에 저촉하는 내용을 가졌던 대로 조약이 체결되었을 때 가능합니다. 거기에서 한국과 일본 사이의 모든 조약은 국제법에 저촉되는 무력과 탄압에 의한 강압적 방법에 의해 무력한 대한제국 정부에 승인을 강요하였기 때문에, 1910년 이전의 국제사회에 통용되었던 각종 국제법에 의해도 당초부터 무효인 완전한 조건을 구비하고 있는 것입니다. 따라서 우리 정부가 올바르게 국제법을 해석한다면 이 문제는 당초부터 무효라는 주장을 관철하는 것이 가능하다고 나는 생각합니다.

이동원 외무장관 강 의원의 질문은, 과거의 모든 조약, 1910년 한일병합조약 및 그 이전에 이루어진 모든 조약은 이미 무효라는 술어·용어 및 그 용어 사용 문제에 대한 강 의원 자신의 견해를 표명한 것으로 생각됩니다. 즉, 술어에 있어서 영어의 'null and void'는 〈Blacks Law Dictionary〉에 의하면 외무부가 주장하는 것과 같이, '원래부터'라는 것은 '당초부터'라는 의미입니다. 사실 'null and void'라는 용어 자체가 국제적인 구속력을 갖는 조약상의 특수어입니다. 이 용어의 사용 이전에 외무부는 국내의 법률학자들의 견해를 종합하였습니다. 또 과거의 한일회담에 있어서 14년이 경과하면서 우리 측이 'already'를 사용하는 것을 여러 번 주장하였습니다만, 일본 측이 이것을 강경히 거절했었습니다. 용어의 사용에 있어서, 특히 'already'를 붙여서 "벌써, 이미 조약은 무효이다"라는 이번의 조약문을 사용하게 된 것은, 과거의 한일회담의 실적을 돌이켜볼 때 커다란 성과라 아니할 수 없습니다.

이에 대해 일본 외무성 후지사키藤崎 조약국장은 1965년 3월 19일의 중의원 외교위원회에서 "제2조에서 '이미 무효이다'라고 하는 것은 어쨌든 '일찍이는 유효이다'라는 것과 다름없습니다."라고 대답했다. 이렇듯 한일 양국정부는 '기본관계에 관한 조약'의 제2조를 놓고 과거관계를 청산하는 문제에 대해 명백한 견해차이를 보이고 있다.

기본관계에 있어서 두 번째 문제로 다루었던 대한민국의 관할권에 관한 문제에 대해서도 양국정부는 해석상의 견해차이를 나타내고 있다. 이에 관련되는 조항은 제3조이다.

제3조 대한민국 정부가 국제연합 총회의 결의 제195(III)호에 명시된 바와 같이 한반도에 있어서 유일한 합법정부임을 확인한다.

이에 대해 한국정부는 "대한민국의 영토는 헌법 제3조에 명시되어 있는 것과 같이 한반도 전역과 또 이에 속하는 도서이며, 이것이 일본과 관계를 맺는 데 있어서 한일 간의 기본관계 조약에 의해 제약되지 않을 것이며, 또 될 수도 없는 것이다. 다만 현재 이북에 괴뢰집단이 불법적으로 점거하고 있음은 하나의 사실상의 상태에 지나지 않으며, 이것은 별개의 문제이다"라고 해, 대한민국의 관할권이 한반도 전역에 미친다는 것을 충분히 확인했다고 주장했다.[7] 따라서 이를 확인한 이상 북한의 불법성을 일본이 시인한 것이며, 이에 따라 북한과는 어떠한 공식관계도 수립할 수 없게 되었다는 것이다. 이에 관해 1965년 2월 27일 이동원 외무장관은 국회에서 다음과 같이 밝히고 있다.

대한민국이 한반도에 있어서 유일의 합법정부라는 사실은 일본정부가 정식으로 기본조약에서 확인하였습니다. 또 행정관할권이 휴전선 이남에 한정되고, 이북은 현실상 미친다든가 미치지 않는다든가 하는 내용에 대해서는 이번 조약에서 명백하게 되어 있지 않습니다만, 그 명백하게 되어 있지 않은 내용 자체가 과거의 대한민국 수립의 기원적인 역할을 했던 기초조약인 국제연합의 결의문보다도 더욱 강력한 내용으로, 이번의 한일 기본조약에서 체결되었다고 믿고 있습니다.

이러한 한국정부의 견해와는 다르게, 일본정부는 이 조항이 한국의 관할권이 한반도 전체에 미친다는 것을 인정하는 것이 아니며, 일본은 국제연합의 회원국가로서 국제연합 총회의 결의에서 표명한 한국이 한반도에서의 유일한 합법정부라는 것만을 인정한 것이라고 주장했다. 따라

---

7 공보부, 〈한일회담의 어제와 오늘〉, 1965, p.33.

서 북한과의 외교관계도 국제연합의 결의사항에 의거, 이에 어긋나는 관계는 수립하지 않을 것이라고 주장했다. 이에 대해 일본정부의 시나 외상은 일본 중의원에서 "적어도 일본은 38선 혹은 휴전선 이북에 사실상의 정권이 있다는 점을 의식하고 있음을 차제에 표명"한다고 밝혔다. 이것은 대한민국의 관할권이 휴전선 이남에 한한다는 것을 기정사실화해, 북한과도 정치·경제적 교류를 계속하겠다는 것을 암시하는 것이다. 관할권의 문제에 대해서도 이렇게 한일 양국정부는 명백한 해석의 차이를 보이고 있다.

원래 조약이란 당사국간에 일치된 의견을 문서로 확인하는 것이다. 그런데 한일조약에 있어서는 양국이 완전한 해석의 차이를 보이고 있다. 똑같은 조항을 놓고 한쪽은 흑이라고 하고 다른 한쪽은 백이라고 하니, 도대체 의견이 일치되었다고 볼 수 없는 것이다. 그러면 과연 어떻게 해 한일조약에서는 이러한 의견의 불일치가 의견일치의 문서인 조약이 될 수 있었는가? 일본 자민당 정책조정회의 의장은 다음과 같이 주장한다.

국가간의 조약 내지 협정의 해석은 결코 한 가지라고 한정할 수 없다. 국제법과 국내법은 그 영역을 달리하기 때문에 반드시 일치할 수는 없다. 이번의 한일조약의 해석에 있어서도 원래 국내법적인 해석도 있고 국제법적인 해석도 있는 것이다. 또 대내정책상 혹은 대외정책상의 해석도 있다는 것을 염두에 두고, 무용한 오해와 논쟁을 일으키지 않기를 바란다.

이것이 이 문제에 대해 딱 들어맞는 답변은 아니라고 하더라도, 자민당의 고위간부가 대내외 정책상의 다른 해석을 인정했다는 사실은 중시되어야 한다. 한일조약에 있어서 해석의 차이는 조약의 기초과정의 과실로 초래된 것이 아니라, 원래부터 해석의 차이를 허용했다는 것이 보다 올바른 관점일 것이다. 그것이 회담과정에서 서로 확인하고 행해졌는지 아닌지는 판단할 수 없으나, 하나의 조약을 두고 이렇듯 가장 중요한 문제에 대해 너무나 명백한 의견의 차이를 보인다는 것은 원래부터 해석의 이중성을 허용한 조약이라고밖에 볼 수 없는 것이다.

기본관계에 관한 논의가 7차회담에 와서야 합의를 보았다는 것은, 다른 문제들이 모두 타결된 후에 형식적으로 이루어진 것이라는 점을 쉽게 추정케 한다. 7차회담이 이루어진 시기는 1964년 10월로, 한일회담에 대한 반대투쟁이 전 국민적으로 확대되어 한 차례 회담이 중단된 후에 재개된 시점이다. 이것은 당시 한일 양국의 국민들이 주장하던 양국의 올바른 관계의 수립이라는 요망이 어떠한 형태로든 명문화되지 않으면 안 된다는 강한 압력으로 7차회담에 작용한 것이다.

결국 한일 양국정부는 양국국민의 반대투쟁에 대한 반대급부로서, 그리고 국민의 한일회담에 대한 요망이 수렴되었다는 것을 표현하기 위한 요식적인 행위로서 기본조약을 체결한 것이다. 이 기본조약은 처음부터 양국정부 간에 합의가 없었고, 다만 한일회담의 반대세력에 대한 대항무기로서 이루어진 것이다.

한편 기본조약의 제6조에서 명문화한 민간 항공·운수에 관한 협정이 체결되기도 전에 이미 민간 항공·운수 관계가 진행되어, 일본 항공기는 한국의 국제공항인 김포공항에 들어오고 있었지만, 한국 항공기는 도쿄의 하네다공항에는 들어가지 못하고 단지 오사카공항에만 기착할 수 있었다.[8]

---

8 양호민, 〈기본관계조약〉, 《한일협력의 반성》, EYC간, p.37.

대일 재산청구권 문제

1. 청구권 문제의 성립배경

한일회담에서 논의되었던 재산청구권 문제는 제2차 세계대전이 종결되어 한국이 일본으로부터 해방·독립됨에 따라 한국정부 또는 개인이 일본정부 또는 일본인에 대해 가지게 된 여러 종류의 청구권을 말한다.[9] 일본에 대한 한국의 재산청구권 문제를 원칙적으로 규정한 것은 1951년 9월 8일의 샌프란시스코 강화조약이었다. 이 조약은 제2조와 제4조에서 다음과 같이 규정하고 있다.

제2조 (a) 일본국은 한국의 독립을 승인해 제주도·거문도 및 울릉도를 포함하는 한국에 대한 모든 권리·권원權原 및 청구권을 폐기한다.
제4조 (a) 이 조항의 (b)의 규정을 보류하며 일본국 및 그 국민의 재산으로

---

9 공보부, 앞의 책, p.35.

서의 제2조에 제시된 지역에 있는 것 및 일본국과 그 국민의 청구권(채권을 포함함)으로 현재 이들 지역의 행정을 맡고 있는 당국과 그곳의 주민(법인을 포함함)에 대한 것의 처리 및 일본국에서의 이들 당국과 주민의 재산 및 일본국과 그 국민에 대한 이들 당국과 주민의 청구권(채권을 포함함)의 처리는 일본국과 이들 당국간의 특별협정에 의해 결정된다.

제2조에 제시된 지역에 있는 연합국 또는 그 주민의 재산은 미반환 상태에 있는 한 시정을 맡고 있는 당국이 현상으로 반환해야 한다(국민이란 용어를 이 조약에서 쓸 때에는 법인을 포함한다).

(b) 일본국은 제2조 및 제3조에 제시되는 지역 중의 어느 곳이든 미합중국 군정부에 의해 혹은 그 지령에 따라 행해진 일본국 및 그 국민의 재산의 처리의 효력을 승인한다.

샌프란시스코 강화조약은 제2차 세계대전 당시 일본과의 교전국이 일본의 점령을 종결지우면서 체결한 조약이다. 그런데 한국은 교전국으로 인정받지 못했다. 샌프란시스코 강화조약에서 한국은 교전 당사국은 아니었지만 일본의 점령하에 있었던 나라이므로, 한국 내에 있었던 일본인의 재산은 한국에 귀속시키고 일본으로 반출된 한국재산을 되돌려 받을 수 있도록 규정하고 있다. 샌프란시스코 강화조약에서 규정한 것은 한국재산에 대한 청구권이지 결코 전쟁배상은 아니었다. 한일회담에서의 청구권 문제도 샌프란시스코 강화조약에 의거해 이루어졌다.

그런데 한국정부는 정부수립 직후부터 일본에 대해 배상을 요구했다. 1949년 1월 대일배상 요구 선언을 하였고, 3월 26일에는 제1차 대일 현물배상 요구서를 맥아더 사령부에 제출하였던 것이다. 샌프란시스코 강화조약이 체결된 이후에는 재산에 관한 청구권으로 제한했다.

2차대전 후 미국이 취한 전후 배상문제에 대한 태도를 보면, 1차대전 등 종전의 그것과는 판이해 배상이란 일절 받지 않기로 하였으나, 적국이 미국 내에 갖고 있었던 재산은 몰수하도록 했다. 이것을 우리의 경우에 비추어보면, 한국은 비록 연합국의 일원으로서의 교전당사국은 아니지만 일본 점령하에 있었던 나라이니만큼 배상을 받을 도의적 권리를 주장할 수 있었다. 그러나 재한 일본인의 재산이 한국에 귀속됨으로써 배상은 요구하지 않는 것으로 해결하자는 것이 샌프란시스코 강화조약 당시의 미국 행정 당국자들의 생각이었던 것으로 보인다.[10]

2. 협상과정

1952년 1차회담 때에 한국 측에서는 8항목으로 된 〈대일청구권 요강〉을 일본 측에 제시했다.

대일청구권 요강
1. 조선은행을 통해 일본이 가져간 지금地金·지은地銀의 반환 청구
2. 1945년 8월 9일 현재로 일본정부가 조선총독부에 지고 있는 채무의 반환 청구
   가. 체신국 관계
   ① 우편저금·대체저금·외환저금 등, ② 국채 및 저축채권 등, ③ 간이생명보험 및 우편연금 관계, ④ 해외 외환저금 및 채권, ⑤ 태평양 미육군사령부 포고 3호에 의해 동결된 한국 수취금
   나. 1945년 8월 9일 이후 일본인이 한국 각 은행으로부터 인출한 예금액

---

10   유기주, 앞의 논문, p.37.

다. 한국에서 수입된 국고금 중 이부자금裏付資金이 없는 세출에 의한 한
　국 수취금 관계

라. 조선총독부 도쿄 사무소의 재산

마. 기타

3. 1945년 8월 9일 이후 한국으로부터 진체 또는 송금된 금품의 반환 청구

　가. 8월 9일 이후 조선은행 본점으로부터 재일본 도쿄지점에 진체 또는
　　송금된 금품

　나. 8월 9일 이후 재한 금융기관을 통해 일본에 송금된 금품

　다. 기타

4. 1945년 8월 9일 현재 한국에 본사·본점 또는 주된 사무소가 있던 법인
　의 재일재산의 반환 청구

　가. 연합군 최고사령부 폐쇄기관령에 따라 폐쇄청산된 한국 내 금융기관
　　의 재일지점 재산

　나. 연합군 최고사령부 지령 965호에 의거 폐쇄된 한국 내 본점이 보유
　　한 법인의 재일재산

　다. 기타

5. 한국법인 또는 한국 자연인의 일본국 또는 일본국민에 대한 일본 국채·
　공채·일본은행권, 피징용 한국인의 미수금·보상금 및 기타 청구권의 반
　제 청구

　가. 일본 유가증권

　나. 일본계 통화

　다. 징용된 한국인의 미수금

　라. 전쟁에 의한 피징용자의 피해에 대한 보상금

　마. 한국인이 일본정부에 대해서 청구한 은급관계恩給關係

　바. 한국인이 일본인 또는 법인에 대한 청구권

6. 한국인(자연인·법인)의 일본정부 또는 일본인에 대한 개별적 권리행사에 관한 항목
7. 전기前記 재산권 또는 청구권에서 발생한 법정 과실의 반환 청구
8. 전기한 제 재산과 청구권의 반환 및 결제의 개시 및 종료 시기에 관한 항목

그러나 일본 측은 샌프란시스코 강화조약 제4조 (b)항에 의해 일본이 그 효력을 승인하게 된 미 군정청의 재한 일본자산에 대한 처분은 국제법상 점령군에게 인정되지 아니하는 처분, 즉 사유재산에 관한 처분까지를 의미하는 것이 아니라는 해석에 따라, 사유재산에 관한 한 원권리자인 일본인에게 보상청구권이 남아 있다고 주장해, 한국 측이 제시한 8항목의 요강 토의에 응하지 않았다.[11] 더구나 일본이 샌프란시스코 강화조약에서 승인한 것은 미국이 한국에서 행한 일본재산 처분행위뿐이며, 그 처분의 결과로서 생긴 금전에 대해서는 아직도 청구권을 가진다고 주장했다. 3차 회담에서 일본대표 구보타는 해방 당시 한국의 전 재산 중 일본인의 사유재산을 추계해, 일본이 한국재산의 85%를 청구할 권리가 있다고 주장하기에 이르렀다.

이처럼 한일 양국간이 청구권 문제를 두고 샌프란시스코 강화조약 제4조에 대한 해석에 차이를 보이자, 1952년 4월 29일 미국이 주미 한국대사에게 보낸 공한에서 일본은 한국에 대해 청구권을 주장할 수 없다고 강화조약 제4조를 해석해 일본의 대한청구권 주장을 철회하게 했다. 따라서 청구권 문제는 일본에 대한 한국의 재산청구권의 문제가 되었다. 이에 따라 4차회담부터 청구권 8개 항목에 관한 토의에 들어갔으나, 일본은 전혀 성의 있는 태도를 보이지 않았다.

---

11 공보부, 앞의 책, p.37.

제5차 회담에 들어서면서 일본은 청구권 행사가 가능한 유효일자에 의문을 표시함으로써 처음으로 반응을 보이기 시작했다. 그후 한국정부 관할지역에 한해 청구권 가운데에서 그 법적 근거와 증거가 확실한 것은 변제하겠다고 태도의 변화를 보였다.

그간 재산청구권의 명목으로 청구한 액수를 보면, 이승만 정권하에서 일본이 재한 일본인 재산에 대해 약 50억 달러 내지 60억 달러를 청구했을 때, 이 대통령은 50억 달러 내지 80억 달러의 범위에서 대일 재산청구를 하라고 한국 측 회담대표에게 훈령한 일이 있다. 그러나 이와 같이 융통성 있는 그의 청구 윤곽은 그후 27억 달러 선으로 굳어져감으로써, 자유당 정권의 대일청구권 액수로 널리 알려지게 된다.

제5차 회담에서 장면 정권은 8항목 요강에 근거해 12억 5,000만 달러를 산출한 후, 일본 측이 8억 달러 선으로 낙착지을 용의가 있는지 타진해보았는데, 이때 비로소 일본은 처음으로 청구권의 합법적 계산근거를 인정하면서 처음에는 1,500만 달러, 그 다음에는 2,000만 달러, 3,000만 달러, 5,000만 달러까지 올려놓았다.[12]

이후 군사정권하에서 이루어진 제6차 회담 때에 군사정권은 8억 달러를, 일본은 7,000만 달러를 제시했다. 그러나 대일 재산청구권 문제가 타결된 실제의 계기는 이러한 계수조정 과정에 의해서가 아니라, 양국 정부 간의 정치협상에 의해 이루어졌다. 소위 김·오히라 메모가 그것이다(본서 1장 참조).

그후 청구권 문제는 1965년 2월 20일의 기본관계 조약의 가조인을 계기로 보다 구체적인 토의가 진행되었으며, 3월 28일 도쿄에서 개최된 이동원·시나 외상회담에서, 김·오히라 메모에 의해 합의된 '무상 3억 달러,

---

12 유기주, 앞의 논문, p.77.

정부차관 2억 달러, 민간차관 1억 달러 이상'의 청구권 윤곽이 '무상 3억 달러, 정부차관 2억 달러, 민간차관 3억 달러 이상'의 안으로 확정되어 8억 달러 선으로 최종 합의, 4월 3일 가조인되었다. 그 내용은 다음과 같다.

1. 일본은 무상으로 3억 달러를 10년간 균등하게 분할해 한국에 제공한다 (쌍방의 합의에 의해 기한을 단축할 수 있다).

2. 일본은 유상으로 정부차관 2억 달러를 10년간 균등하게 분할해 한국에 제공하되, 연리 3.5%로 하고 상환기간은 7년의 거치기간을 포함해 20년간 분할상환키로 한다(쌍방 합의에 의해 상환기간을 연장할 수 있다).

3. 일본은 민간차관 3억 달러 이상을 수출입은행을 통해 한국에 제공한다.

4. 전기前記 민간차관 중 어업협력기금 9,00만 달러에 대해서는 별도의 의정서로써 금리·상환기간 등 조건을 규정한다.

5. 한국이 지고 있는 청산계정의 대일 무역부채 4,573만 달러는 무상 3억 달러 중에서 10년간 균등분할(무이자)해 일본에 변제한다.

6. 선박 청구권: 한국은 전기前記 민간차관에 규정된 선박건조 도입자금 3,000만 달러로 일본으로부터 신조 선박을 도입한다. 동 상업차관의 금리는 연 5.5%의 저리로 한다.

7. 문화재 청구권: 한국 측이 일본 측에 제시한 요구목록을 상호검토한 후에 합의된 품목을 일본 측이 한국 측에 인도한다.

8. 일본은 평화선 내에서 나포된 어선과 어민에 대한 보상요구를 철회한다.[13]

---

13 공보부, 앞의 책, p.44.

3. 청구권 협정과 그 평가

청구권 문제에 대한 정식 조약명칭은 〈대한민국과 일본국 간의 재산 및 청구권에 관한 문제의 해결과 경제협력에 관한 협정〉이다. 청구권과 경제협력이라는 두 개의 이질적인 문제가 한꺼번에 다루어지고 있는 것이다. 이 협정은 두 통의 의정서, 8통의 교환공문(한국 측 4통, 일본 측 4통), 의사록 1통과 차관계약 1통을 포함해 모두 12건의 외교문서로 되어 있다. 이 협정은 청구권 문제의 해결의 선언과 유상원조, 무상원조 및 그 절차의 4부분으로 대별된다. 이 협정은 다음의 몇 가지 기준에 의해 평가될 수 있다.

첫째, 협정은 청구권을 획득한 것이 아니라 포기한 것이다. 협정은 그 제목에서부터 〈대한민국과 일본국 간의 재산 및 청구권에 관한 문제의 해결……〉이라 해 결국 대한민국과 일본이 모두 청구권을 가지고 있다는 것을 인정하고 있다. 이것은 의사록 제2의 G항에서 "동조 ①에서 말하는 완전히 그리고 최종적으로 해결된 것으로 되는 …… 양국 및 그 국민 간의 청구권에 관한 문제에는 본 협정의 서명일까지에 대한민국에 의한 일본어선의 나포로부터 발생한 모든 청구권이 포함되어 있고"라고 해, 일본의 청구권을 명백히 인정하고 있다.

또 청구권 문제와 경제협력의 문제를 같이 다루었다는 것은, 청구권이 일본에 의해 '독립을 축하'하는 의미에서 협력조로 제공되는 것이라는 내용을 담고 있음이 사실이다. 청구권의 문제는 일본이 과거 조선에 대해 행한 과오를 반성한다는 의미를 내포하고 있는 것이고, 경제협력이란 일반적으로 선진국과 후진국 사이에 행해지는 통상관계이다. 더구나 경제협력은 새로운 의무를 후진국에 부과하는 것이니 청구권 문제와는 전혀 성격이 다른 것이다.

협정문 가운데에는 일본이 한국의 청구권에 대해 보상한다는 문구는 한 마디도 없다. 오히려 협정 제1조 ①의 A에는 "무상으로 제공한다"고 되어 있다. 대한민국과 일본 간의 청구권에 대한 협정은, 청구권에 대한 협정이 아니라 무상원조와 유상원조에 대한 협정이 되어버린 것이다. 보상이라는 내용을 전혀 담고 있지 않은 협정은, 청구권이 이 협정을 통해 완전히 폐기되었다고 선언하고 있다.

둘째, 그 자금사용에 있어 한국은 일본에 종속되어버렸다. 이 협정이 청구권에 대한 일본의 배상이 아니라 무상원조의 제공으로 변화되었지만, 한국은 그 자금의 사용에 있어서도 일본의 허락을 맡아야 하는 것으로 협정은 규정하고 있다. 제1의정서 제1조는 "일본국이 제공하는 생산물 및 용역을 정하는 연도 실시계획은 대한민국 정부에 의해 작성되고, 양 체약국 정부 간의 협의에 의해 결정된다"라고 하고 있고, 더 나아가 제2조 ②에서는 "일본국의 생산물 및 일본인의 용역의 제공은 대한민국과 일본국 간의 통상의 무역이 현저히 저해되지 않도록 하며, 또한 외국환에 있어서의 추가부담이 일본국에 가해지지 않도록 실시된다"라고 규정하고 있다. 또 제1의정서의 실시 세목에 관한 교환공문(I)의 ④항은 "실시계획은 양정부 간의 합의에 의해 수정할 수 있다"고 해, 한국 측의 자금사용계획은 단지 초안에 불과하며 합의가 이루어지지 않으면 사용될 수 없다고 못을 박고 있다.

이 협정은 제1의정서 제5조 ①항에서 "대한민국 정부는 동 정부의 사절단을 일본 국내에 설치한다"라고 규정하면서 이 사절단의 임무에 대해 동 5조 ②항에 "A. 대한민국 정부가 작성한 실시계획의 일본정부에의 제출, B. 대한민국 정부를 위한 계약의 체결 및 실시, C. B의 계약 및 대한민국 정부의 인가를 받은 자가 체결하는 계약의 인증을 받기 위한 일본국 정부에의 송부"라고 규정하고 있다. 이에 대해 1965년 6월 5일자 〈동아일보〉는 다음과 같이 비판하고 있다.

　　첫째 구매사절단의 활동경비만큼 일본에 떨어지고, 둘째 국제법상의 계약
지주의契約地主義에 의해 특별한 규정이 없는 한 분쟁해결이 계약지 법률의 적
용을 받는다는 유리점, 셋째 우스운 이야기이지만 필리핀이나 인도네시아 등
의 배상에서 효험을 보았듯이 하코네나 아다미의 호텔에서 벌어진 게이샤妓生
공세의 방법을 통해서, 더 나아가 매년의 집행계획과 매년의 사업계획은 한
일합동위원회에서 협의·결정해야 하니, 이것은 지금의 미국원조의 경우와 같
이 실질적인 내정간섭이 된다.

　셋째, 한국이 받는 청구권은 일본이 점령했던 다른 나라에 비해 가장
불리하다. 일본은 전후 그들의 점령국에 대해 각각 배상을 하고 있었다.
버마(현재의 미얀마)와는 1954년 11월 5일 배상·경제협정을 랑군에서
조인했다. 이 협정에서 일본은 배상조로 2억 달러를 해마다 2,000만 달
러씩 10년에 걸쳐 생산물과 용역으로 공여하기로 하였고, 5,000만 달러
를 10년에 걸쳐 경제협력조로 제공하기로 했다. 그후 버마는 1963년 추
가배상을 요구해 1억 4,000만 달러를 12년간 제공받도록 규정한 버마·
일본 간의 '경제협력 및 기술협력에 관한 협정'을 조인해 추가배상을 받
았다. 또 민간 베이스로 3,000만 달러의 차관을 제공받았다.
　필리핀과는 1956년 5월 9일에 배상협정을 조인해, 필리핀은 배상조로
일본으로부터 5억 5,000만 달러를 처음 10년 동안은 2,500만 달러씩, 다
음 10년 동안은 3,000만 달러씩 받기로 했다. 더불어 2억 5,000만 달러
의 차관을 민간 베이스로 제공받게 되었다.[14]

14　양흥모, 〈일본의 전후배상 현황〉, 〈사상계〉 1964년 긴급증간호, p.92.

인도네시아는 일본과 평화협정, 배상협정, 경제협력협정을 1958년 1월 20일 자카르타에서 양국 외상 간에 조인했다. 이로써 인도네시아는 2억 2,308만 달러의 배상을 일본의 생산물 및 용역으로 12년간에 걸쳐 제공받게 되었고, 민간 베이스 4억 달러를 12년간 투자·차관 형식으로 제공받게 되었다. 또 일본은 인도네시아에 대한 무역연체 채권 1억 7,910만 달러를 포기했다.

베트남은 1959년 5월 13일 배상협정에 조인해, 3,900만 달러를 5년간에 걸쳐 제공받고 750만 달러의 차관을 3년간에 걸쳐 제공받게 되었다. 또 900만 달러를 조인일로부터 5년이 경과한 후에 민간 베이스로 장기 대부 받게 되었다.

태국과는 '태국·일본 특별엔협정'이 1955년 7월 5일에 조인되었다. 이 협정으로 일본은 5년에 걸쳐 1,500만 달러를 지불하게 되었다. 그후 1962년 1월 31일 다시 일본과 태국 간에 특별엔협정이 조인되어, 2,800만 달러를 8년간에 걸쳐 지불하기로 했다. 그 외에 캄보디아, 라오스, 인도 등은 전후 배상을 포기하고, 경제협력 내지 평화협정을 1955년, 1959년, 1952년에 각각 체결했다.

이렇게 버마, 필리핀, 인도네시아, 베트남 등과는 그 조약에서 '배상'의 지불을 명확히 하고 있고, 태국의 경우도 전시 중에 일본군이 발행한 '특별엔'을 배상하는 것으로 사실상 배상협정이라 할 수 있다. 그럼에도 불구하고 한국과의 국교재개에 있어서는 배상이 아닌 청구권조차도 인정하지 않으려 한 것이다.

한일회담 초기부터 한국과 일본은 서로 청구권을 가지고 있다고 주장했다. 4차회담 이후 일본이 자기들의 청구권을 철회한 후에도, 양국이 한국 측 청구권에 대한 액수의 문제로 계속해 대립하고 있었다는 것은 앞에서도 기술했다. 그런데 이것이 김·오히라 메모로 전격적으로 사실상의 결말을 보고 말았다. 도대체 청구권 문제는 왜 이렇게 복잡한 과정을 거쳐야만 했고, 또 어떻게 전격적인 정치협상의 형식으로 해결되는 것이 가능하였던가?

원래 식민 모국의 재산은 식민지가 독립하면 독립한 국가에 몰수되는 것은 당연한 일이다. 그러나 한반도는 독립과 함께 민족정부 대신에 미군정이 수립되었고, 따라서 적산이 군정 당국에 귀속됨에 따라 복잡한 양상을 띠게 된 것이다.

미군정은 1945년 9월 25일 군정청령 제2호로 일본의 공유재산뿐만 아니라 사유재산도 몰수해 접수했다. 자본주의 국가들 사이에서는 설사 승전에 의한 주둔이라 해도 사유재산에 대해서는 존중하는 것이 관행이었고, 국제법에서도 그렇게 다루고 있다. 한국이 독립해 한국정부에 의해 일본재산이 몰수된 것이 아니라, 일본의 점령군인 미군이 몰수해 한국에 3년 후에 넘겨주었다는 것, 곧 식민지와 식민지 모국 간의 관계에서가 아니라 교전 자본주의국가 간의 관계로 처리되었다는 것이다. 따라서 일본은 미국이 한국에 이양한 그들의 사유재산 부분의 반환을 요구할 수 있다는 논리가 성립한다고 주장했다. 일본이 주장한 한국에 대한청구권은 이러한 논리에 근거를 둔 것이었다.

이와 더불어 청구권 문제의 해결에 있어 일본이 점령했던 다른 나라들에 비해 더욱 오랫동안 끌었고 복잡한 양태를 띠게 된 원인에는 일본의 한국에 대한 특수한 감정도 도의시할 수 없다. 지금도 별다른 변화는 없겠지만 1950년대만 하더라도 일본국민이 제일 싫어하는 나라는 한국이었다. 따라서 한국에 대해 자신들의 과오를 뉘우치고 배상을 한다는 것에 일본이 순순히 응할 리가 없다는 것은 쉽게 상정해볼 수 있는 일이다.

이러한 이유로 복잡한 양상을 보였던 청구권 협상이 타결되는 첫 번째 과정은, 일본의 대한청구권의 포기이다. 앞에서 기술했듯이 일본은

1952년 미국 국무장관의 샌프란시스코 강화조약 제4조 (b)항에 대한 견해표명으로 청구권을 포기하게 된다.

그러면 미국이 한·일 간의 청구권 문제에 대해 한국의 입장을 지지한 이유는 무엇인가? 1940년대 말부터 미국은 극동에서 한국보다 일본을 중요시하는 외교정책을 계속해왔고, 일본을 극동아시아의 방위 중심으로 삼으려고 했다. 그런데 미국이 이 청구권 문제에 대해 한국의 입장을 공식적으로 완전히 지지하고 나선 것이다. 여기에는 이유가 있다. 만약 미국이 일본의 입장을 지지한다면, 일본이 청구권의 근거로 주장한 교전 자본주의국가 간의 사유재산의 존중이라는 약속을 미국이 위반했다고 스스로 인정하는 것이 되고 만다. 미국이 이처럼 어리석은 일을 할 리가 없었던 것이다. 그래서 미국은 한국의 청구권 문제에 대한 주장을 공식적으로 완전히 지지했다.

또 일본으로서도 1950년대 후반부터 강력히 대두되기 시작한 일본 독점자본의 대외진출에 대한 욕구가 팽배한 차제에, 청구권 문제로 질질 끌면서 한일회담을 지연시킬 이유가 없었다. 이미 다른 대부분의 구점령국들에 대해서는 청구권 협상을 끝마친 상태였다.

청구권 협상이 결정적으로 타결을 보게 된 계기는 군사정권하에서의 김·오히라 메모였다. 쿠데타로 정권을 장악한 군사정권이 부르짖었던 것은 조국 근대화였다. 그러나 당시 한국의 경제상태는 미국의 경제원조가 감소되면서 악화일로에 있었다. 군사정권은 감소된 미국원조의 공백을 일본의 차관으로 메우려고 했다. 쿠데타로 정권을 장악한 군사정권은 자신들 정권의 불안을 없애기 위해 단기적인 경제의 안정과 성장을 꾀하려고 하였고, 이에 따라 장기적으로 어떠한 영향을 미치든 일단은 일본자본을 도입하려고 했다. 그러므로 많은 액수를 무상으로 받으면 좋으나, 그것으로 인해 일본자본의 도입이 지연된다면 액수에 상관할 바가 아니었고, 또한 형식도 별문제가 되지 않았다. 이에 따라 일본은 상대적으로 여유를 가지게 되었다.

이로써 한국뿐만 아니라 일본도 소위 자기네의 청구권을 폐기한다고 선언하는, 그리고 청구권의 형식이 아니라 무상공여의 형식으로 일본이 한국에 이전한다는, 어느 한국정권도 생각해본 적이 없는 3억 달러라는 액수로, 그것도 일본의 허가하에서만 사용할 수 있다는 단서를 붙인 〈대한민국과 일본국 간의 재산 및 청구권에 관한 문제의 해결과 경제협력에 관한 협정〉이 성립된 것이다.

재일교포의 법적지위에 관한 문제

1. 재일교포 문제의 근원

1910년의 한일병합 이후 일본에 거주하는 한국인은 계속 증가했다. 식민지 조선의 경제가 황폐해지면서 많은 한국인들이 취업차 일본으로 건너갔고, 만주사변 이후에는 일본 군수사업이 이들을 더욱 많이 흡수했다. 제2차 대전 시에는 70여 만 명에 달하는 한국인이 징용으로 일본에 끌려갔다. 이렇게 일본으로 건너간 한국인은 일본인의 한국인 멸시 풍조로 수없는 고통과 수모를 당해야만 했다. 특히 1923년의 관동대지진 때에는, 약탈·방화하고 식수에 독약을 탔다는 유언비어로 6,000여 명의 한국인이 학살당하는 일대 고난을 겪기도 했다.

1945년 일본 제국주의가 패망하고 한국이 독립함에 따라, 일본에 거주하는 한국인에 대한 처우 문제가 대두되었다. 해방 직후 일본에 거주하는 한국인은 약 200만에서 250만 명에 달했다. SCAP(연합국 최고사령부)는 일본에 거주하는 한국인은 행정상의 필요에 의해 일본인과 동일하게 처우한다고 천명했다. 그러나 재일한국인은 40년 동안 일본의 지배를 받아오다가 해방되었는데 또다시 일본인으로 처우된다는 것을 받아들이지 않았다.

SCAP는 재일한국인 문제에 대해 그리 심각하게 생각하지 않았던 듯하다. SCAP는 재일한국인 문제는 그들이 모두 한국으로 귀국하면 해결되는 일시적인 문제로 생각한 것이다. 재일한국인의 귀국은 해방 직전부터 계속되었다. 일본 제국주의의 패색이 짙어감에 따라 징용으로 끌려간 재일한국인은 감시가 소홀해진 틈을 타 도망해 귀국했다. 해방 후 3개월 동안은 일본정부와 SCAP의 간섭 없이 당연히 귀국은 계속되었다. 1945년 8월 15일부터 11월 30일 사이에 약 80만의 한국인이 귀국했다. 그런데 재일한국인의 귀국문제에 대한 최고기관인 SCAP는, 1945년 11월 1일의 지령으로 본국으로 가져가는 재일한국인의 재산을 수하물은 제한하지 않았지만 현금은 1,000엔 이하로 제한했다.

SCAP와 일본정부의 공식적인 송환계획은 1946년 12월 31일로 종료되었다. 그러나 송환계획이 종료된 후에도 15만 5,000명이 귀국을 인가받아 귀향했다. 이로써 실질적인 종료는 1947년에 이루어졌고, 이후 재일한국인은 일본정부에 의한 귀환의 권리를 잃고 말았다. 이렇게 귀국이 거의 종료된 이후에 일본에 남은 한국인은 해방 직후의 약 4분의 1에 달하는 60여 만 명이었다.

재일한국인이 귀국을 포기하고 일본에 남게 된 것은 대략 다음과 같은 이유에서이다. 첫째로 귀국하는 재일한국인의 재산을 규제하였기 때문이며, 둘째로는 해방 후 한국의 경제생활이 급속하게 악화되었다는 소문과, 홍수와 전염병으로 본국이 혼란스럽다는 소문이 당시 재일한국인들 사이에 유포되었기 때문이다. 또 셋째로는 일본에 잔류하게 된 한국인의 반 이상이 1930년대 이전부터 일본에 거주한 사람들로서 이미 한국으로 귀환하기에는 생활이 너무나 변모해 있었던 것이다.

SCAP는 귀국하지 않은 조선인에 대한 법적지위를 명확히 하기 위해 1946년 11월 10일 지령을 통해, 어떠한 한국인도 귀국을 거부하면 자동적으로 일본의 사법권 관할하에 들어가며, 따라서 일본인으로 취급된다고 했다. 형사사건에 관해서는 일본정부가 재일한국인을 완전히 관할하고 있었다. 다만 재일한국인이 일본인과 다른 것은 SCAP에 재심을 청구할 수 있다는 것이었다. 재일한국인은 일본에 귀화하지 않으면 선거권을 가질 수 없음에도 불구하고, 세금은 일본인과 똑같이 냈다. 또 재일한국인은 공식적으로는 일본인과 동등한 식량배급을 받았고, 경제활동에 있어서도 일본인과 동등한 대우를 받았다.

당시의 재일한국인은, 본국의 한국인도 그러했겠지만, 스스로를 일본제국주의의 지배하에서 '해방된 노예'라고 생각하였고, 또 일본의 패전에 따른 전승국의 국민이라고 생각했다. 이러한 재일한국인의 생각과는 반대로 일본인들은 한국인들이 암시장을 주도하는 존재라고 규정하고 있었고, 또 새로운 일본 통화의 3분을 1을 한국인이 지배하고 있다고까지 생각했다.

일본국회에서조차 "우리는 항복 때까지 일본인으로 거주하고 있던 조선인과 대만인이 마치 승전국민처럼 함부로 뽐내는 것을 묵과할 수 없다. 이들 조선인과 대만인의 활동은 우리의 혈육과 패전과 혼란으로부터 생겨난 우리의 비참한 참상에 기식하고 있는 것이다"라고 노골적인 거부반응을 보였다. 더구나 1946년 11월 일본 경찰은 도쿄와 우에노 일대에 반한국인 포스터 수백 장을 붙였다. 포스터에는 칼을 손에 든 한국인 강도가 공포에 떠는 부인을 위협하는 삽화를 배경으로 강도를 조심하라고 경고하는 글이 적혀 있었다. SCAP조차 일본에 밀입국하는 한국인으로 인해 일본에 콜레라가 번지고 있다고 주장했다.

이러한 분위기에서 SCAP와 일본정부는 한국인의 밀입국과 암거래를 막는다는 구실하에 1947년 5월 2일 외국인등록령을 공포해, 모든 한국인에게 사진과 지문을 찍은 신분증명을 항상 휴대하도록 했다. 그러나 이 외국인등록령은 재일한국인의 강한 반대에 부딪쳐 오랫동안 거의 실현되지 못했다. 한국인 단체들은 다음과 같은 성명을 통해 외국인등록령에 승복할 수 없다고 천명했다.

1. 등록수속이 기존의 국제관례에 기초하고 있지 않다.
2. 이 작업은 일본정부가 아니라 각종 한국인 단체가 주도해야 한다.
3. 재일한국인은 외국국민으로서 충분하고 또 계속적인 대우가 주어져야 하며, 단순히 등록만 하는 조치에는 승복할 수 없다.
4. 재일한국인의 생명과 재산은 당연히 보호되어야 한다.
5. 일본정부는 일본국민이 한국인이 처해 있는 상태를 이해하고 존중하도록 하기 위해 필요한 조치를 강구해야 한다.

그러나 SCAP는, 외국인등록령의 목적은 재일한국인 단체의 권리를 보호하기 위한 것이지 제한하려는 것이 아니라고 강조하면서 위협과 설득으로 등록 성취시켰다.

재일한국인과 일본정부 및 SCAP 사이에 가장 첨예하게 대립되었던 것은 한국인학교의 폐쇄에 따른 충돌이었다. 해방 직후에 만들어진 재일 조선인연맹이 중점적으로 행한 사업의 하나가 교육사업이다. 한국인학교는 해방 후 1년이 지난 1946년 9월에 일본 전국에 걸쳐 525개교가 설립되었고, 그후 계속 증가해 1947년 9월에는 578개교, 학생수 1만 2,000명, 교원만도 1,500명에 달했다. 이에 대해 일본정부는 모든 한국인학교는 일본 문부성의 기준에 따라야 한다고 해 사실상의 폐교를 명령했다. 그리고 1948년 4월 일본정부는 기준에 미달하는 거의 대부분의 한국인학교를 강제 폐교시켰다.

이러한 일본정부의 조치에 대해 재일한국인은 강력하게 반발했다. 그중 가장 맹렬한 충돌은 고베에서 일어났다. 재일한국인은 조선인연맹의 지도하에 폐교 전날인 4월 14일 고베에 있는 현청 앞에 수천 명이 모여 지사와의 면담을 요청했다. 그러나 면담이 거절당하자 4월 24일 약 500명의 재일한국인이 지사실로 난입해 지사에게 한국인학교의 폐교를 철회시켰다. 이에 SCAP는 즉각 한국인 거주지역에 비상사태를 선포해, 수천 명의 한국인을 검거했다. SCAP가 일본점령 기간 중에 비상사태를 선포한 것은 이때가 유일하다.

1951년의 1차 한일회담을 전후해 재일한국인은 대략 세 가지의 곤란을 겪고 있었다. 첫째로 재일한국인 자녀들은 한국인학교가 거의 모두 폐쇄되자 일본인 학교에 편입되었다. 일본정부는 한국인학교라 하더라도 일본어로 가르쳐야 하며 교과서도 일본교과서를 사용해야 한다고 해, 재일한국인 자녀를 일본화시키려고 했다. 이 문제는 1952년 4월 28일 샌프란시스코 강화조약의 발효 후 재일한국인이 외국인으로 처리되면서, 한국인 사립학교의 설립이 인가되고 한국어로 강의할 수 있게 됨으로써 1950년대 중반 이후로는 어느 정도 해결되었다.

두 번째는 실업상태에 있는 한국인에 대한 일본정부의 보조를 둘러싼 문제이다. 1950년 일본정부는 생활보호법을 공포하였는데, 그것은 샌프란시스코 강화조약에 따라 재일한국인에게도 적용되었다. 그런데 재일한국인은 대부분 빈곤상태에 있었으므로 일본정부의 생활보조금을 받는 비율이 일본인보다 10배가량 높았다. 이런 상황에서 보조금의 인하 움직임에 대한 한국인의 반대투쟁이 전개되었다.

세 번째로는 역시 등록문제가 가장 큰 이슈가 아닐 수 없었다. 1947년부터 1959년까지 3차례에 걸쳐 등록하도록 일본정부에 의해 강요되었으나, 재일한국인은 계속해 등록을 반대하며 일본정부와 투쟁하고 있었다.

2. 교포문제에 대한 양국정부의 입장

재일한국인 문제에 대해 한국정부는 1951년 10월 한일 예비회담에서 다음과 같은 입장을 천명했다.

첫째, 재일한국인이 일본에 정착하게 된 특수한 역사적 배경을 고려해 다른 외국인과는 다르게 특수한 법적지위와 처우가 부여되어야 한다.

둘째, 재일교포 중 본국에서 영주하기 위해 귀국을 희망하는 자는 그들의 생활근거가 되어왔던 현금을 포함한 동산·부동산의 전 재산을 반출할 수 있는 조치가 취해져야 한다.

셋째, 이들이 일본국에 영주하게 되면, 교육·사회보장·재산권 등의 수익 및 권리행사에 있어서 일본국민과 동일한 처우를 받아야 한다.

넷째, 모든 재일교포는 대한민국 국민으로서 대한민국의 보호를 받아야 하며 결코 북한의 보호를 받아서는 안 된다.[15]

이러한 한국의 입장은 전 회담기간을 통해 일관되게 주장되었다. 이에 대해 일본정부는, 재일한국인의 특수한 사정을 인정해 다른 외국인보다 유리한 지위를 보장한다는 것은 과거의 관계에 대한 자신들의 잘못을 인정하는 결과가 되므로, 이를 받아들이지 않았다. 일본이 재일한국인

---

15   대한민국정부, 앞의 책, pp.26~27.

문제에 대해 한국정부에 요구한 것은, 일본으로부터 강제퇴거 처분을 받은 재일한국인을 한국정부가 인수하라는 것이었다. 이에 대해 한국 측은 자유의사에 의해 입국한 것이 아니라는 재일교포의 특수한 사정을 고려할 때, 강제퇴거 처분은 한국정부와의 사전협의에 의해서만 가능한 것이라고 맞섰다.

사실 재일한국인은 생활수준이 현저히 낮아 그 14%가 일본정부로부터 생활보조를 받고 있었고, 범죄율도 일본인에 비해 6배 높은 수치를 보이고 있었다. 일본정부는 매년 26억 엔을 재일한국인에게 생활보조로 지급하고 있었다. 이러한 상태에서 일본정부는 재일한국인 중 범법자뿐만 아니라 극빈자까지도 강제퇴거시키려고 했다. 재일한국인을 일본 열도에서 모두 쫓아내는 것이 재일한국인 문제에 대한 일본의 기본방침이었다. 또 일본이 이 문제를 평화선에 대항하는 협상무기로 사용하려 했다는 것이 회담과정에서 중요한 점이었다.

일본정부는 이러한 방침하에서 재일교포의 북송을 적극적으로 추진했다. 한국정부와 일본과의 협상에서 재일한국인의 지위에 대해 또 귀국시의 재산반출에 대해 협의하는 동안, 북한은 재산반출에 대한 문제 등을 모두 포기하고 재일교포의 북송계획을 적극적으로 추진했다. 1959년 2월 일본 각료회의는 북한과 재일교포 북송문제에 대해 협의하기로 결정하고, 양측 적십자사 대표를 파견해 그해 4월 13일에서 6월 10일에 걸쳐 제네바에서 회담했다. 국제적십자사도 양국의 의견이 일치하면 돕겠다고 결정했다.

일본과 북한은 1953년 8월 13일 인도의 캘커타에서 양국 적십자사 간의 협정을 조인했다. 이 협정은 1967년까지 재일한국인의 북한으로의 이주를 허용하고 있고, 이에 따라 일본은 재일교포 1인당 120달러만 가지고 갈 수 있게 했다. 이 협정에 의해 1967년까지 실제로 북송된 재일교포는 2만 6,050가구, 8만 8,611명에 달했다.

재일한국인의 북송문제로 4차회담이 결렬됨으로써 이승만 정권하에서의 한일회담은 끝이 나고, 군사정권하에서의 6차회담으로 넘어갔다. 6차회담부터는 한일 양국정부 모두가 회담에 적극성을 보이고 있었던 시기이므로, 재일한국인 문제에 대해서도 타협점을 찾으려고 했다. 그래서 재일교포의 북송문제는 회담의 주요의제에서 빠지고, 재일한국인의 영주권의 범위와 강제퇴거의 기준, 영주권을 획득한 자의 처우문제, 재일한국인 재산반출의 한도에 대해 논의되었다.

영주권의 경우, 한국정부는 자자손손에까지 영주권이 부여되어야 한다고 주장했고, 일본정부는 2차대전이 끝나기 전부터 일본에 거주하는 교포와, 샌프란시스코 강화조약이 효력을 발생한 날까지 일본에서 출생해 계속 살고 있는 그 자손에 대해 영주권을 부여하겠다고 밝혔다.[16]

3. 법적지위 협정과 그 평가

재일한국인 문제에 있어 한일회담 과정에서 쟁점이 되었던 것은 영주권 문제, 강제퇴거 문제, 국적에 관한 문제, 본국으로의 귀환 시 재산처리 문제 등이었다. 영주권 문제에 대해 협정 제1조는 다음과 같이 규정하고 있다.

   1. 일본국 정부는 다음의 어느 하나에 해당하는 대한민국 국민이, 본 협정의 실시를 위해 일본국 정부가 정하는 절차에 따라 본 협정의 효력발생

---

16   공보부, 앞의 책, p.54.

일로부터 5년 이내에 영주허가의 신청을 하였을 때에는 일본국에서의 영주를 허가한다.

A. 1945년 8월 15일 이전부터 신청 시까지 계속해 일본국에 거주하고 있는 자.

B. A에 해당하는 자의 직계비속으로서 1945년 8월 16일 이후 본 협정의 효력발생일로부터 5년 이내에 일본국에서 출생하고, 그후 신청 시까지 계속해 일본국에 거주하고 있는 자.

2. 일본국 정부는, 1의 규정에 의거해 일본국에서의 영주가 허가되어 있는 자의 자녀로서 본 협정의 효력발생일로부터 5년이 경과한 후에 일본국에서 출생한 대한민국 국민이 본 협정의 실시를 위해 일본국 정부가 정하는 절차에 따라 그의 출생일로부터 60일 이내에 영주허가의 신청을 하였을 때에는 일본국에서의 영주를 허가한다.

3. 1의 B에 해당하는 자로서 본 협정의 효력발생일로부터 4년 10개월이 경과한 후에 출생하는 자의 영주허가의 신청기한은 1의 규정에 불구하고 그의 출생일로부터 60일 이내로 한다.

4. 전기의 신청 및 허가에 대해서는 수수료를 징수하지 아니한다.

이 조항에 의하면 재일한국인의 영주권의 획득범위는 교포 1세대, 즉 1945년 이전부터 일본에 계속 거주한 자와 이러한 사람들의 직계비속으로서 협정발효 후 5년 이내에 출생한 사람, 그리고 이 사람들의 자녀 1대로 한정된다. 그 다음부터의 자손들에 대해서는 협정 제2조에서 "대한민국 정부의 요청이 있으면, 본 협정의 효력발생일로부터 25년이 경과할 때까지의 협의를 행함에 동의한다"라고만 되어 있다. 이로써 재일한국인의 법적지위 문제에 있어서 한국 측이 주장한 중요한 쟁점인 영주권의 계속적인 보장은 직계비속으로 한정되고 말았다.

영주권에 있어서 또 하나의 문제점은 1945년 이래 계속적으로 거주한 사람에 한정시킨 데 있다. 토의기록 A에서 "일본국 정부는 협정 제1조 A의 적용에 있어서는 병역 또는 징용에 의해 일본국에서 떠난 때부터 복원계획에 따라 귀환할 때까지의 기간을 일본국에서 계속해 거주하고 있었던 것으로 취급할 방침이다"라고만 규정해, 해방 이후 가족을 일본에 남겨둔 채 일시 귀국하였던 사람을 제외시킴으로써 가족간의 생이별을 초래했다. 생이별은 아니더라도 일부 가족은 영주권이 있고 일부는 없는 경우도 생겨났다.

강제퇴거 문제는 협정 제3조에서 다루어지고 있다.

1. 제1조의 규정에 의거해 일본국에서의 영주가 허가되어 있는 대한민국 국민은 본 협정의 효력발생일 이후의 행위에 의해 다음의 어느 하나에 해당되는 경우를 제외하고는 일본국으로부터의 퇴거를 강제당하지 아니한다.

   A. 일본국에서 내란에 관한 죄 또는 외환에 관한 죄로 인해 금고 이상의 형에 처해진 자(집행유예의 언도를 받은 자 및 내란에 부화수행한 것으로 인해 형에 처해진 자는 제외한다).

   B. 일본국에서 국교에 관한 죄로 인해 금고 이상의 형에 처해진 자, 또는 외국의 원수·외교사절 또는 그 공관에 대한 범죄행위로 인해 금고 이상의 형에 처해지고, 일본국의 외교상의 중대한 이익을 해한 자.

   C. 영리의 목적으로 마약류의 취체에 관한 일본국의 법령에 위반해 무기 또는 3년 이상의 징역 또는 금고에 처해진 자(집행유예의 언도를 받은 자는 제외한다), 또는 마약류의 취체에 관한 일본국의 법령에 위반해 3회(단 본 협정의 효력발생일 전의 행위에 의해 3회 이상 형에 처해진 자에 대해서는 2회) 이상 형에 처해진 자.

D. 일본국의 법령에 위반해 무기 또는 7년을 초과하는 징역 또는 금고에
   처해진 자.

이로써 일본 측이 회담과정에서 계속해 주장해온 극빈자의 강제퇴거
는 일단 무산되었다. 본국으로 귀국할 때의 재산처리 문제도 1만 달러까
지 소지할 수 있게 함으로써, 사실상 모두 가지고 올 수 있게 되었다.

재일한국인의 법적지위 문제에서 또 하나의 쟁점이었던 국적문제, 곧
재일한국인이 대한민국 국민인가 아니면 북한의 국민인가 하는 문제에
대해서는 협정에서는 단 한마디도 언급하고 있지 않다. 대신 의사록 (1)
에서, 영주권을 신청하는 사람이 대한민국 국민임을 증명하기 위해서는
"신청을 하는 자는 여권 또는 이에 대신하는 증명서를 제시하든지, 또는
대한민국의 국적을 가지고 있는 뜻의 진술서를 제출하는 것으로 한다"
라고 규정하고 있다.

이로써 자신이 대한민국 국민임을 스스로 확인하지 않은 사람은 무국
적 혹은 북한의 국적을 획득하는 것으로 되는 것이다. 이에 따라 이시이
石井 일본 법무대신은 일본의회에서, 1965년 말 현재 34만 9,407명이 북
한 국적으로, 그리고 23만 72명이 한국 국적으로 각각 등록했다고 증언
했다. 물론 이에 대해 한국 측은 민단계에 23만 명이, 조총련계에 17만
명이 각각 등록하고 있으며, 나머지 17만 5,000명은 중립으로 지목되고
있다고 주장하였으나, 재일교포 34만 9,407명이 일단은 북한 국적으로
일본정부에 등록한 것은 사실이다.[17]

재일한국인에 대한 일본 내에서의 복지·교육 등의 혜택에 대해서는,
의사록 중 제4조에 관한 조항에서 "(2) 일본국 정부는 협정 제1조의 규

17　유기주, 앞의 논문, p.60.

정에 의거해 일본국에서의 영주가 허가되어 있는 대한민국 국민에 대한 생활보호에 대해서는 당분간 종전과 같이 한다"라고 해, '당분간' 이후로는 달라질 수 있음을 표명하고 있다.

재일한국인의 법적지위 문제는 일본에 살고 있는 60만 한민족의 요구에 기초한 문제이다. 특수한 역사적 배경으로 인해 일본에 거주하게 되었고, 일본에서 오랫동안 살면서 생활의 터전을 마련해 다시 본국으로 귀환하기에는 어려움이 많아 일본에서 살려고 하는, 그러면서 한민족이라는 민족적 자부심을 유지하려고 하는 동포들에 대한 문제이다. 결국 문제의 초점은 우리 민족의 일부가 일본 내에서 안락한 생활을 영위할 수 있도록 한국정부가 얼마나 잘 도와주었는가 하는 점이다.

그러한 관점에서 〈법적지위와 대우에 관한 협정〉을 바라보았을 때 문제는 한두 가지가 아니다. 35만 명이라는 국적 없는 우리 교포를 만들어 내었고, 자손대대로 영주할 수 있는 권리도 확보되지 못하였으며, 또한 영주자의 복지에 있어서도 당분간만 보장되는 것으로 만들어진 것이다. 한일회담의 타결이 정치적인 조정에 의해 이루어지면서, 재일한국인의 법적지위와 대우에 관한 문제도 주고받는 식으로 타결되고 말았고, 그로 인해 60만 우리 민족의 불안한 생활상태가 협정 이후에도 계속되게 되었다.

평화선·어업 문제

1. 평화선 선포와 그 배경

한일회담 과정에서 한국 측이 일본에 내세웠던 협상무기 중 가장 큰 것이 평화선 문제였다. 평화선은 1952년 1월 18일에 이승만 정권의 '해양주권 선언'으로 발효되었다. 이 선은 1945년 9월 27일 연합군사령관 맥아더 원수가 일본점령과 함께 선포한 맥아더라인과 거의 같다. 맥아더라인에 대해 미국은, 일본에는 일본을 방위하는 군사경계선이라고 선전했고 한국에는 한국의 주권이 미치는 수역경계선이라고 통고했다.

1951년 9월 8일 조인된 샌프란시스코 강화조약 제9조는 "일본국은 공해公海에 있어서의 어렵의 규제 또는 제한 및 어업의 보존과 발전을 규정하는 2개국 간과 다수국 간의 협정을 체결하기 위해 희망하는 연합국과 조속한 시일 내에 교섭을 개시하기로 한다"라고 되어 있고, 한국도 제9조의 권리를 향유할 수 있도록 21조에서 규정하고 있다. 이에 따라 일본은 미국과 캐나다와의 어업회담을 1951년 11월 일본 외무성에서

시작해 1952년 5월 9일에 어업협정을 체결했다.[18]

그러나 미국 및 캐나다와의 어업회담이 진행되는 동안, 같은 일본 외무성 건물에서 진행되던 한·일 예비회담에서 한국 측이 어업협상을 제의하자 일본은 준비가 되지 않았다는 구실을 내세워 시간만 끌었다. 이에 한국 측은, 일본이 시간을 끄는 까닭은 맥아더라인의 철폐를 기대해 그후에 회담을 하는 것이 유리하다고 판단한 것이라고 생각했다. 한국대표단은 귀국과 더불어 이승만 대통령에게 건의해 한국전쟁 중인 1952년 1월 18일, 일본이 어업회담을 거절한 지 2주 만에 평화선을 선포한 것이다.

이 '인접해양에 대한 주권에 관한 선언'에서는, 기존의 국제선례와 국가의 영구한 안녕 및 보안의 필요에 따라 취해지는 조치라는 것과, 그 범위는 한반도 및 연해안으로부터 50~60해리에 걸친 배타적 전관 어로수역이라는 것을 선포하였는데, 그 요지는 다음과 같다.[19]

첫째, 대한민국은 한반도의 인접해역과 연해안의 상하에 현존하거나 혹은 장래에 발견될 광물, 해산물 등 모든 자연자원을 보호·개발하기 위해 국가의 주권을 보전하며 또 행사한다.

둘째, 대한민국 정부는 멸종될 우려가 있는 자원이 남획·감소·황폐되어 한국과 그 국민에게 손해를 끼치게 되는 것을 방지하기 위해 동 수역 내의 모든 자원과 이에 관련된 수산물을 정부의 감독·관리하에 둔다.

셋째, 대한민국은 신발견, 연구 혹은 이익 등 장래에 발생하는 새로운 정세에 맞추어 보호수역의 경계선을 수정할 수도 있다.

넷째, 이 선언은 공해상의 자유항해권을 방해하지 않는다.

이러한 한국의 평화선 선포에 대해 일본은 같은 해 2월 9일, 미국은 2월 11일, 대만은 6월 11일, 영국은 1953년 1월 11일, 한국정부가 부당한 조치를 취한 것이라고 항의했다.

이승만 정권이 평화선을 선포하자 일본은 마침 고등어 성수기를 맞아 수산청의 감시선뿐만 아니라 보안청의 함정까지 출동시켜 출어하는 어선을 호위하려 했다. 그런데 일본이 어선 호위를 위해 함정을 출동시키기 직전인 1952년 9월, 당시 유엔군 사령관인 클라크 대장은 '공산게릴라의 침투와 밀수를 단속하기 위해서'라는 명목으로 평화선과 거의 동일한 클라크라인을 제정했다.

클라크라인은, 한국전쟁이 격렬하던 당시 한일 간의 이러한 충돌은 전쟁을 수행함에 있어서 좋지 않다는 미국의 기본적인 동아시아 정책에서 출발했지만, 외견상으로는 일단 한국의 입장을 지지하는 형태로 나타났다. 클라크라인은 휴전과 함께 폐지되었다. 그렇지만 평화선은 맥아더라인과 클라크라인에 의해 방어선으로서의 의미가 강화되었고, 또 이러한 과정이 평화선에 대한 미국의 묵시적인 옹호를 나타내고 있어, 일본은 평화선에 대해 강력한 행동을 보이지 못했다.

한국정부는 평화선 선포 이후 이의 관리를 위한 관계법령을 제정해 공포했다. 1952년 10월 우선 〈해안침범단속령〉과 〈나포심판소령〉을 제정하였고, 이어 12월 12일에는 〈어업자원보호법〉을 법률 제298호로 제정했다. 이 법률은 제1조에서 경계선 내의 해안어업자원을 보호하기 위한 관리수역을 지정하고, 제2조에서 "동 수역 내에서 어업을 하려는 자는 주무장관의 허가를 받아야 한다"라고 규정했다. 또 국적을 막론하고 한국정부의 허가를 받아야 하며, 이를 어길 경우 나포·처벌하는 것으로 되어 있다.

평화선을 고수하는 것, 평화선을 철폐하고 직선기선을 그어 12해리 전관수역을 설정하는 것, 이 둘은 어업에 있어서 과연 어느 정도의 차이를 불러오는 것일까? 일본 국립어업연구소에서 발간한 자료를 원용해 분석한 한 논문은, 직선기선을 그어 12해리 전관수역을 설정하는 경우 평화선을 고수하는 것의 10% 정도밖에 안 되는 어획고를 올릴 것이라고 주장하고 있다. 또한 이 논문은 1928년에서 1944년까지 17년간의 기록으로 평화선 내의 총예망수總曳網數와 직선기선으로 12해리 전관수역을 설정할 때의 예망수를 표로 비교해 보여주었다.[20]

■ 평화선과 12해리의 예망수 비교

어업종	트롤			기선저예망		
항목 연도	평화선내의 총예망수	직선기선서 12해리 내 총예망수	%	평화선내의 총예망수	직선기선서 12해리 내 총예망수	%
1928	12,600	900	7.1	-	-	-
29	13,400	900	6.7	-	-	-
30	10,700	1,100	10.3	-	-	-
31	10,100	400	4.0	-	-	-
32	9,900	800	8.1	-	-	-
33	11,400	1,000	8.8	-	-	-
34	12,900	700	5.4	-	-	-
35	9,700	400	4.1	-	-	-
36	14,700	900	6.1	-	-	-
37	12,800	700	5.5	-	-	-
38	6,600	300	4.5	3,000	0	0
39	8,100	200	2.5	2,900	0	0
40	11,600	300	2.6	2,900	0	0
41	5,500	500	9.1	1,400	0	0
42	4,100	1,500	36.6	0	0	0
43	4,600	1,600	34.8	100	0	0
44	900	400	44.4	600	400	66.7
45	-	-	-	-	-	-
평균	-	-	11.8	-	-	-

출처: 〈경향신문〉 1964년 9월 21일자.

---

20 최상, 〈샘솟는 은린銀鱗의 보고〉, 〈경향신문〉 1964년 6월 21일자.

표에서 보는 바와 같이 12해리 전관수역 내의 어획고는 평화선 내의 어획고의 4.0%~10.3%에 불과하다는 것을 알 수 있다. 또한 표에서 보이는 1942년에서 1944년의 고율은, 태평양전쟁 말기에는 서해에서도 먼 거리에서의 어로가 불가능해지자 한국 연안의 저인망 어업금지선이 소홀해져 비정상적으로 나타난 현상이라고 하겠다.

이상에서 보는 바와 같이 평화선의 수호라는 것은 곧바로 우리 어업 존폐의 문제와 이어지는 것이고, 평화선의 철폐는 우리 어장의 방기와 직결되는 것이었다.

2. 평화선 분쟁과 어업회담

한국인들은 평화선의 선포야말로 어족자원을 보호하기 위한 주권국가의 정당방위책으로서 참으로 기민하고도 치밀하며 시의적절한 합법적 비상 조치였다고 보았다. 그러나 일본인들은 이를 명백한 국제법 위반이라고 주장했다. 그리고 제3국인들은 평화선 문제가 안고 있는 어업문제를 가리켜 한일회담의 진전을 가로막는 가장 큰 저해요소라고 했다.

평화선이 선포되자 일본은 즉각 어업회담의 재개를 요구해왔다. 그러나 한국정부는 한일회담의 유리한 고지를 점하기 위한 대항무기로서 평화선을 사용하려 하였고, 이처럼 양측 입장의 대립으로 어업협정은 진전을 보지 못했다. 일본은 평화선의 철폐를 요구함과 더불어 평화선에 의해 발생한 일본어업의 손실에 대한 보상을 주장했다. 이승만 정권은 평화선의 고수에 강경일변도의 정책을 펴, 평화선을 침범하는 일본어선을 계속 나포하고 어부들은 구속 조치했다.

평화선으로 인해 사실 일본어업은 커다란 타격을 받고 있었다. 일본은 연간 270억 엔에 달하는 약 200만 톤의 어획고를 놓쳤다. 제주도 일대에서 놓친 어획고만 연간 13억 엔 상당에 달했다. 그 결과 일본 전체 트롤^{trawl} 수산업[21]의 39%에 해당하는 약 60여 개 회사가 도산 지경에 이르게 되었다.[22]

한국이 평화선을 한일회담의 대항무기로 사용하자, 일본 측은 회담의 다른 주제였던 재일한국인 문제에 대한 강경책으로 맞섰다. 이미 앞에서 설명했다시피 일본은 1956년부터 재일한국인의 북송을 시작했고, 1959년에는 정식으로 북한과 협정을 맺고 교포북송에 열을 올렸다.

평화선에 대한 한국정부의 입장은 1950년대 말부터 서서히 전환하기 시작했다. 한국정부의 입장이 이렇게 변화하기 시작한 것은 1950년대 후반부터 시작된 미국원조의 감소와 그로 인한 한국경제의 불황을 이승만 정권, 장면 정권, 박정희 정권 모두가 일본자본의 도입으로 해결하려 했기 때문이다. 이들 세 정권은 모두 평화선 문제를 청구권과의 교환 혹은 타협하는 도구로 사용했다.

정권 말기에 이승만 대통령은 청구권이 유리하게 타결된다면 평화선의 수정에 일본과 협상할 용의가 있다고 하였고, 장면 총리는 평화선을 한일관계의 '암적 존재'라고 부르면서 일본이 청구권 문제에 성의를 보인다면 평화선은 수정할 수 있다고 확언했다. 이러한 경향은 5·16쿠데타 후에 더욱 노골화되어, 박정희 최고회의 의장은 장면 총리의 발언을 재천명하였고, 김종필 중앙정보부장은 평화선은 국제법에 근거를 둔 것이 아니며 만일 이것이 국제사법재판소에 제소된다면 우리의 입장이 불

---

21 트롤어업은 어선 한 척이 어망을 내려 해저를 긁어 해저에 사는 고기를 잡는 것을 말한다. 한편 저인
    [예]망은 두 척 이상이 그물을 내려 양쪽에서 긁어가는 것이다. 일본의 트롤어선은 보통 500톤이 넘었
    으며, 기선저인망 어선도 300톤이 넘었다. 저인망의 경우 20척 이상이 한꺼번에 끄는 경우도 있었다.
22 유기주, 앞의 논문, p.105.

리해질 것이라는 요지의 발언을 했다. 이에 대해 일본정부는 만일 한국이 평화선에 대해 융통성을 보인다면 청구권 문제를 조정할 용의가 있음을 시사했다.

이렇게 한일 양국정부의 견해가 조정되면서 한국정부는 평화선을 양보할 수밖에 없다는 암시를 계속 만들어냈다. 먼저 한국정부는 한국의 해양경비력의 부족으로 일본어선의 나포를 도저히 계속해낼 역량이 없다고 주장했다. 정일권 국무총리는 국회에서, 평화선을 방위하려면 약 10만 달러를 들여 해양경비력을 증강해야 한다고 증언하면서 평화선 양보는 불가항력적임을 암시했다. 또 한국정부는 평화선이 한국 수산업을 침체상태로 몰아넣었을 뿐만 아니라, 이것 때문에 어민소득이 30달러 선에 머물러 어민의 안녕복지를 해치게 되었다는 해괴한 이론까지 폈다.[23]

한일 양국정부 간에 평화선과 어업문제에 대한 의견의 합일점을 찾는 과정에는 미국의 영향도 적지 않았던 것 같다. 미국의 허터 국무장관은 1960년 3월 1일 양유찬 주미 한국대사에게 보낸 각서에서 "한국정부가 공해상에서 일본인 어부와 어선을 나포하고, 또 이 어선을 억류하고 어부를 금고형에 처하고 있는데, 이러한 행위는 한일관계를 현저히 손상시키고 있다"고 통고했다. 이것은 평화선 문제에 대한 미국의 최초의 발언이었고, 동시에 일본의 입장을 옹호한 것이었다.

한국정부가 평화선에 대해 융통성을 보이기 시작하자, 한일 양국의 어업회담은 구체화되기 시작했다. 그러나 평화선의 수정을 전제로 한 회담에 있어서도, 어떻게 어업회담을 타결할 것인가라는 점에 대해서는 구체적인 부분에서 이견異見이 생겨났다.

첫째, 전관수역專管水域에 대한 원칙의 문제이다. 즉 전관수역을 몇 해

---

23   유기주, 앞의 논문, p.110.

리로 할 것인가라는 문제이다. 이에 대해 한국 측에서는 40해리를 주장하였고, 일본 측에서는 12해리를 주장했다.

둘째, 전관수역의 기준에 관한 문제이다. 즉 전관수역을 설정함에 있어서 그 측정의 기준이 되는 선을 어떻게 그을 것인가 하는 문제이다. 1958년 국제해양법회의에서 채택된 〈영해 및 접속수역에 관한 조약〉에 의하면 기준선을 정하는 방식은 "연해의 저조선低潮線을 그대로 기준선으로 해, 그곳으로부터 12해리를 평행선으로 그어서 안쪽을 전관수역으로 한다"고 되어 있다. 그런데 이 조약의 특례규정에는, 연안선이 육지에 깊숙하게 들어가 있고 또 복잡하게 얽혀 있는 경우와 연안에 이어서 가까운 거리에 섬이 있는 경우에는 적당한 지점을 연결하는 직선을 기준으로 하도록 하고 있다. 일본은 전자의 방식을 고집하였고, 한국은 후자의 방식을 주장했다.

셋째, 공동규제수역의 설정에 관한 문제이다. 이것은 한일 양국이 어

■ 기준선에 대한 양국 주장의 차이

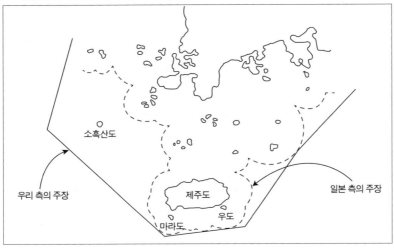

소흑산도

우리 측의 주장

제주도

우도

마라도

일본 측의 주장

족자원의 보호를 위해 어획량의 제한과 어선 수의 제한, 그리고 기술적인 문제(그물눈의 크기, 집어등의 밝기)를 어느 정도로 할 것인가 하는 점이다. 공동규제수역을 설정함에 있어서 한·일 양국은 기본적으로 합의를 보았으나, 그 범위, 구체적으로는 제주도 부근의 어장을 포함시킬 것인가를 두고 논란이 있었다. 하지만 더 심한 논란은 어선 수의 규제를 두고 일어났다. 대한해협 근처에는 1,900여 척의 일본어선이 출어하고 있었는데, 한국 측에서는 이것을 1,000척으로 제한할 것을 요구했다. 이에 대해 일본 측에서는 도저히 받아들일 수 없다고 주장했다.

공동규제수역, 즉 일본어선이 특정 지역에서는 제한된 어업을 해야 한다는 규정은, 일본 제국주의가 식민지 조선을 통치할 때 스스로 만들어 놓고 있었다. 1929년 〈조선 어업보호 단속규칙〉에 의해 트롤 및 저예망 어업의 금지선을 설정했던 것이다.

3. 어업협정과 그 평가

〈어업에 관한 협정〉은 전문과 본문 10조, 의사록, 양국 서한 각 3통과 구상서口上書, 1통의 부속서, 조업안전과 질서유지에 관한 한국 측 서한으로 이루어져 있다. 〈어업에 관한 협정〉에는 한일회담 과정에서 문제가 되었던 평화선에 대한 언급이 빠져 있다. 평화선의 존속여부에 대해 아무런 규정이 없는 것이다. 이것은 기본조약에서 생겨난 해석의 이중성을 또다시 발생시켰다. 이 문제에 대해 1965년 2월 25일 일본 중의원 예산위원회 제2분과회의에서 시나 외상은, "어업회담의 성립이 이라인(일본인은 평화선을 이렇게 불렀다)의 철폐를 전제로 하는 것이므로, 우리는 이라인의 존재를 주장하는 이상 절대로 어업회담에 응할 수 없고, 절충도 있을 수 없습니다"라고 언명했다.

이러한 시나 일본 외상의 발언에 대해 한국 측에서도 평화선의 존립 여부에 대해 논란이 있었다.

　　이동원 외무장관　평화선문제에 대해서는 그 철폐를 전제로 하는 농상회담이 열렸던 것이 아니고, 또 시나 외상이 어떠한 발언을 했는지 모르지만, 평화선 양보 운운하는 것에 대해서는 근간에 다소 신문에서 보도되는 것이 있지만 사실무근입니다.

　　정운근 의원(민정당)　평화선은 1952년 1월 18일에 국방상 혹은 어업자원 보호를 위해 설정했던 것인데, 그 평화선 사수를 만장일치로 결정했던 것입니다. 금번의 기본조약 가조인 시에 평화선에 대해 어떠한 묵계가 있었던 것 같은 느낌이 듭니다.

　　이동원 외무장관　확실히 답변할 수 있습니다. 어떠한 약속도 묵계도 없었습니다.

　　김대중 의원(민주당)　평화선은 존재한다, 평화선은 철폐하지 않았다, 이것은 극히 간악하게 국민을 속이는 것입니다. 이 외무장관에게 묻습니다. 평화선은 장래에도 존재하는 것입니까?

　　이동원 외무장관　당국으로서 모든 의원님들에게 답변하는 것은 평화선은 건재하다는 것입니다.

한국의 이러한 논의를 염두에 두고 아카기 일본 농상은 다음과 같이 발언했다.

이라인(평화선)이라고 하는 것은 어업의 선이고 국방의 선이라고 하지만, 우리는 이것이 국제법상 부당불법의 것이므로 인정할 수 없다는 입장에 서 있습니다. 그러나 사실상 이러한 선을 설정해 우리의 안전조업을 방해하고 있으므로 그러한 방해는 모두 철폐되어야 한다는 합의가 되어 있습니다. …… 우리는 그러므로 실질적으로 이라인의 철폐를 실현했다고 생각하고 있습니다.

이렇듯 평화선 문제에 대해 해석의 이중성을 낳게 함으로써, 한일회담은 가장 중요한 문제들에 대해서는 교묘한 테크닉을 구사해 한일 양국민의 반대투쟁에 대한 대항무기로 사용했음을 또다시 보여주고 있다. 어업회담에서 평화선 문제를 논외로 하면서 구체적인 문제에서 어떻게 타결되었는지 세분해 고찰해보겠다.

① 전관수역

전관수역에 대해서는 한국 측에서는 40해리, 일본 측에서는 12해리를 각각 주장하였음은 앞에서 설명했다. 실제의 협정에서는 제1조 1항에서 12해리로 전관수역을 설정한다고 되어 있다.

② 기준선

기준선에 관해서는 역시 제1조 1항에서 "단, 일방 체약국이 이 어업에 관한 수역의 설정에 있어서 직선기선을 사용하는 경우에는 그 직선기선은 타방 체약국과 협의해 결정한다"고 규정하고 있다. 이 제1조 1항의 규정에 대한 교환공문에서, 한국은 서해안과 남해안 일대 및 동해안의 울산만과 영일만에서 일정한 직선기선을 사용할 의향임을 일본 측에 알렸고, 이에 이의가 없다는 일본 측의 회한을 받았다. 이로써 한국 측의 전관수역을 주요 항구별로 보면, 인천항에서 65해리, 군산에서 45해리,

■ 한일어업규제도

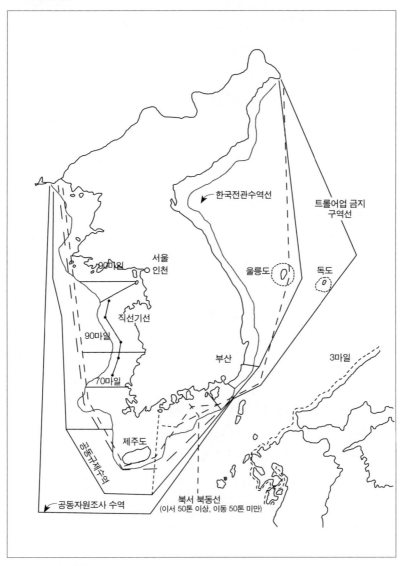

한국전관수역선

트롤어업 금지
구역선

90마일
서울
인천

울릉도

독도

직선기선

90마일

70마일

부산

3마일

공동규제수역

제주도

북서 북동선
(이서 50톤 이상, 이동 50톤 미만)

공동자원조사 수역

출처: 공보부, 〈한일회담의 어제와 오늘〉, 1965, p.3

목포에서 70해리, 여수와 충무는 38해리, 부산에서 18해리, 동해안과 울릉도·독도의 주변은 각각 12해리, 그리고 제주도 주변은 이 수역의 외측 한계선만을 표시하기도 낙착되었다.

결국 한국 측이 기준선 설정에 있어서 주장하였던 직선기준선의 사용은 다시 좌절되었고, 일본의 주장이 받아들여졌다. 일부 직선기선의 사용이 허용된 곳은 주요 어장과 관련이 없는 곳뿐이었다. 황금어장이라고 불리는 제주도 주변과 울릉도 독도 주변의 주요어장은 상당한 제한을 받게 되는 셈이었다.

③ 공동규제수역

협정 제2조는 공동수역에 관해 규정하고 있다. 제3조에서는 "양 체약국은 공동규제수역에서 어업자원의 최대의 지속적 생산성을 확보하기 위해 필요한 보존조치가 충분한 과학적 조사에 의거해 실시될 때까지, 저인망어업, 선망어업 및 60톤 이상의 어선에 의한 고등어낚시어업에 대해 본 협정과 불가분 일부를 이루는 부속서에 규정한 잠정적 어업규제조치를 실시한다(톤이라 함은 총톤수에 의하는 것으로 하며, 선내 거주구 개선을 위한 허용 톤수를 감안톤수에 의해 표시함)"라고 규정하면서, 구체적인 것은 부속서와 의사록에서 규정하고 있다.

공동규제수역의 본래의 목적인 일정한 수역에서의 지속적인 어업을 보장하기 위한 자원의 보호는 이후 과학적인 조사가 이루어질 때까지 미루고, 구체적인 것은 부속서와 의사록에서 잠정적 조치로 규정했다. 제3조에서 규정하고 있는 잠정적 조치는 최고 출어척수 또는 통수, 어선 규모, 그물눈의 크기, 집어등의 밝기, 감찰 및 표지이다.

의사록에서 잠정적 조치로서 제한한 공동규제수역에서의 연간 총어획기준량은 고등어어업의 경우 15만 톤으로 하고 10%의 변동을 인정하며, 이에 대해 행정지도를 하도록 합의했다. 이와 같은 어획량의 제한은 얼핏 보기에는 과거의 일본어선이 한국 근해에서 도획盜獲해간 30~35만 톤을 최소한도로 낮추는 데 성공한 것처럼 보이나, 이것은 어디까지나 공동규제수역만의 연간 총어획기준량일 뿐이다. 즉 평화선 내의 여타 수역의 어획고에 대해서는 상관하지 않고 있는 것이다.

또 부속서 I에서 50톤 미만의 어선에 의한 저인망어업에 대해서는 115척, 50톤 이상의 어선에 의한 저인망어업에 대해서는 11월 1일부터 다음 해 4월 30일까지의 기간에는 270척, 5월 1일부터 10월 31일까지의 기간에는 100척으로 규정하고 있다. 선망旋網어업에 대해서는 1월 16일부터 5월 15일까지의 기간에는 60통, 5월 16일부터 다음 해 1월 15일까지의 기간에는 120통으로 규정하고 있다. 그러나 이러한 시기구분은 어로성수기와 꼭 들어맞는 시기이니, 시기에 따른 제한은 아무런 의미가 없는 것이다.

일본은 이전부터 기선저인망어업과 선망어업을 일본 연해어장에서 몰아내는 동시에 다른 후진국 해안 주변에 침입하게 하는 정책을 수립하고 있었다. 당시 수산업중앙회 운영위원인 정문기 씨는 〈사상계〉 긴급 중간호에서 어업협정을 다음과 같이 분석했다.

금번 어업협정이 실시되면 한국이 처음으로 정식으로 일본의 일본어민을 위한 기선저인망정책을 받아들이는 나라가 될 것이다. 이 협정에 잠정적이란 말을 썼는데 기선저인망 어구가 우리 연해에서 활동하면 5년 이내에 자원이 고갈되는 동시에 우리 어업은 자멸될 것이다. 선망 기타 어구로 고등어, 조기 등 모든 수산자원도 잠정적이라는 미명하에 마음껏 잡아가도록 협정되어 있는데, 반면에 우리나라 고등어 건착망巾着網 어업을 위시해 안경망安鏡網, 중선

中船 등 어업은 물론이요, 기선저인망 어업과 정치망 어업 등 거의 주요한 어업이 전부 멸망해버린다는 것이 협정보다 몇 만 배나 더 큰 문제다.

또 정문기 씨는 협정에 충분한 과학적 조사가 완료될 때까지 보존조치를 미룬다고 되어 있는데, 당시 한국의 과학기술로는 단시일에 조사할 수 없다고 지적하면서, 과학적 조사를 실시한다면 일본인들이 주동이 되어 언제 그 결과가 나올지 막연한 일이라고 했다.

④ 공동규제에 관한 재판권

협정 제4조는 "어업에 관한 수역의 외측에서의 단속(정선 및 임검을 포함) 및 재판관할권은 어선이 속하는 체약국만이 행하며, 또한 행사한다"고 규정하고 있다. 공동수역 내에서의 보존조치의 이행에 있어 일본어선이 범칙하면 일본정부가 단속하고 일본법에 의해 일본법정에서 범칙여부를 판결한다는 것이다. 이것은 공동 규제수역의 보존조치가 현실적으로 거의 불가능하게 되었음을 뜻하는 것이다.

⑤ 어업에 있어서의 경제협력

어업에 공여되는 일본 자금은 청구권자금 중에서의 9,000만 달러와 선박수출을 위한 3,000만 달러의 민간신용으로 구성된다. 이 중에서 일본의 대한對韓 선박수출을 위한 민간신용 제공이 비교적 적게 할당되었다는 것은, 한국 어로활동과 고도로 발달한 기술과 풍부한 재력의 뒷받침을 받는 일본어업과의 경쟁을 곤란하게 만들고 있다고 보아야 할 것이다. 또 이 상업차관이 청구권자금 중에서 제공되었다는 것은, 한국의 수산개발을 위한 일본정부의 단순한 호의적 배려 이외에, 한일협정에 있어서 청구권 문제와 어업문제의 관계가 어떠한 것이며, 그 해결이 어떻게 이루어졌는가를 잘 상징하고 있는 것이라고 하겠다.[24]

우리가 평화선·어업문제를 인식함에 있어서 가장 기본적으로 생각해야 하는 것은 한일 양국간의 어업기술의 차이이다. 한국은 어업부문에 있어서 일본과 비교도 되지 않을 만큼 차이가 나고 있다. 이에 평화선은 근접국인 일본의 어업기술의 발달과 우리 어업의 정체라는 조건 속에서 우리 어업을 보호하자는 차원의 것이었다. 어로경쟁에 있어서 방어적인 입장을 취할 수밖에 없는 한국이, 외교적 교섭과정에 있어서 공격적 입장을 취했던 것이 평화선이었고, 평화선은 무력에 의한 일본어선 나포와 어부의 구금으로 유지되었던 것이다. 이러한 유리한 위치를 확보한 한국으로서는 한일회담에서 구태여 평화선·어업문제를 회담의 의제로 해야 할 하등의 이유가 없었다.

그러나 평화선에 대한 한국 위정자들의 인식은 의외로 낮았다. 그들은 평화선을 한일회담에서 협상을 위한 도구로만 사용했다. 평화선이 그어졌던 것부터가 한일 예비회담에서 한국 측이 어업문제를 회담의 주제로 할 것을 주장한 데 대해 일본이 순순히 응하지 않자 취해졌던 것이고, 그 결정과정에서도 이승만 대통령은 처음에는 거절했다가 다음에 다시 응해 이루어진 것이다. 또 이승만 대통령은 평화선에 대한 추가성명에서 "신정세에 맞추어 수정할 수 있다"고 해 한일회담의 도구로 삼겠다는 의지를 암시했다. 이후 장면 정권이나 박정희 정권은 평화선의 수정 내지 포기를 노골적으로 표명했다.

---

24 유기주, 앞의 논문, p.122.

평화선을 주권국가로서의 대한민국이 인접 해안에 대해 선언한 주권 선언이라고 할 때, 자기 영해에 대한 주권을 방기한 채 당면한 경제적 불황을 타개하기 위한 청구권자금 도입의 대가로 흥정한 것은 필연적으로 주권을 팔아넘겼다는 비판을 불러올 수밖에 없었다.

3장

한일 경제협력의 배경과 그 전개

한일회담과 한국경제

해방 이후 한국경제는 식민지 유제의 청산과 자립적 생산구조의 수립이라는 민족적 과제를 안고 있었다. 그러나 일본경제권에서의 탈피는 생산 순환성의 이탈을 불러왔고, 해방과 함께 국토가 양분되어 한반도 내에서의 생산연관도 깨어져 생산의 정체를 겪었다. 또한 2차대전 말기에 일본 제국주의에 의한 극심한 수탈과 흉년이 겹쳐 절대적인 공급부족을 생겼다. 설상가상으로 자립적 생산구조를 수립하는 데 주요한 근간이 되는 농지개혁은 실패하고, 일제로부터의 귀속재산도 관권과 결탁한 정상배政商輩에게 돌아가 민족자본의 형성이 아니라 오히려 관료 독점자본 형성의 기초가 되고 말았다.

이렇듯 자립경제의 수립이라는 민족적 과제가 실패하는 과정에서, 미국의 원조는 해방 직후의 경제적 혼란기와 한국전쟁에 따른 경제파탄과 그후의 부흥기에 절대적으로 부족했던 공급을 채우고 들어왔다. 원조는 10여 년간의 과정을 지나면서 한국경제의 새로운 틀을 결정지었다.

원조는 2차대전 이후 미국을 중심으로 한 국가독점자본주의 국가들이 세계경제의 재편과정에서 당면했던 시장부족이라는 문제를 해결하려는 노력의 하나였다. 이는 식민지에서 독립한 후진 자본주의 국가들이, 빈곤의 극복과 자주적 경제발전을 위해 추진한 경제개발 과정 중에서 당면한 자본부족의 문제에 편승한 것이다.[1]

원조는 선진국 독점자본의 운동양식의 하나이다. 자본의 운동은 자본주의가 형성된 이래 역사적 조건에 따라 변화했다. 제2차 대전 후에는 원조 → 유상 공공차관 → 민간 상업차관 → 직접투자·합작투자(주식투자 포함)라는 단계로 진행되었다. 2차대전 후의 자본운동이 이러한 형식을 띤 것은, 신생 저개발국에서 민족주의가 고양되어 개별적인 민간자본의 활동에는 위험이 있었기 때문이다.[2]

따라서 2차대전 후의 독점자본의 새로운 운동양식인 원조는, 외부적 조건의 변화에 대응한 지극히 우회적인 이윤추구의 과정이라고 보아야 할 것이다. 우리나라에 주어진 원조의 경우에도 이러한 성격으로 파악되어야 하지만, 단지 우리나라의 원조는 군사적 성격이 큰 비중을 차지한다는 것이 다른 점이다.

미국의 대한원조는, 미군정과 정부수립 초기에는 주로 GARIOA원조(점령지역 구호원조)와 ECA원조였다. 한국전쟁과 함께 대한원조는 유엔 안전보장이사회의 결정에 따라 유엔군사령부가 한국민 구호의 권한을 이양받아 CRIK원조(한국민간구호계획)로 전환되었다. GARIOA원조는 1945년에서 1948년까지 총 4억 1,000만 달러가 제공되었고, ECA원조는 1949년에서 1953년까지 1억 7,600만 달러가 제공되었다. CRIK원조는 1950년에서 1956년까지 4억 5,700만 달러에 달했다.

---

1 박찬일, 〈미국의 경제원조의 성격과 그 경제적 귀결〉, 《한국경제의 전개과정》, 돌베개, 1981, p.69.
2 박찬일, 위의 논문, p.70.

그러나 이상 미군정에서 한국전쟁에 이르는 시기의 원조는 모두가 소비재 중심의 원조였다. 이에 따라 생산은 확대되지 않은 채 국민의 소비수준은 고양되고, 소비구조는 대외의존적이 되었다. 그리하여 국민경제의 기반이 되는 민족기업은 원조물자의 국내시장 범람으로 생존 기반을 잃고 말았다.

휴전 후 미국의 대한원조는 UNKRA원조, FOA원조, ICA원조, 그리고 PL480호 원조가 주축이 되어 이루어졌다. UNKRA원조는 유엔이 한국전쟁 때부터 공여해온 것으로 휴전 이후 본격화되어 1960년까지 10년간에 걸쳐 방출된 자금이 1억 2,200만 달러에 달하고, 그 중 65% 정도가 미국에 의한 것이었다. UNKRA원조는 생산시설의 복구와 건설에 집중된 것이 특징이며, 특히 광공업 부문에 집중 투자되었다. FOA 원조와 ICA 원조는 약 17억 4,500만 달러가 제공되었으며, 이것은 같은 기간 중 전체 대한원조액의 76.3%를 차지하는 것이었다. 이 FOA원조와 ICA원조는 준군사적인 성격을 띠는 것으로, 경제원조라고 할지라도 경제적 효과는 극히 미약할 뿐만 아니라 자립적 경제구조의 형성과도 거리가 먼 것이었다.

미국의 원조물자는 한국 내의 시장가격으로 판매되었다. 그 자금을 대충자금계정對充資金計定으로 정립하고, 적립된 자금을 합동경제위원회(Combined Economic Board, 1952년 5월 설립)에서 미국과 협의해 사용하는 것이었다. 대충자금의 사용목적은 산업자금 방출과 군사비 지출로 인한 재정적자의 보충에 있었다. 1960년의 재정규모로 볼 때 국방비가 35%이고 치안유지비까지 합하면 42%에 달해, 목적이 재정적자의 보충이라고는 하지만 실제로는 군사적 성격임을 알 수 있다. 또한 방대한 규모의 대충자금이 없었다면 산업부흥에 정부의 적극적인 자금지원이 불가능했을 것이라는 점은, 이 시기에 형성된 자본의 정부 의존적·관료적 성격을 규정하는 요인이 되기도 한다.

해방 직후부터 계속된 원조는, 1950년대 말에 이르러서는 총 30억 달러에 달하는 막대한 물량이었다. 10년 이상 계속된 원조는 이제 원조 없이는 유지될 수 없도록 한국경제의 체질을 왜곡시켰다. 1956년과 1957년 GNP에 있어서 원조가 차지하는 비중은 각각 22.5%와 22.9%에 달하였고, 국가재정의 50%를 넘었다. 이렇게 막대한 비중을 차지한 대한원조는 1950년대 후반에 이르러 한국경제의 특수한 틀을 형성시켰다. 또한 미국의 원조가, 해방 직후와 한국전쟁기의 절대적인 공급부족에 편승해 막대한 양으로 제공되었기에 한국의 공업을 원조물자의 가공에 머무르게 했다. 더구나 원조가 소비재를 중심으로 이루어짐으로써, 생산설비의 증강에 의한 산업구조 전반의 연관성을 상실한 채 미국경제에 종속된 소비재공업만 파행적으로 발전했다.

소비재를 중심으로 하는 원조물자 가공산업의 파행적 발전은 원료에 있어서도 대외의존성을 심화시켰다. 또한 PL480호에 의해 미국 잉여농산물이 국내 농산물보다 싼 가격으로 도입되었을 뿐만 아니라, 1957년 41만 9,000석, 1958년 207만 7,000석, 1959년에 87만 2,000석이 초과 도입되어 만성적인 저곡가를 초래했고, 이에 따라 한국농업은 정체하게 되었다.

미국 원조의 또 하나의 귀결은 우리의 소비구조를 미국상품 소비에 맞게 변화시켰다. 밀·설탕 등의 소비증대와, 방직공업의 설비가 미국 원면에 맞게 전환된 것 등을 예로 들 수 있다. 또 원조물자의 국내 판매과정은 특권과 특혜의 결탁과정이 되어, 귀속재산의 불하와 함께 권력과 결합된 관료 독점자본 형성의 주요한 요인이 되었다.

한국경제에 결정적인 역할을 한 미국원조는 1957년을 고비로 1958년부터는 점차 감소한다. 그것은 1950년대 말의 달러위기와 함께 미국의 원조능력이 한계에 이르렀기 때문이라고 해석할 수 있다. 그러나 다른 측면에서 본다면, 그것은 원조에 의해 조성된 기반 위에서 이제 민간자본의 침투가 시작되었다는 것으로 이해할 수 있다. 원조가 감소되기 시작한 직후인 1958년에서 1959년에 걸쳐 미국이 1,230만 달러의 재정차관을 처음으로 제공한 것으로 보아, 원조의 감소가 전후 자본운동 양식의 과정이라는 것이 분명히 드러난다.

미국 원조의 감소는 당장 한국경제에 혼란을 야기했다. 여기에 1950년대 중반의 무분별한 투자로 일부 원조물자 가공업종에 과잉설비가 이루어져 혼란은 더욱 가중되었다. 1957년에 7.7%였던 GNP 성장률은 1958년에 5.2%, 1959년에 3.9%, 1960년에 1.9%로 격감했다. 주요공업의 가동률도 면방적공업이 1958년에 80%, 1959년에 84.2%로 떨어졌고, 면방직공업은 각각 70.2%와 70.8%로 하락했다.

원조의 감소와 그에 따른 경제적 혼란은 한국경제의 새로운 전환을 요구했다. 그간의 원조가 주로 소비재와 소비재공업의 원료를 중심으로 이루어졌다는 데서, 원조의 감소가 미치는 영향은 보다 즉각적으로 나타났다.

급속한 원조의 감소로 인한 부족분을 메우기 위해, 단기적으로는 그동안 무상으로 받아왔던 원조물자를 이제는 차관이라는 형식의 외상도입으로 들여와야 했다. 또한 장기적으로는 원조에 대체할 생산체제의 마련이 요구되었다. 즉, 무상으로 주어졌던 물자를 계속 외상으로 들여올 수는 없으므로 원조물자를 대체할 상품을 자체로 생산하는 생산체제가 구축해야 했던 것이다. 더욱이 원조가 급속한 템포로 감소되었다는 것으로 말미암아 생산구조의 구축 또한 급속히 진행되어야 했다.

1950년대 말, 당시 이승만 정권이 한국경제의 자체적인 생산체제의 구축을 따른 경제개발 계획을 수립했다. 그러나 이 정권은 당면한 경제적 혼란을 제대로 수습하지 못하였고, 더불어 정치적 타락으로 치달아 결국 4·19혁명으로 붕괴하고 말았다. 5·16쿠데타 후의 군사정권도 쿠데타 직후부터 경제개발을 정책의 제일과제로 내세웠다. 하지만 이 정권이나 박 정권은 모두 민중적 기반을 갖지 못했고, 그로 인해 정치적으로 대외의존성이 내재해 있었다. 이러한 정권의 불안정은, 전후 선진 자본주의 국가의 자본운동에 따른 원조의 다음 단계인 공공차관, 상업차관, 직접투자 등으로 진전을 이룰 수가 없었다. 다시 말하면, 원조의 단절에 따른 공급의 감소를 극복하고, 장기적인 계획하에서 일시적인 어려움을 버티면서 자립적 재생산 구조를 마련할 만한 역량이 없었다는 것이다. 따라서 경제정책은 원조에 대체되는 차관의 도입에 의한 공백의 메꿈으로 나타났으며, 결국 전후 독점자본의 운동양식에 그대로 따라가게 된 것이다.

이로써 경제개발계획은 자립적 재생산 구조를 수립하려는 노력으로 진행되지 못하고, 외국자본의 도입에 의존하는 대외의존적인 것으로 추진되었다. 따라서 이러한 정책적 방향은 일본자본의 도입에 적극적인 모습으로 귀결되고 말았고, 이는 한일회담에 대한 적극성과 굴욕성으로 표출되었다.

전후 일본의 경제상황

전후 일본 자본주의 또한 패전으로 인해 극도의 혼란과 파산상태에 처해 있었다. 점령 초기 미국의 대일정책은 전쟁의 승리자로서 적국 일본에 대한 철저한 분쇄정책이 그 기조를 이루고 있었다. 먼저 미국은 일본 군국주의 세력의 정신적 지주로서 신격화되어 있던 천황의 인간선언을 하게 하였고, 그와 더불어 황실의 재산을 동결했다. 또 일본군대를 해체하고 경찰력을 마비시켰으며, 탄압관계 법령을 폐지하고 군국주의 시대의 정치범을 석방했다. 한편 경제적으로는 독점재벌을 해체하고 농지개혁을 단행했다.

일본에 대한 미국의 점령정책은 1946년 말을 경과하면서 변화하기 시작했다. 전후 일본의 경제상태가 극도로 악화되면서 일본 내의 혁명운동이 강력히 전개되어, 점령군과 일본 독점자본 측에서는 사회불안의 확대를 좌시할 수 없게 되었다. 이로써 미국의 일본 점령정책은 변화했다. 대일원조를 개시해 일본 독점자본주의의 온존과 재건을 계획하게된 것이다. 미국의 일본 독점자본주의 재건계획은 점령지역 구호원조

GARIOA로 시작되었다. 또 1948년부터 미국의 정책이 동아시아에서 일본을 사회주의 국가에 대응하는 방벽의 중심으로 하는 내용으로 굳어지면서 점령지 경제부흥자금EROA이 투입되기 시작했다.

1948년 중국의 공산화가 명확해지면서 미국은 일본을 공산권에 대항하는 동아시아 방벽의 거점으로 삼게 된다(1948년 점령지 경제부흥자금의 공급으로 생산확대를 위한 원자재가 제공되었다). 원조와 보조금에 의해 자본주의만이 아니라 일본 독점자본주의를 보다 건재한 형태로 재건해 반공의 동맹자로 만든 것이다.

한국전쟁의 발발로 미군의 특수特需가 발생하고, 냉전체제의 급진전과 함께 서구 제국의 군비확대로 필요물자 구입에 곤란을 겪는 후진국을 상대로 한 수출의 증대에 힘입어, 일본경제는 1950년 말부터 다시 호황을 맞는다. 1951년에는 1934~1936년의 전쟁 전 수준까지 회복해 전후 자본주의의 새로운 전기가 되었다.

한국전쟁은 일본경제에 두 가지의 중요한 변화를 가져왔다. 그 하나는 미국이 일본에 병참기지로의 역할을 부여함으로써 가져온 변화다. 한국전쟁을 치르면서 미국은 일본에서 막대한 금액의 군수품을 계속해서 발주해, 소위 한국전쟁 붐을 조성했다. 이로써 일본경제는 현저히 호전되었다. 다른 하나는 일본경제가 호전되었다는 것을 이유로 미국의 대일 경제원조가 끊겼다는 점이다.

일본 자본주의는 한국전쟁 특수로 인한 붐이 끝나면서 1954년 공황을 맞는다. 일본 자본주의는 이 공황을 계기로 전시와 전후를 통해 온존해왔던 구식 고정설비의 폐기와 교체를 이룩하였고, 한국전쟁 이래 수출의 증가로 축적된 외화를 바탕으로 고도성장기에 들어갔다.

전후 10년이 지난 이 시기까지 일본경제는 전시 이후의 낡은 설비가 대량으로 온존하고 있었다. 그러나 한국전쟁이 끝난 후 1954년의 공황을 거치면서 더 이상 낡은 설비로서는 경제가 운용될 수 없었다. 그래서 고도성장은 주로 국내시장을 중심으로 한 설비투자의 증대로 이루어진 것이다. 또 외적인 조건도 일본경제에 중화학공업화를 이끌었다. 미국은 전략적인 의도에서 일본의 중화학공업화와 잠정적 군사력을 요구하고 있었다. 이러한 조건으로 인해 미국이 자금과 기술을 원조하고 일본의 국가 독점자본주의가 이를 뒷받침함으로써 일본의 중화학공업화를 가능했다.

1954년 이래 고도성장을 이룩한 일본경제는 급속한 성장을 계속해서 1956년의 소위 신무경기라는 호황을 누렸으나, 1957~1958년의 세계 공황의 여파와 함께 한 차례의 불황을 겪었다. 1956년의 열광적인 설비투자는 과잉을 초래하였고, 수에즈동란으로 원자재 가격이 급상승해 수입이 격증함으로써 현저한 수입초과를 낳았다. 이것은 1957년의 외환위기를 발생시켰고, 이에 일본정부는 금융긴축과 수입억제 정책으로 대처함으로써 경제 전반에 걸쳐 불황을 초래하였다. 1957년 5월에서 1958년 1월 사이에 광공업 생산은 11.8%가 감퇴했고, 그후 밑바닥까지의 불황으로 이어졌다.

그러나 불황은 잠시였다. 1958년 후반부터는 경기가 회복되기 시작해, 1960년과 1961년에는 설비투자 붐이 일어나 '이와도경기'를 낳았다. 기계, 철강, 알루미늄, 자동차, 전기, 정유, 석유화학 등의 중공업 건설은 해마다 40%씩 증대했다. 전체적인 설비투자가 급증해 연평균 23.6%의 설비투자 증가율을 보였다.

하지만 1962년에 철강 등에서 과잉생산이 생기자, 설비투자가 감소하고 경기불황이 초래했다. 1963년으로 접어들면서 대기업에서의 신규 설비투자가 하락하고, 1964년과 1965년에는 공황상태로 들어갔다. 특히 기계부문에서의 과잉축적과 과잉생산으로 기업간의 신용이 막대한 양으로 상승해, 1965년에는 적자공채의 발행도 할 수 없는 지경에 이르렀다. 따라서 설비투자는 줄어들고 중소기업은 도산으로 치달았고, 대기업도 생산축소를 할 수밖에 없었다. 몇몇 대기업은 도산하기도 했다.

이 시기 세계경제는 무역자유화의 물결에 싸여 있었다. 1958년에는 유럽 여러 나라의 통화교환성이 회복되고, EEC유럽경제공동체가 결성되었다. 1960년에는 달러위기가 닥쳐, 미국은 달러방위정책을 펴고 있었다. 이에 따라 미국은 일본에 대해 무역자유화를 요구하게 되었다. 또 OECD에 가맹함으로써 외국으로부터의 직접투자와 무역의 경상거래를 제한하지 않는 의무를 지게 되었다. 무역자유화 비율은 1959년에 30%에 지나지 않던 것이 1964년에는 93%로 대폭 늘어났다.

일본이 한일회담에 적극성을 보이기 시작하는 1958년의 4차회담 이후의 시기는, 일본 자본주의가 고도성장을 이룩하면서 해외시장에 대한 요구가 점차 강렬해지기 시작하는 시기와 일치한다. 더구나 박정희 군사정권하에서의 6차회담의 시기는, 일본 자본주의가 고도성장기의 구조적 모순이 전면에 부각되면서 불황을 겪는 구조적 불황기였다. 1955년에서 1961년에 이르는 일본 자본주의의 고도성장기는, 일본 국내시장에 근거를 둔 설비투자 주도형 고도성장이었다. 이것이 1962년에 이르면, 그 한계가 드러나면서 해외시장진출 요구가 보다 강력히 대두된 것이다.

한일회담기의 한일 경제관계

1. 개요

한일회담은 미국의 동아시아 정책에서 비롯된 한일 양국 협조체제에 대한 요구로 성립되었다. 그것이 회담의 후반기, 즉 1958년 이후 특히 5차와 6차회담의 시기인 1960년 이후부터는 한일 양국의 경제적 요구가 구체화되면서 급진전을 보게 된다. 당시의 장면 정권과 박정희 군사정권은 1950년대 후반 이후 미국원조의 격감으로 혼란상태에 빠져 있던 한국경제를, 외자를 도입해 경제개발계획을 실현함으로써 구하고자 했다. 또 일본은 1955년에서 1961년에 걸친 고도성장기의 후반에서 야기된 과잉생산을 해결하기 위한 해외시장의 창출이 주요한 과제로 설정되었다. 이러한 양국의 경제사정이 양국정부에 한일회담을 진전시킬 이유가 되었다.

한일 경제협력이라는 미명 아래 진행된 대한對韓 경제진출에서 일본 독점자본이 실현하려고 했던 기본구상과 요구는, 1965년 10월에 발표한 한국생산성본부와 일본경제조사협회의 공동조사보고서인 〈한일 경제협력의 방향과 그 배경〉에 어느 정도 포괄적으로 표현되어 있다. 요약한다면, 후진국인 한국과 선진공업국인 일본 사이에 수직적인 국제적 분업관계를 설정하고, 한국의 경제구조와 값싸고 풍부한 노동력 시장구조를 그것과는 완전히 대조적인 경제구조와 노동력 시장구조를 지닌 일본경제에 결부시켜, 일본경제가 당면하고 있는 여러 구조적 모순을 해결한다는 것이다. 구체적으로는 일본에서 사양斜陽·저생산성 부문(노동집약 부문)을 한국에 이양하는 구상과 결합된 한국산 농림·수산물의 구매증대 및 한국의 경공업과 중소기업에 대한 기술지도 계획, 이미 노후된 설비를 한국에 불하하는 구상과 결부된 생산수단 및 자본 공급계획 등이다.

여기에서 일본의 의도는, 제2차 세계대전 후 20여 년간에 걸쳐서 누적된 일본 자본주의의 여러 구조적 모순처리를 위한 유력한 배출구를 만들려는 요구에 기초하고 있고, 그 진출의 구체적 방책으로서는 국가자금을 최대한으로 활용하고 민간자본에 의한 본격적인 직접투자 중심으로 생각하고 있다는 사실이다. 이러한 기본구상에 기초한 일본자본의 대한진출은 국가자금인 청구권자금을 실마리로 해 민간 상업차관 및 직접투자 주축의 두 단계를 거쳐 이후 실현되어갔다.

양국의 경제적 요구는 한일회담이 타결되어 양국의 국교가 정상화된 이후 현실화되었다. 외자도입을 요구하던 한국은, 1974년 6월말까지 총 47억 5,440만 달러의 외자도입액 중에서 일본이 차지하는 비중이 13억 2,610만 달러로 27.9%에 달해, 일본으로부터의 외자도입이라는 목적을 달성했다. 일본에서는 수출상대국 중에서 1968년에서 1970년과 1973년에는 미국에 이어 한국이 두 번째 위치에 놓였고, 1971년과 1972년에는 5위를 차지했다. 일본의 총 수출액 중에 차지하는 비율도 1970년대

중반까지 약 4% 정도를 유지했다. 반면 한국 측에서 보면 총수입 중 일본이 40%를 점하고, 원자재와 자본재에 있어서는 거의 결정적인 지위를 차지하고 있다. 이렇게 일본은 한국을 상품수출시장으로 정착시키고 있다. 그런데 한일 양국간의 경제교류는 한일회담 이후부터 시작된 것은 아니었다. 한일회담 이전인 1964년에 이미 일본에 대한 한국의 수입의 존도가 27.2%에 달하고 있었다.

2. 1960년 이전의 한일 경제관계

1945년 해방 이후부터 1960년에 이르는 시기의 한일 간의 경제관계는 미군의 물자를 일본이 조달하는 방식과, 미국의 대한 원조물자를 일본에서 구입해 한국에 제공하는 방식에 의한 간접적인 교류를 중심으로 전개되었다.

이 시기의 한일 경제관계를 조명해보면, 먼저 1949년 3월 26일에 한일 통상회담이 개최되어 같은 해 4월 23일 한일 통상협정이 조인된다. 1950년 6월 2일에는 한일통상에 관한 특별협정이 체결되고, 이어 6월 23일에는 한일 해운잠정협정이 체결된다.

1951년 11월 7일 한일 간 무역청산협정이 발효되는데, 이는 한국전쟁 중 복구자재 등의 매입이 증가하면서 미국이 현금거래를 하지 않고 일정기간으로 나누어 상호 매입고의 차액을 청산하는 방식인 청산계정방식으로 한일 간의 무역을 전환시킨 것이다(한일 청산계정에 의해 누적된 것이 1965년에 이르러 4,573만 달러에 달하였고, 이것은 청구권자금 중에서 변제되었다). 한일 간의 무역은 1955년 8월과 1959년 6월 재일교포의 북송과 관련해 양국간의 외교관계가 악화되면서 중단되기도 했다.

이 시기의 한일 경제관계에서 중요한 비중을 차지한 것은 한국전쟁 중의 특수特需였다. 특수는 미군이 전쟁수행에 필요한 물자를 일본에서 조달함으로써 이루어진 것으로, 전후 일본 자본주의의 부흥에 커다란 영향을 미쳐서 특수 붐이라는 호황을 누리게 했다.

1950년대 말에 이미 한국은 일본의 주요한 시장이 되고 있었다. 1959년 6월 현재 신용장 개설 중에 있는 통상관계는 수입이 총 869만 7,000달러로서, 그 중 ICA 원조자금 민수부문이 319만 3,000달러, 관수부문이 357만 2,000달러이고, 일반 무역부문이 193만 2,000달러이며, 수출 343만 달러로 대일 무역역조 현상을 나타냈다. 일본과의 통상은 연평균 6,000만 달러 내외로 그 중 ICA 자금에 의한 것이 3분의 2를 차지했다. 1959년 상반기에 한국은 매월 평균 2,300톤의 압연 강철판을 일본에서 수입했고, 또 주로 ICA 경로를 통해 철도부속품, 주철관 및 전선을 수입하고 있었다.

여기에서 드러나는 것과 같이 이 시기의 한일 경제관계는, 미국이 원조물자를 일본에서 구입해 한국에 제공하는 방식이 중심을 이루었고, 한일 간의 직접적인 통상은 보조적인 역할에 머물렀다. 이 시기 한일 간의 경제관계가 이러한 양태를 띤 것은, 2차대전의 패전에 따른 전후의 경제적 혼란이 완전히 수습되지 않아 일본 자본주의가 해외시장의 창출에 적극적이지 않았기 때문이다. 이와 더불어 동아시아 정책을 수행함에 있어서 일본을 전략적 중심지로 상정한 미국의 정책에 따라, 미국은 일본의 경제력 회복에 도움을 주기 위한 하나의 방식으로 한국에 제공하는 원조물자를 일본에서 구입한 것이다.

3. 일본자본의 침투

1960년부터 일본 독점자본의 대한진출은 본격화하기 시작했다. 이것은 1958년 이후 미국이 달러방위정책을 취하면서 후진국에 대한 원조를 대폭 삭감하기 시작한 직후의 일이다. 미국의 원조가 줄어들면서, 미국 원조에 결정적으로 의존하고 있던 한국경제는 곧바로 침체와 혼란에 빠져들었다. 무엇보다도 한국경제는 미국의 원조 없이도 운용될 수 있는 체제를 갖추어야 했다. 이에 당시의 정책당국자들은 원조의 감소에 따른 갭을 메우기 위해 외자의 도입을 적극적으로 추진하고, 이것을 기반으로 경제성장을 이룩하려 했다. 이러한 갭을 채우고 들어온 것이 일본의 독점자본이었다.

앞에서 논한 것과 같이 2차대전 후의 자본의 운동양식은 원조 → 공공차관 → 상업차관 → 직접투자·합작투자라는 계기적 발전을 이루었고, 한국 역시 동일한 과정을 거쳤다. 그런데 우리나라에 들어온 원조의 대부분이 미국에 의해 이루어졌음에도 불구하고, 원조에서 다음 단계로의 이행에는 일본이 상당히 많은 비중을 차지했다. 원래의 자본운동 양식대로라면, 막대한 원조를 쏟아넣은 미국이 그 원조에 이은 공공차관·상업차관·직접투자의 과정도 전면적으로 장악해야 했을 것이다. 그런데 그것이 일본에 대위代位되어 적어도 상당한 부분이 일본으로 돌아갔던 것이다. 이것은 다음과 같은 두 가지 이유로 설명될 수 있다.

첫째, 무엇보다도 중요한 것은 미국의 동아시아 전략에 있어서, 미국은 일본에 동아시아 군사동맹의 맹주 위치를 부여하고 있었다는 사실이다. 이것은 경제부문에 있어서도 일본의 위치를 결정 짓는 중요한 계기였다. 앞에서 살펴본 것처럼 미국은 일본을 동아시아 반공방벽의 보루로 하는 전략을 수립했고 그와 함께 일본에 대한 점령정책도 일변시켜 일본의 경제부흥을 꾀하였다. 미국은 일본에게 전략적 중심 위치를 부여함과 아울러 경제적 우위도 부여한 것이다. 이로 인해 한국에 대한 자본진출도 일본에 상당한 부분을 할애했다고 볼 수 있다.

둘째, 비록 미국의 테두리 내에서 이루어진 것이라고 하더라도, 1950년대 중반 이후 일본 자본주의의 부흥은 일본의 대외경쟁력을 확보하고 있었다는 점이다. 독점자본 상호간의 경쟁에서 일본 독점자본이 한국에서 어느 정도 미국과 경쟁해 자기위치를 점할 수 있게 되었다. 이것은 일본 독점자본의 부흥과 더불어 한국이 일본의 인접국이라는 유리함, 과거의 식민지 지배 경험으로 다른 나라들보다 한국을 정확히 알고 있다는 점, 또 언어의 문제 등 문화적인 동질성도 이루어져 있었다는 점 등이다. 여기에 장면 정권과 박정희 군사정권의 친일적 속성은 더욱 일본의 진출을 촉진시키는 요인으로 작용했다.

이처럼 유리한 조건에서 일본은 당시의 '이와도 경기'에 부응해 한국 진출을 시작했다. 이미 1959년에 미쓰이 물산에 이어 미쓰비시 상사도 서울에 직원을 파견했다. 이승만 정권은 1959년 6월 재일교포의 북송과 관련해 일본에 대한 제재조치로서 취했던 대일교역 중단을 거두어들여 1960년 4월 4일 대일교역을 전면 재개하였다. 9월 16일에는 일본경제 사절단이 방한했다. 1961년에는 당시 장면 정부가 대일 무역제한을 철폐하였고, 4월 22일에는 한일 통상협정(현금결제를 주 내용으로 하는)을 조인했다.

한일 간의 무역을 위한 단체도 잇달아 창설되었다. 한일경제협회(한국 측 회원회사 26사, 일본 측 회원회사 85사), 한일친화회, 한일어업협회, 한일 우애협회 등이 결성되었다. 일본 독점자본 간의 과당경쟁을 해결해 대한 경제협력을 효과적으로 할 목적으로 일본 재계의 창구를 일원화하는 코리아공업진흥주식회사가 설립되었고, 이에 대해 1962년 2월 한국 측은 한국공업진흥회를 만들어 한국의 수입체계를 형성했다. 또 1961년 7월에는 한국정부의 친선사절단이 일본을 방문하였고, 9월에는 한국경제사절단이 방일했다. 이렇듯 일본 독점자본의 한국진출이 구체화되기 시작해 일본의 일류 상사로서 한국에 진출하지 않은 상사는 없을 정도였다.

1960년에서 1965년 사이의 일본 독점자본의 한국진출방식은 다양했다. 먼저, AID 등 미국의 경제원조에 파고들어 미국의 자금을 재원으로 일본의 기업이 상품·플랜트 수출을 하는 방식이다. 미쓰비시 물산은 이러한 방식으로 미잉여 농산물의 대한공여에 가담했다. 그리고 플랜트 수출, 기술제휴 등으로 침투하려고 하는 일본 독점자본 자체에 의한 것으로, 닛산 자동차에서는 새나라 자동차와 기술원조라는 형태로 진출했는데, 그 특허료만 해도 판매고의 4%에 달했다. 또한 한일회담에서 경제협력 협정이 이루어질 것을 예상해, 한일 간의 정식 외교관계와 통상관계가 수립된 이후에 정식계약을 하는 것을 내용으로 하는 가계약이 체결된 것도 상당수 있었다.

그리고 중소기업의 진출도 있었는데 선반철공소 등과 같이 일본에서는 이미 도산한 회사가 한국에 진출해 다시 설립되는 경우도 많았다. 마지막으로 재일교포의 본국에 대한 재산반입이라는 형태의 일본자본의 진출이다. 정부에 의해 발표된 것만 보아도 1963년 말까지 2,600만 달러가 반입 허가되었는데, 상당부분이 일본 독점자본의 우회침투가 포함되어 있었다.

이렇게 진출한 일본 독점자본은 한국의 수입에서 매우 커다란 비중을 차지하고 있었다. 한일회담이 타결되어 한일 국교정상화가 이루어지기 전부터 일본은 이미 한국에 진출해 한국경제에 중요한 비중을 차지하고 있었던 것이다.

대일 청구권자금의 사용내역

대일 재산청구권은 김종필·오히라 메모를 통해 기본적인 합의를 보고, 이후 이동원 외무장관과 시나 일본 외상의 회담에서 수정되어, 무상자금 3억 달러, 유상자금 2억 달러, 상업차관 3억 달러로 최종 결정되었다. 그 중 상업차관을 제외한 한일 양국정부 간에 이루어진 5억 달러가 어떻게 사용되었으며, 그 실질적 효과는 어떠한 것이었는가를 분석해보도록 하겠다.

당시 박 정권은 〈청구권자금의 운용 및 관리에 관한 법률〉을 제정해 청구권자금을 사용했다. 1966년부터 1975년에 걸쳐 도입된 대일청구권자금의 총액은 5억 달러로 그 중 무상자금이 3억 달러, 유상자금이 2억 달러였다. 청구권자금의 연차별 사용실적은 1차년도인 1966년에 8,459만 2,000달러로 최고를 기록하고, 10차년도인 1975년에 3,148만 4,000달러로 최저를 기록했다.

청구권자금의 사용실적을 부문별로 나누어 살펴보면, 먼저 농림부문의 경우, 농업용수개발에 농업부문 전체 도입자금의 42.3%인 1,642만

■ 청구권 자금의 연차별 사용실적 (단위: 1,000달러, %)

자금별 연차별	무상		유상		계	
	금액	구성비	금액	구성비	금액	구성비
1차(66)	39,915	13.3	44,677	22.3	84,592	16.9
2차(67)	34,668	11.6	27,389	13.7	62,057	12.4
3차(68)	27,979	9.3	17,813	8.9	45,792	9.2
4차(69)	24,059	8.0	11,070	5.5	35,129	7.1
5차(70)	25,995	8.7	8,894	4.4	34,889	7.0
6차(71)	29,205	9.7	8,000	4.0	37,205	7.4
7차(72)	29,798	9.9	34,900	17.5	64,698	12.9
8차(73)	29,613	9.9	5,004	2.5	34,617	6.9
9차(74)	28,016	9.3	41,521	20.8	69,537	13.9
10차(75)	30,752	10.3	732	0.4	31,484	6.3
계	300,000	100.0	200,000	100.0	500,000	100.0

자료: 경제기획원편, 〈대일청구권자금백서〉, 1976, p.29 [표 I-3~1]

1,000달러, 농업기계화 사업에는 동력경운기 및 트랙터, 불도저 등의 기자재 도입에 760만 9,000달러가 사용되었다. 수산업 부문의 경우는 어선건조 및 도입에 1,646만 3,000달러, 디젤기관 부품과 디젤기관 완제품 도입에 182만 달러, 수산진흥사업에 필요한 각종 기자재 도입에 수산부문 도입총액의 39.4%인 1,071만 2,000달러 등에 사용되었다.

광공업 부문에는 전체 청구권자금의 약 55.6%가 사용되었는데, 포항종합제철 공장건설과 산업기계공장 시설의 확장, 그리고 철광개발 등에 1억 2,293만 1,000달러, 각종 원자재 도입에 1억 3,282만 5,000달러가 사용되었다. 사회간접자본 확충 및 서비스 부문에서는 수송 및 통신시설의 확충에 청구권자금 총액의 22.6%인 4,520만 2,000달러, 경부고속도로 건설에 필요한 각종 기자재 도입에 689만 2,000달러, 남해교 건설 등에 218만 6,000달러, 화차 및 객차의 건조재 도입에 2,027만 2,000달러, 소양강다목적댐 건설에 2,161만 4,000달러 등이 사용되었다.

한편, 1966년부터 1975년까지 10년에 걸쳐 조성된 원화자금[3] 총액은 1,506억 원 규모에 달한다. 계정별로 보면 징수금계정[4]이 1,139억 원, 차관계정[5]이 367억 원으로 되어 있다. 정부는 대일청구권자금의 도입에 의해 조성된 원화자금을 효율적으로 관리·운용해 경제개발에 기여하게 하고, 민간 보상문제 등을 원활하게 타결하기 위해 〈청구권자금의 운용 및 관리에 관한 법률〉 제6조에 의거 〈청구권자금관리 특별회계법〉을 제정, 운용했는데, 1976년도의 청구권자금관리 특별회계예산에 의한 세입 총액은 135억 5,400만 원에 이르렀다. 이상에서 볼 때, 1976년의 청구권자금 특별회계예산의 세입액을 합해 1966년부터 1975년까지 조성된 원화자금 총액은 징수금계정 1,167억 3,700만 원, 차관계정 474억 1,000만 원, 도합 1,641억 4,700만 원에 이른다.

이 원화자금의 세출내역을 계정과목별로 살펴보면, 징수금계정에서 농업기계화 사업, 농업기반 조성, 기타 농림·수산업 지원, 축산진흥, 농업연구, 농업자재 검사시설 등의 농업증산 및 농촌진흥사업에 337억 5,300만 원이 투입되었고, 기간산업의 육성을 위해 포항종합제철 공장 건설에 징수금계정 세출 총액의 16.5%에 해당되는 174억 4,200만 원 등을 사용하였다. 한편 차관계정의 세출내역을 보면, 차관 원금상환에 103

---

3 원화자금이란 일본이 공여한 청구권자금에 의한 물자의 국내 판매로 인해 정부에 들어온 자금을 말한다. 미국의 원조물자 판매로 인해 조성되었던 대충자금과 동일한 개념으로 파악하면 된다.

4 〈청구권자금관리 특별회계법〉 제3조 1항에 의하면 징수금계정은 협정 제1조 1(A)의 규정에 의해 일본으로부터 받은 자금에 의해 도입되는 물자의 판매수입과 용역의 제공을 통해 징수되는 금액 및 이와 관련되는 기타 수입을 세입으로 하고, 공업·임업·수산업·중소기업·광업·기간산업·사회간접자본을 확충하는 사업과 기타 경제발전에 이바지하는 사업 및 〈청구권자금의 관리에 관한 법률〉 제5조의 규정에 의한 민간청구권의 보상과 동법 제4조 3항의 규정에 의해 청구권자금관리위원회가 정하는 경비를 위한 지출을 세출로 한다고 규정하고 있다.

5 〈청구권자금관리 특별회계법〉 제4조 1항에 의하면, 차관계정은 협정 제1조 1(B)의 규정에 의해 정부가 일본국으로부터 받는 차관자금의 전 대금의 원리금 회수, 차관자금의 운용으로 생기는 원화자금 융자금의 원리금 회수 및 기타 수입을 세입으로 하고, 경제발전을 위한 융자, 차관원리금 상환 및 기타 차관자금의 운용에 필요한 경비를 위한 지출을 세출로 한다고 규정하고 있다.

억 1,500만 원, 차관 이자상환에 177억 7,200만 원 등이 사용되었다.

위에서 서술한 바와 같이 쓰인 대일청구권자금이 이 기간 동안의 한국경제 운용에 어떠한 역할과 비중을 차지했는가를 각각 살펴보면, 총자본 형성에 대한 대일 청구권자금에 의한 고정자본의 형성 기여도는 제조업이 3.9%, 건설업이 3.8%, 농림수산업이 3.7%, 전기·수도가 21%, 운수·통신이 1.0%, 공공행정 및 서비스가 각각 0.6%, 광업이 0.4%의 순이다.

한일 경제협력의 역사적 귀결

오늘날의 한일관계는 1965년 한일 간 국교정상화에 따른 기본조약의 체결에서 비롯된다. 이 한일조약의 체결은 미국의 극동전략의 전환, 즉 달러방위를 위해 대한원조를 삭감하고 일본에게 그 대리를 요구한 정책변화의 배경으로 성립되었다. 이 조약의 체결에 따라 청구권자금이란 명목으로 일본은 무상 3억 달러, 재정차관 2억 달러, 상업차관 3억 달러 이상의 자금공여를 약속했다.

한일 국교정상화 이전의 일본자본의 한국진출은 은폐된 모습으로 나타났다. 미국원조의 일본 내 구입, 한국기업과 미국기업이 계약한 것을 다시 미국과 일본의 기업 간에 계약하는 결합방식, 교포의 재산반입 이용, 기술지도 후 수출 원자재에 로얄티를 포함하는 형태의 기술제휴가 이루어진 정도였으나, 이것은 일본자본의 한국진출 모색과정으로 그 후 국교정상화와 함께 일본자본의 급격한 진출의 밑받침이 되었다.

전후 15년간의 폭발적 성장으로 경제대국으로서의 면모를 갖춘 일본경제는 기간산업의 재편성, 독점자본의 지배 강화라는 2대 지주를 한국

전쟁의 부산물로 이룩하였으나, 국제수지에서의 주기적인 적자현상의 타개라는 과제를 안고 있었다. 일본경제는 폭발적인 성장과정 속에서 ① 기술혁신과 신기술의 산업화에 따른 시설의 재고화, ② 산업간 발전의 불균등 확대에 따른 사양산업의 대량화, ③ 무선별적인 기술개발로 인한 공해산업의 거대화 등의 갖가지 모순들을 싹틔웠고, 이러한 성장의 찌꺼기를 처리하지 않으면 안 될 상황에서 그 판로를 아시아지역에 대한 수출로써 해결하고자 하였던 것이다.

기본조약의 체결을 계기로 한국에 진출한 일본 독점자본은, 한국 민족경제의 자립적 발전이란 측면과는 완전히 배치된 채 일본경제의 구조적 모순을 그대로 한국경제에 이식시켜놓았다. 당시 한국의 경제적 상황을 보면, 제1차 5개년계획에 의해 공업구조로의 급격한 전환과 함께, 수출지향적 경제정책으로 막대한 자금을 필요로 했다. 그러나 미국원조의 삭감으로 한국정부는 일본자본의 도입이 절실해졌다.

이러한 양국간의 경제상황으로 한국의 일본자본의 도입과 일본의 독점자본 진출 요구라는 양측의 이해가 결합되었고, 이것이 한·일 경제협력으로 구체화된 것이다. 사양산업과 저생산성 부문의 산업시설 그리고 낙후된 공해산업이 한국으로 이전된 것에서 보듯, 일본의 식민지 통치에 대한 배상으로서가 아닌 자본의 논리에 따른 대외진출이었던 것이다.

이렇게 시작된 일본자본의 대한진출은 1969년에 이르러 직접투자의 형태로 변모한다. 이는 직접투자를 인정하지 않겠다는 정부의 입장이 전면 후퇴해, 원리금 상환의 누진적 증대와 수출가득률 저하에 따른 외화위기를 미봉적으로 해결하기 위한 직접투자 유도로 바뀌면서 더욱 가속화되었다. 마산 수출자유지역의 설치는 이러한 정책의 일환으로, 입주기업의 90%가 저임금 노동력을 목표로 한 일본의 중소기업임을 볼 때 일본자본의 대한침투의 심각성을 엿볼 수 있다.

1970년대에 들어서자 한·일 블록경제 건설을 골자로 하는 야쓰기플랜(한·일 장기경제협력 시안)이 제시되어 일본자본의 대한침투는 더욱 구체화되었고, 1972년 제3차 5개년계획의 개시와 더불어 '자립경제'와 '자주국방'을 표방하는 제3공화국은 중화학공업 육성을 위한 고리로서 일본자본의 논리에 더욱 유착되어갔다. 제4차 5개년계획이 시작되면서 대량의 외자도입을 근저로 하는 한일합작투자회사KIDC 구상이 등장했지만, 그 규모의 방대함과 양국간의 이해 대립으로 무산되었다.

제5공화국의 제5차 경제개발계획에서도 민중적 차원에서의 민족경제 확립이나 자립경제와는 배치되는 수출주도형 고도성장을 변함없이 추구했고, 더욱이 환태평양연대 구상의 일환으로서 한·일 중화학공업 블록을 형성하려는 일본의 요구에 적극적으로 호응해 일본자본 침투를 계속 유도하고 있는 실정이다.

한·일 간 경제협력의 기본논리는, 한국경제가 일본경제로 하청화되는 유형으로 편입되는 길이다. 1983년까지 대일 무역적자는 268억 달러에 이르고, 일본의 무역총액에서 한국이 차지하는 비중은 불과 7% 정도인데 비해 무역흑자에서 차지하는 비중은 10.4%였다. 한국의 무역적자 총액에서 일본이 차지하는 비중은 18년간 합계 75.5%를 나타내고 있어 일본과의 수직적인 분업체계 하에서 종속화된 한국경제의 모습이 여실히 드러난다.

한일 국교정상화에서 비롯된 한일 경제협력의 귀결은 국민경제의 높은 대외의존과 그 구조적 파행성, 산업 및 기업 간의 분업관련의 결여 등 부정적 측면을 심화시킨 것으로, 일본자본의 운동 그 자체가 귀결한 것이다. 한일 경제협력 과정에서 공해산업의 수출과 일본인의 경제 동물적인 수탈행위로 빚어진 한일민족 간의 적대감정은, 한국 민중의 저임금에 기초해 막대한 초과이윤을 획득해가는 일본자본의 파렴치한 수탈행위가 가속화됨으로써 더욱 극대화되고 있다. 한일협정 체결이 독점 재벌과 반민중적 정권의 이해, 그리고 미국의 동북아전략의 변화과정에 서 비롯된 까닭에, 한국경제의 반민족·비민중적 대외의존을 더욱 심화 시키고 있고, 이는 오늘 대일 종속화로 구체화되고 있는 것이다.

4장

한일회담 반대운동

한일회담 반대운동의 개요

한일회담을 둘러싸고 1964년과 1965년에 걸쳐 일어났던 반대운동은 당시의 정치·사회·경제적 구조하에서 한국에 산적해 있던 다양한 요구가 표출된 공동투쟁이라 볼 수 있다. 반대운동은 박 정권의 폭정에 대한 항의 내지 직접적 생활문제, 혹은 반일反日 감정이나 반미反美 감정에서 비롯된 다양한 요구로 일어났다. 그리고 이러한 것들이 민족적 자존과 결합해 한일회담 반대운동의 성격을 전체적으로 민족주의적인 것으로 만들었다.

박 정권과 한일회담을 반대하는 회담 반대운동의 지향점은 '반외세·반독재'의 요구인데, 이것은 학생운동에서 제일 먼저 자각적으로 나타났다. 물론 당시의 야당이나 언론을 통해서도 반외세 반독재의 요구는 날카롭게 나타났지만, 기본적으로는 박 정권과 같은 논리적 토양 위에 있었고, 부분적·냉소적이었던 것에 불과했다. 결국 이러한 제도권 내의 저항은 강력한 탄압과 회유 속에서 스스로 공중분해되고 말았다.

그러므로 여기에서는 가장 조직적으로 반대투쟁을 벌여 정권과 첨예하게 대립했던 학생운동을 주로 살펴볼 것이며, 학생운동이 정권과의 관련 속에서 어떻게 자기주장을 나타내었으며 체계화시켜갔는지를 살펴볼 것이다. 구체적으로는 운동을 고양시키는 주요한 계기의 평가, 대중운동 고유의 가속화되는 자기역동自己力動이 전체 사회에 어떠한 영향을 파급시키며 흘러갔는지 등을 시기구분을 통해 분석·평가할 것이다.

회담 반대운동은 크게 1964년과 1965년으로 대별한다. 두 시기로 대별하는 근거는 박 정권이 1964년에는 6·3계엄령을 통해 겨우 자기보존을 해나갔던 것에 비해, 1965년에는 완전히 자신의 프로그램에 따라 회담을 진척시키면서 무한정의 탄압을 가했다는 점에서이다.

1964년의 반대투쟁

1964년 반대투쟁은 다음과 같이 세 시기로 나눈다.

① '3·24시위 및 4월정국'으로, 1964년 3월 24일부터 5월 초까지이다. 여기에서는 민정이양 후 최초이자 4·19이래 최대의 시위인 3·24~3·31 까지의 한일회담 반대시위 및 이것이 미치는 영향, 특히 김종필 라인의 약화로 인한 박 정권 자체의 동요를 다루고, 학원사찰, 괴소포 사건에 초점을 맞춘다.

② 5월 11일부터 5월 말까지 일어난 '민족적 민주주의 장례식'과 '무장 공수대의 법원난입'이다. 제2대 정일권 내각의 발족으로 자기 변신한 정권과, 3월 이래의 분산적이고 부차적인 요구를 해온 학생운동 측이 반정부적 운동으로 자기 변신하는 5·20 '민족적 민주주의 장례식'을 살펴보고, 이에 따른 서울 미대 난입사건과 법원 난입사건을 통해 정권 측의 친위 쿠데타적 성격이 드러나는 격화된 정국을 살핀다. 이후 5·25 난국수습 궐기대회와 5월말까지의 휴지기간이 그 대상이 된다. 5월말 서울 문리대 단식투쟁도 중요한 분석대상이다.

③ '6월 시위 격화와 계엄령 그리고 수습'으로, 6월 1일부터 1964년 말까지 계속된다. 집중적인 대상은 6월 1일부터 3일까지의 격렬한 시위와, 계엄령의 선포와 해제, 강·온 대립 및 언론파동으로, 6·3계엄령이 미치는 학생 및 언론에 대한 조치와 야당 내의 분열모습을 다룬다.

1. 3·24시위와 4월의 긴장

① 3·24시위의 경위와 의의

1964년 3월 24일 이전의 시위를 살펴보면, 한·미 간의 행정협정 체결을 촉구하는 시위(1962년 6월)와 군정연장을 반대하는 시위(1963년 3일)가 있었지만, 전국적으로 혹은 범국민적으로 확산되는 기미는 보이지 않았다. 이런 상황에서 1963년 말 총선거 이후에 민간정부가 출범하였다. 민정으로 넘어간 정부는 한일회담의 조속한 타결을 서둘러서 1964년 5월까지 모든 일정을 끝낼 계획이었는데, 이때 야당을 중심으로 한 '투쟁위원회'가 발족해 사회적으로 문제를 제기한다. 이것이 학생들에게 반영되어 나타난 것이 3·24시위이다.

1964년 3월 6일 민정당과 민주당, 자유민주당, 국민의당 등 모든 야당은 '대일 저자세외교 반대 범국민 투쟁위원회'를 결성했다. 또한 1964년 3월 9일 전 야당과 사회·종교·문화단체 대표 및 재경인사 등 200여 명은 '대일 굴욕외교 반대 범국민 투쟁위원회'(이하 투쟁위)를 결성했는데, 이 기구는 다음 해까지 한일회담 반대운동을 이끌어가는 데 큰 역할을 했다. 투쟁위는 1964년 3월 15일 부산에서 한일회담 반대유세를 벌였으며 목포·마산·광주에서도 유세를 벌였다. 또 1964년 3월 21일 서울고등학교 교정에서 유세를 가졌으며, 유세가 끝난 후 세종로네거리까지 시위를 벌였다. 정부 측은 한일회담 반대유세가 있는 날이면 같은 지역에서 경로잔치를 벌이는 등 한일회담 찬성 분위기 유도에 고심했다.

이렇듯 한일회담 타결을 둘러싸고 정치권에서 이론異論이 분분하던 차에, 드디어 3월 24일 오후 서울시내 대학생들의 한일회담 타결반대 시위가 벌어졌다. 3·24시위라 함은 1964년 3월 24일부터 3월 31일까지 이어진 학생들의 시위를 통칭한다.

서울대학교 문리대 학생들은 24일 오후 1시 20분에 교정에서 '민족반역적인 한일회담의 즉각 중지'와 '도쿄 체재 매국 정상배正常輩의 즉시 귀국', 그리고 '평화선 사수' 등을 결의하고 시위에 들어갔으며, 이후 법대생들이 이에 합류했다. 고려대에서는 오후 3시경 교내에서 한일회담을 거부한다는 것과, 김종필의 즉시 귀국을 촉구하는 결의를 하고 시위에 들어갔다. 4시 30분경에는 연세대 학생들이 시위에 들어갔다. 대광고등학교 학생 500여 명이 시위에 들어간 5시 20분을 전후해서는 5,000여명의 학생시위대로 서울시가 소용돌이쳤으며, 수만의 시민이 이에 뒤따랐다.

이날 서울의 동·서·북 세 방향에서 파상적으로 수천 명의 학생들이 의사당 등지로 몰려드는 동안, 경찰은 도합 5차례 60여 발의 최루탄을 발사했으며, 25차례나 시위군중과 육박의 혈전을 했다. 그런데 서울대의 경우 하루 전인 3월 23일 문리대에서 '민족주의 비교연구회' 주최로 한일관계 강연회를 가진 바 있고, 강연회가 끝난 뒤 학생들이 '굴욕외교 반대' 시위를 하겠다는 설이 있었으나 중지되었다. 23일 밤 서울법대 여학생회관에서 비밀리에 간부회의가 열려, 24일 오전 11시에 교내행사만을 벌이기로 하였으나, 정보기관의 끈덕진 방해로 행사가 오후까지 지연되었다. 이에 분노한 학생들은 허수아비에 불을 질렀고, 경찰이 교내에 진입하자 거리로 뛰쳐나간 것이다.

24일 오후 1시 20분쯤 서울대 문리대 학생 300여 명은 교정에 모여 이케다와 이완용의 허수아비를 만들어 '제국주의자 및 민족반역자 모의 화형식'을 거행했다. "매국외교 중지하라", "매판자본 타파하라" 등의 벽보를 교문 주위에 붙인 학생들은 화형식 선언문에서 "반세기 전 총검의 협박과 위협 속에서 을사보호조약을 체결했던 일본 제국주의 전쟁상인들은, 또 하나의 보호조약인 갑진년 대한민국 매매계약을 체결하려하고 있다"며 울분을 토했다. 학생들은 전국 대학생에게 보내는 메시지에서 전국 대학생들의 총궐기를 호소하면서, 1시 50분 허수아비에 불을 질렀다. 이들은 2시부터 경찰과 충돌하는 가운데 4시까지 가두시위를 벌였으며, 이들과 합류하려던 법대생 시위대를 경찰은 공포 3, 4발을 쏘아 저지했다.

고려대의 경우, 3월 13, 14, 19, 20일 각각 토론회와 강연회를 갖고 결의문이나 건의안 및 메시지를 채택하려 하였으나 좌절되고, 불만이 누적되어오던 중 3월 24일 시위에 나서게 된다.

이렇듯 3·24시위는 각 대학의 연결된 사전 조직이라든가 주최 측의 가두시위 계획 없이, 그간의 의사표출 좌절로 누적된 불만과 정치인에 대한 불신 등에 의해 교내시위가 격화되면서 거리로 나온 것이라고 볼 수 있다. 한편 일반 시민들은 3·24시위에서 생활고·경제빈곤·물가고 등의 불만의 돌파구를 찾으려 하였다. 3월 24일에 발표된 서울대 학생들의 선언문은 아래와 같다.

〈선언문〉
……민족 양심세력의 엄숙한 의무를 수행하기 위해서 일본 독점자본의 교활한 음모를 분쇄하여 민족해방과 자주독립을 쟁취하는 새로운 투쟁대열 가

운데에서 자신을 발견하려 한다. 정부는 한국어민의 생명선이며 국가존립의 국방선이며 한국 최대의 미개발 보고인 평화선을, 36년간의 압제와 착취의 대가를, 6억 달러로 흥정하고 있다. 민족문화를 절멸시키고, 오늘의 빈곤을 강요하는 파행적 경제구조를 남겼고, 살인적 정치탄압을 자행한 일본 제국주의자들의 참회가 이 위장된 6억 불이란 말인가?……

〈결의문〉
1. 민족반역적 한일회담을 즉각 중지하고 매국 정상배는 일로 귀국하라.
2. 평화선을 침범하는 일본어선은 해군력을 동원해 격침하라.
3. 한국에 상륙한 일본 독점자본가의 척후병을 축출하라.
4. 친일 주구하는 국내 매판자본가를 타살하라.
5. 미국은 한일회담에 관여치 말라.
6. 제국주의 일본 자민당 정권은 너희들의 파렴치를 신의 앙화를 입어 속죄
   하라.
7. 박 정권은 민족분노의 표현을 날조 공갈로써 봉쇄치 마라.
8. 오늘 우리의 궐기를 역사는 증언하려니와 우리의 결의와 우리의 행동이
   '신제국주의자'에 대한 반대투쟁의 기점임을 만천하에 공포한다.

4·19 이후 최대이자 민정이양 후 최초인 이날의 시위는 정계에 큰 충격을 주었다. 여당은 진압과정에 대한 언급 없이 온건한 논평을 하였으며, 야당 측은 회담의 즉각 중지와 한일회담 대표의 소환을 주장했다. 이날 서울 학생들의 시위 확산을 우려한 부산시경은 24일 오후 비상소집령을 내려 각 학교에 경찰관을 배치하는 등 경비태세에 들어갔다. 대구에서도 경찰은 황색경보를 내리고 학생들의 움직임을 살폈으며, 전남도경은 낮 12시 20분을 기해 황색경보를 발했다. 이 경계경보는 공습경보

에 앞서 발하는 경보이다. 그런데 이날 전남도경은 방공연습이라 하면서 관하에 이 경보를 발한 것이다.

3월 24일의 시위로 283명의 학생과 5명의 시민이 연행되었다. 엄민영 내무장관은 24일 밤 학생들이 질서를 문란케 하였음에 대해 유감을 표시하고, 앞으로 이러한 행동이 일어난다면 1단계, 2단계, 3단계로 나누어 가차 없이 처벌하겠다고 언명했다.

3·24대학생시위에서 주 성토대상으로 지목된 김종필은 3월 25일 일본에 체류하고 있었으며, 일본에서의 공식활동을 전면 중지한 채 유동하는 본국 정정政情을 검토하고 있었다. 그간 한일회담은 김종필의 측면 개입으로 조문작성·조인시기 등 중요한 부분에 상당한 진전을 보았으며, 4월 2일께 열릴 정일권·오히라 회담에서 최종 검토될 예정이었다. 한편 서울에서 발생한 강력한 시위와, 한일회담의 순조로운 진행을 자축키 위해 김종필의 초청을 받아 약속장소로 가던 라이샤워 주일 미대사의 일본 청년의 피습으로 김종필·이케다 회담과 한일 농상회담은 다소 긴장된 분위기에서 열렸으며, 특히 농상회담에서는 한국 측 안이 일본 측에 의해 수락된 것으로 알려졌다. 이로써 농상회담은 사실상 일단락지은 것으로 관측되었다.

3월 25일에는 학생시위가 전국으로 파급되어 부산·대구·전주에서 일어났으며, 서울에도 제2파波가 몰아닥쳐 10여 대학이 참가했다. 25일 오전 정부는 한일회담 반대 학생시위를 수습키 위해 서울시내 36개 대학 학생대표 92명을 초청해 수습회의를 가졌으나 아무런 결론 없이 해산되었다. 대표들은 ① 한일회담의 무조건 중지, ② 체일 대표 소환, ③ 박 대통령과의 면담, ④ 연행된 학생의 즉시 석방 등을 요구하고, 관철되지 않으면 극한투쟁을 전개할 것이라고 선언했다. 이에 고광만 문교장관은 각 대학 대표 1명씩으로 구성된 '사태수습위원회'를 구성할 것을 제의했으나, 학생들은 연행학생을 석방하는 것이 선결문제라고 주장하며 이에 불응했고 오후 1시 모두 회의장에서 나왔다.

전국 경찰의 비상경계 속에 오전에는 지방대학으로 시위가 파급되었고, 오후가 되자 서울대생 1,000여 명은 1시 20분경부터 원남동로터리를 경유해 종로로 행진, 화신로터리를 지나 을지로 입구에서 시청 앞으로 나아갔다. 이들은 미국 대사관 앞을 지날 때 "미국은 한일회담에 개입치 말라"는 구호를 외쳤고, 뉴코리아호텔 앞에서는 연좌해 "일본재벌 물러가라"며 성토대회를 벌였다. 흥분한 학생들이 공사 중인 뉴코리아호텔에 뛰어올라가 간판을 떼어들고 행진해 국회의사당 앞에서 던졌다. 2,000여 명의 연세대 학생들은 11시 30분경부터 '한일 굴욕외교 반대 성토대회'에 들어갔다. 여기에서 시위감행 여부를 묻는 찬반투표가 있었고, 만장일치로 시위감행을 결정했다. 12시 30분 150여 명의 ROTC 학생을 선두로 조를 짜서 교문을 나서 서대문을 지나 의사당으로 향했다. 그밖에 동국대 500여 명, 경희대 1,500여 명은 종로로, 그리고 중앙대 1,000여 명은 중앙청 앞에서 연좌했으며, 한양대 3,500여 명, 건국대 2,000여 명 등은 청와대 입구로 밀려들었고, 청와대 부근에서 수도경비사령부 소속 군인 2개 중대와 대치했다. 이날 중고교생도 상당수 시위를 벌였다.

육군 대변인은 시위진압을 위해 군이 개입하지는 않을 방침이라고 밝혔다. 그러나 국회에서의 질의에 의하면 3월 25일과 26일 사이에 1개 공수대대와 30, 33예비사단이 동원되었으며, 전방에 있는 28사단은 서울 지역을 정찰하고 있었고, 일부 병력이 경복궁 안에 주둔하고 있었다. 이에 대해 국방장관은 '수도경비사령부 설치법' 제2조에 규정된 "재산의 보호와 기타 공안을 위해 필요한 조치를 취할 수 있다"는 조항에 의해 군을 동원시켰다고 말하고, 이번의 군 동원은 유엔군 사령관의 승인이 필요 없으나 이미 사전 통고한 바 있다고 밝혔다.

25일 새벽 시위사태 보고를 받고 진해에서 귀경한 박 대통령은 관계자들과 수습책을 논의하고, 시위대원들이 외친 구호 가운데 ① 김종필의 즉각 소환, ② 매판자본·악질재벌의 제거 등을 주시해 김종필의 소환조치 등을 논의하였으며, 빠른 시간 내로 대통령의 담화가 발표될 것으로 관측되었다.

26일에는 서울시내의 여러 고등학교에서 시위가 있었다. 특히 지방 군소도시에도 시위가 확산되어 각급학교에서 시위가 발생했다. 이날 경기중고 학생들은 뉴코리아호텔 앞에 이르러 '이것이 민족적 민주주의더냐?'라는 플래카드를 펴들고 "굴욕적인 한일회담을 즉시 중지하고 매판자본을 축출하라"고 외쳤다.

이날 박 대통령은 특별담화를 발표했다. 그는 학생들의 애국충정은 이해하나 시위는 외교에 더 이상 도움이 안 된다고 지적하면서, 한일회담에 임하는 대표들에게 학생들의 주장과 정신을 명심하고 회담에서 우리의 주장이 관철되도록 하라는 훈령을 내렸다고 했다. 또 자기의 임기 중 자신에게 부과된 임무를 확고한 신념과 명확한 목표하에 추호도 변동 없이 자신 있게 수행해나갈 것이며, 민주주의 국가에 있어서 이것이 당연히 자신에게 주어진 신성한 권리이며 의무라 했다. 더불어 한일회담이 결말짓게 되면 24시간 안에 누가 애국자이고 누가 거짓말쟁이인지 국민 앞에 심판받게 하기 위해, 1951년 이래 역대 정부가 해온 일체의 한일회담 비밀 외교문서들을 공개하겠다고 약속하고, 학생들에게 학원에 돌아갈 것을 당부했다. 이어 일부 정치인들이, "정부의 자세가 저자세이니, 무슨 흑막이니, 자금의 왕래가 있었느니 하여 국민의 판단을 흐리게 한다"고 비난했다.

26일의 대통령의 담화 이후에도 회담 반대시위가 연일 계속되는 가운데, 박 대통령은 27일 김종필 공화당 의장을 28일 안으로 귀국토록 지시했다. 이로써 3월 타결, 4월 조약문 작성, 5월 초 조인의 스케줄은 결정적으로 타격을 입었고, 정권 내부의 반 김종필계와 야당 측의 김종필 당의장 실각공작이 노골화되었다. 이러한 배경에서 김종필이 귀국하기 직전에, 김동하, 김재춘, 박원빈, 박병권 등 반 김계 예비역 장성들이 청와대를 방문해 주목을 끌었다. 김종필의 세력기반인 공화당은, 김의 실각은 박 정권의 결정적인 무력화 공작이라면서 거당적으로 반대할 기세였다.

3·24학생시위에 앞장선 서울대·고려대·연세대 학생들은, 시위가 3월 28일까지 5일간이나 계속된 후이지만 김종필이 귀국했고, 박 대통령과의 면담약속을 받는 등, 그들의 요구가 일부 수락되자 캠퍼스로 돌아갔다. 서울의 이러한 움직임에 따라 지방의 각급학교도 며칠의 차이를 두고 학원으로 복귀했고, 30일 오후에 11개 종합대학교 대표가 박 대통령과 면담했다. 1주일간에 걸친 시위가 이렇게 막을 내리게 된 것은, 애초 학생들의 주장이 한일회담의 전면적 거부가 아니었고 박 정권의 타도도 아니었기에, 비본질적인 일부 요구조건이 수락되자 더 이상 시위를 벌일 명분과 원동력을 잃었던 까닭이다.

3·24시위에서 나타난 구호를 가지고 시위의 내용을 살펴보면 다음과 같이 분류할 수 있다. ① 한일회담의 즉각 중지 및 평화선 사수, ② 김종필 소환, ③ 일본 매판자본 축출 및 일본 제국주의 말살, ④ 정부 불신과 민생고, ⑤ 경찰 규탄.

①은 '매국적인 한일회담'이라든지 '대일 굴욕외교'식의 회담에 응하는 방법과 조건에 관계되는 구호이다. 이것은 조심스럽게 상황을 가늠해볼 수밖에 없는 첫 번째 시위라는 점에서 기존의 회담반대 단체인 '굴욕외교 반대투위'가 주장해온 정도를 크게 넘어서지 못했다. 이 점에서 단기간에 단절된 3·24시위의 특성을 볼 수 있다. ②는 "민족과 조국이

너희들 한 사람만의 것이 아니다"라는 구호에 잘 나타나는 것으로, 김종필이 상당한 흑막의 그리고 비밀외교의 장본인이지만 정권의 제1인자는 아니어서 초기부터 성토대상이 된 것이다. 이러한 구호는 상당히 설득력 있고 널리 통용될 구호였음이 분명했다. 실제로 김종필에 대한 성토는 정권 내부 반 김계의 움직임을 가속시켰고, 이후에 정권 내부의 혼란을 가져오는 주장이었다. ③은 민족적 감정의 반영이라는 측면과 시위 참가학생들의 자립경제에 대한 욕구, 그리고 그것이 진정한 문제의 해결이라는 측면의 감정과 논리의 동시적 표현이었다. 당시 대학생에게 있어 자립경제에 대한 지향은 상당하였음이 자료에서도 드러난다. ④는 당시 가장 중요한 사회적 문제의 지적이며, 군사정권이라는 반민주적 질서하에서 저질러진 각종 의혹과 부패에 대한 반발이다. 또한 이것은 민중적인 문제의식이 잘 반영된 것이며, 시간이 지남에 따라 주요한 요구로서 위치를 점해간다. ⑤는 학생에게 가해지는 직접적인 탄압에 대한 반발이며, 전항前項에 비해서는 보다 학생 대중적 요구의 반영이다.

이와 같이 시위의 구호를 중심으로 살펴본 바대로, 요구는 정치적·사회경제적·심리적 다방면에 걸쳐서 나타났다. 이것은 학생들에게 한일회담이 회담 그 자체로서만이 아니라 정보·탄압정치 아래서 흑막과 불안, 빈곤문제까지 복잡하게 얽혀 다가왔음을 보여주는 것이다. 이러한 구호의 분산은 반대운동의 초기라는 점에서 이해될 수 있겠고, 상황이 보다 뚜렷해지고 상대의 실체가 뚜렷이 드러남에 따라 한 가지로 모아지게 될 것이었다.

이상의 3·24시위의 분석에서 우리는 몇 가지의 해답을 찾을 수 있다. 첫째, 학생시위 촉발 계기는 한일회담에서 정부·여당이 보여준 '저자세' 외교만은 아니라는 점이다. 그것은 군정 이래 누적되어온 부정과 부패, 사회경제적 불안 및 정보정치·강압정치에 대한 반발이 반일反日이라는—국민감정상 어느 정권하에서나 약간은 용납될 수밖에 없는—이슈를 통해 표출된 것이다.

둘째, 3·24시위는 운동 주체 내에서조차 아직 철저하게 자각하지 못한 현실참여였다는 점이다. 그 이유는 ① 반대운동의 초기형태로서 시위의 성격이 모호하고, 뚜렷한 대상의 실체가 보이지 않는 싸움이었다. ② 기층 민중과 유리가 될 수밖에 없었던 초기의 선진적인 시위였다. ③ 반대운동 주체 측의 확고한 의지가 보이지 않는다. 즉 조직이라든가 싸움의 파고를 높이려는 모습이 보이지 않는다는 점이다.

셋째, 정권 내 두려움이 반영되었다는 점이다. 이는 정권의 본질을 나타내는 1차적 실체인 경찰이 학생시위에 대해 3월 24일 이후 탄압을 하지 않았다는 점, 시위 수습과정에서 대통령의 설득, 브리핑 및 각급학교 PR의 배경이었다. 정권 내 두려움이란 강렬하고 예리한 충격을 받은 정권 내부 권력투쟁의 가열에서 오는 힘의 약화와, 다가오는 4·19 및 보릿고개에 대한 것이었다.

넷째, 3·24시위는 정치적 기상도에 중요한 변화를 주었다는 점이다. 그것은 정권 내부를 분열시켜 박정희–김종필 라인을 흔들어놓았으며, 야당 측에 어부지리로서 집권 가능성을 예상시켜 강경노선을 걷게 했다.

이상과 같은 몇 가지의 해답은 물론 시위의 전반에 있어서 하나의 부분씩을 설명한 것이지만 상호관련성을 갖는다.

② 의혹, 학원사찰

1964년 3월 26일 국회 본회의에서 김준연 의원(삼민회)은 현 정권이 일본에서 1억 3,000만 달러를 받았다고 주장했다. 또 4월 2일 김준연 의원은 박–김 라인이 지난해 10월 5일 선거자금으로 일본에서 약 2,000만 달러(일화 70억 엔)를 받았다고 주장했다. 그리고 12개의 의혹사건을 폭로했는데, 이것은 그렇지 않아도 긴장하고 있던 정국에 불씨를 던진 셈이었다. 4월 8일에는 국회에서 박한상 민정당의원이 '현대판 봉이 김선달 사건'이라는 사직공원 불하문제를 들춰냈고, 다음날 야당은 홍릉유원지, 동구릉, 수유리유원지, 남산 외인주택, 한강 백사장 그리고 삼청공원 불하에도 의혹이 있다며 조사를 요구했다. 박 대통령은 이례적으로 조기 국무회의를 열어 사직공원 불하사건 등 부정불하사건을 철저히 조사, 그 진상을 국민 앞에 공개할 것을 지시했다. 수사는 4월에서 5월에 걸쳐 계속되었다.

4월 초부터 학원은 괴소포 사건과 YTP문제로 상당히 긴장된 분위기였다. 4월 8일, 서울대 굴욕외교반대 학생시위의 주동자 현승일은 오후 4시쯤 문리대 학생과에서 겉에 '학술서적'이라고 쓴 소포 우편물을 받았다. 발신인이 '부산시 충무동 2가 72 대명출판사 현승웅'으로 되어 있으나 알지 못하는 사람이었고, 어쩐지 불안한 생각이 들어 학생주임과 직원이 보는 앞에서 뜯어보았더니, 일본의 월간잡지 〈강담구락부講談俱樂部〉 5월호 한 권과, 책 속에 불온문서, 편지, 미국 지폐 100달러짜리 1장 등이 들어 있었다.

이 같은 소포는 김중태에게도 보내졌는데, 김중태는 3·24시위 때 서울대 문리대 주동자로서 이완용·이케다 허수아비를 불태운 것으로 알려져 동대문경찰서에 소환 조사받던 중 "왜 나를 빨갱이로 모느냐?"며 의자를 던지고 흑판을 부순 혐의로 구속 중이었다. 그는 괴소포 사건이 보도된 10일 오전 특수손괴·재물손괴·업무방해 및 공무집행 방해 등 4개 죄목으로 서울지검에 송치되었다.

괴소포에 들어 있던 편지에는 "당신의 영웅적인 투쟁을 찬양한다. 박정권 타도에 계속 힘쓰라"는 내용이 적혀 있었다. 그런데 괴소포가 이들에게 전달되기 며칠 전, 굴욕외교 반대투위의 핵심 야당의원인 조재천 의원에게도 불온문서가 배달되었고, 9일에는 고려대학교 학생회 간부에게, 11일에는 연세대학교 학생회장에게도 배달되었다. 학생들은 "학원사찰에 철저한 수사기관에서 이런 우편물이 우리 손에 올 때까지 몰랐다는 것은 이상하다"며 의문을 제기했다.

곧이어 학원가에 이상한 세력들이 금품과 향응으로 학생들을 유혹하며 여러 서클들을 조종한다는 얘기가 돌면서, YTP라는 조직이 폭로되었다. 이를 계기로 학원사찰 문제가 국회에서 심각하게 거론되었는데, YTP와 학원사찰은 상당히 관련성을 가지는 것일 수밖에 없었다. 내무부에서는 "학원에 대한 사찰은 추호도 한 일이 없고 할 필요도 느끼지 않는다"고 말하였으나, 대통령이 학원사찰을 즉각 중지하라고 지시했다는 청와대 대변인의 담화로 명백히 반증되었다. 학원사찰은 명백한 사실로 존재하고 있었고, 한걸음 더 나아가 학생에 대한 공작의 성격을 띠고 있었다고 볼 수 있다. 언론에서는 괴소포 사건은 자유당 시절 권력의 좌에 앉았던 자가 소위 '충성심을 테스트한다'면서 국회의장을 비롯한 야당 간부의 저택에 불온한 괴문서를 투입시켰던 사건이 연상되기도 한다고 논평했다.

민주주의 제도하에서 대학에 정보기관원이 들어가 학생 상호간의 불신을 초래케 하는 행위를 한다거나, 학문의 자유를 억압하며 감시한다는 것은 도저히 용납할 수 없는 권력의 남용이며 범죄인 것이다. 이런 정보정치는 국민의 기본권을 유린하는 행위임이 분명한데, 학원사찰과 같은 개념이 사회적으로 어떻게 이해되고 각 사람들이 어떻게 반응하는가는 역사적으로 겪은 경험의 정도, 또는 권력의 비민주적 성격 정도에 따라 달라진다. 1964년의 경우에는, 5·16쿠데타로 탄생한 정권임에도 불구하고 4월혁명을 부정할 수 없었으며, 3·24시위 또한 슬기로운 기개의 과시로 평가받고 있는 터라, 이러한 주인공들에 대한 사찰은 이후 1970년대와 1980년대와는 달리 국회나 언론에 상당한 파문을 던질 만한 일이었다.

그러면 YTP란 무엇이었던가? 우선 폭로까지의 과정을 보자. 학원 내에 당국의 심한 사찰의 눈길이 뻗치기 시작한 것은 5·16 초기부터였다. 특히 학원 내 음모집단의 실마리가 포착된 것은 1964년 초 서울대학교 문리대 중문과 졸업생 김 모가 별 다른 용무 없이 학원 내에 자주 드나들며 후배들과 빈번히 접촉하고 이유 없이 생색을 내는 데에서 비롯되었다. 1964년 봄 김 모가 정보부원이라는 사실이 밝혀졌고, 자연 그와 자주 접촉을 갖는 사람 또는 재학시절 친분이 두터웠던 사람들에게 의심의 눈총이 쏠리기 시작했다. 이러한 때에 3·24시위가 벌어졌고 그와 함께 학원사찰 조사위가 구성되었다. 조사위에서는 김 모를 둘러싼 여러 일들을 중점적으로 파고들면서 거짓정보를 흘려보기도 하는 등 온갖 수단으로 확실한 기미를 포착했고, 주로 친구로서의 인간관계와 젊은이로서의 정의감에 꾸준히 호소해, 마침내 그들 스스로의 고백으로 YTP 등 학원사찰의 전모를 밝혀내기에 이르렀다. 이것이 4·23 서울대학교 문리대의 '학원사찰에 대한 성토대회'에서 같은 대학의 학원사찰 조사위가 밝힌 내용이다.

YTP는 Young Thought Party의 약자로, 청년 사상연구회 또는 청사회靑思會라고 부른다. 총본부인 소위 청사회 중앙총회는 남대문 근처 금마차다방 2층에 근거지를 두고, 문에는 '갑피甲皮 516'이라는 암호를 쓰고 있었다고 한다. 원래는 KKP(구국단)라는 서클에서 출발해 MVP(문맹퇴치회)라는 명칭을 거쳐 1963년 7월 24일 시민회관에서 YTP 결성식을 가질 때까지 지하 비밀 테러단체로 존립해왔다. YTP는 2원조직으로 5단계 피라미드 체제를 내세워 1인이 5인의 회원 포섭을 담당해, 위로부터 아래에 이르기까지 세포분열식으로 퍼져나가는 조직이었다. 간부급 이외에는 목숨을 걸지 않고서는 그 규모나 활동범위를 알 수 없었는데, 회장·부회장 및 9개 부서의 부장과 학술원장으로 구성된 기획위원회가 있었으며, 이들은 대부분 가명을 사용했다. 이러한 서울의 중앙총회를 중심으로 각 도에 이와 유사한 조직을 갖는 지부 및 각 대학별 조직, 구 단위 조직이 있었다.

조직원은 입회가 허락되면 교육을 받고 필요에 따라 훈련을 받았는데, 교육내용은 1급 비밀이었으며, 7권으로 된 〈향지〉라는 책자에 수록되어 있다. 몇 가지를 보면 교살법絞殺法, 미행법, 미행방지법, 철조망 타는 법, 친분에 관계없이 이야기 않는 법, 기타 폭행법 등이 있다. 또 관악산에 훈련장까지 가졌던 사실이 있다. 총본부에는 기밀실이 있으며, 기획위원만이 출입이 가능하고 어떤 업무를 처리하는지 평회원들은 알 수가 없었다. 이곳에는 지도위원이라고 불리는 정보기관원 1명이 상주하고 있었다. 한편, 가입서약서는 ① 모임의 교육·훈련·활동 등 일체의 비밀은 생명으로 엄수하며, 배신을 할 때에는 생명을 바친다, ② 명령은 생명을 걸고 절대 복종한다, ③ 반공을 모임의 제1의로 삼고 혁명과업 수행에 전력을 경주한다는 내용으로 되어 있다. 이들은 이러한 테러리즘에 가득 찬 서약을 학생들에게 강요했다.

그들이 행한 학원에 대한 공작을 보면, 서울대학교 문리대 출신 중정요원 김 모의 경우(재학 당시 문리대 학생위원장이었다), 여러 방법으로 학생들을 유혹해 일종의 서약서를 받은 다음, 매월 상당액의 정보비를 제공하고 학원동태를 보고토록 했다. 이로써 사전에 학생시위의 기미를 탐지해 좌절시키고, 시위 시에는 시위대의 위치·인원 등을 수시로 중앙정보부에 연락토록 했다.

또 사이비 학생조직을 만드는 형태가 있는데, 서울대학교 문리대에만

도 공화당의 후원을 받는 사이비 학생서클이 37개나 있었다. 특히 한국
사연구회는 발기자금조로 공화당으로부터 당시 20만 원을 받았으며, 그
후에도 지방 각도 조직비로 6만 원씩을 받았다. 학원분열 획책의 형태로
서는, 문리대 내 학생들의 자생적인 단체에 대응해 한일회담 반대투쟁
을 좌절시키는 경우 논공행상조로 해외유학을 제의하는가 하면, 향응·
정보비 제공 등 끈질긴 유혹의 손길을 뻗쳤다고 한다.

기타의 예를 보면, 각 대학에는 주로 모교 출신의 정보기관원이 파견
되어 있었다. 이들은 주로 가계가 빈곤한 학생들을 금전으로 매수해, 문
제학생으로 지목되는 학생들에 대한 정보제공을 강요한다. 3·24 이후
각 대학 간의 불신감을 조성하고, 일부 학생들을 불순분자로 취급하게
하기도 했다. 또한 모 대학에서는 전직교수를 통해 공화당에서 염출된
돈을 학생들에게 교내 학생단체를 중심으로 마구 뿌렸으며, 특히 일부
불량 학생들을 매수해 학생들의 행동을 폭력으로 저지하기도 했다.[1] 이
같은 학원 분열공작은, 1964년 5월 말 문리대 학생 송철원 군 린치사건
으로 다시 한 번 YTP 등의 학원사찰이 문제시되면서 보다 상세히 폭로
된 것이다.

YTP 사건 등을 계기로 학원의 자유와 자율 문제가 대두되었다. 대학
의 자유와 자율은 언제나 보장되어야 한다. 그리고 학원 전 구성원이 합
심해 쟁취해야 하는 것이다. 5·16 이후 20여 년에 걸쳐 가중되어온 학원
에 대한 탄압은, 그 정도라든가 방법에 있어서 온갖 것을 다 망라해왔다.
학생 회유공작 자금으로 3,000만 원 설이 돌면서 사치성 향응에 대한 문
제까지 제기되었다. 국회에서는 야당의원들이 엄민영 내무장관에게 "학
원사찰로 정치악을 빚고 있는 중앙정보부원을 사찰할 용의는 없는가?",

---

1 〈경향신문〉 1964년 5월 27일자.

"정보원들이 학생들에게 스트립쇼까지 보이면서 매수공작을 하고 있고, 요즈음의 학생시위 냉각기에 3,000만 원을 뿌린다는데, 그 자금출처를 대라"고 요구했다.

③ 4·15정치백서(진해백서)

1964년 4월 박정희-김종필 라인은 민정이양 후 집권 넉 달도 못 넘기고 최대의 암초에 부딪치고 만다. 박 – 김 라인 실패의 직접적 원인은, 3·24 학생시위 결과 한일회담이 실질적으로 중단되었고 타결전망이 불투명 하다는 데 있는 것으로 관측되었다.

정부 및 여당은 정치생명과 급박한 경제위기의 타개를 한일회담 조기 타결에 걸어왔던 만큼, 그 희망의 좌절에서 오는 역학적 반작용은 거셀 수밖에 없었다. 정치·경제적인 처방에 관한 약속의 실행이 장기간 늦춰 지자 환자는 기진맥진한 것이었다. 4월혁명 기념일이 돌아오기 직전인 1964년 봄, 무엇인가 결단을 내려야 할 시기였다. 이러한 때에 4월 15일 정치백서가 나오게 된다.

4월 15일 밤 박정희 대통령은 진해에서 특별성명을 발표했다. 그는 내각개편을 생각하지 않고 있으며, 공화당의 전면적인 재편을 위해 당 내 간부 인사개편과 당 기구 축소를 대담하게 단행할 것이라고 밝혔다. 또 중앙정보부를 축소해서 지방 지부를 원칙적으로 폐지하고, 재건국민 운동본부를 완전 민간기구로 하든지 해체하며, 행정부의 과감한 시책을 위해 그 지휘계통을 확립하고, 각종 방계 작용을 배제해 정부와 당의 연 계를 위한 방안을 별도로 연구하겠다고 밝혔다.

정치적인 각도에서 관심을 끄는 부분은, 개각은 아직 하지 않겠다는 것과, 당 개편의 문제 중에서 원내인사를 당무에 많이 참여시키고, 또 지구당 개편 인선에도 원내인사들의 의견을 존중하겠다는 것이었다. 몇 부의 경제관계 장관이 경질되어야 한다는 것은 김종필 공화당의장까지도 주장해왔던 것인데, 이것이 대통령에 의해 묵살되었다는 점은 당시 공화당 간부들에게 고배를 마시게 한 결과가 된 셈이었다. 당초 공화당의 내각개편 주장은 여러 실정에 당과 함께 공동책임을 지자는 의도였으나, 대통령의 비공화당계 측근들은 김종필의 주장대로 내각을 전면 개편하면 자신들의 발판이 허물어질 것을 우려해 이를 한사코 반대하였으며, 각료 일부와 공화당의 비주류를 동원해 개각을 안 하도록 대통령을 설득시킨 것이었다.

나아가서 공화당의 원내 중심개편은 박–김의 2원적 조직을 근거로 하는 당료파에게 큰 타격을 주었으며, 김종필 사단의 쇠퇴를 불러와 김종필의 당내 지위약화를 초래했다. 이로써 공화당으로서는 1963년 초 제1차 김종필 파동 후 최악의 사태에 직면했으며, 사무당원들은 극한적으로 맞설 기세였다. 개각문제도 일단은 후퇴되었지만 조만간에 다시 제기될 수밖에 없었기에, 정권 내 세력 간의 싸움은 진해성명으로 가라앉기는커녕 더욱 가열될 지경이었다.

4월 말로 접어들면서 사무당원들의 격심한 반향 속에 당 개편이 추진되면서, 공화당 중앙상위는 당 중심의 개각을 청와대에 다시 요구하는 등 집권세력 간의 갈등은 심각한 양상을 띠었다. 김종필은 자신의 지위를 걸고서라도 당의 건의를 박 대통령이 수락할 것을 요구했다고 밝혔으며, 반 김종필 라인의 비주류계는 노골적으로 김 당의장의 퇴진공세를 폈다.

이로써 3·24시위 이후 점점 노골화되어왔던 집권세력 내부의 분열은 노골적인 김 당의장의 실각공작으로까지 확대되었다. 박 정권의 힘의 근거가 되어온 김 당의장과 그가 이끄는 공화당 주류세력에 대한 실각공작이 집권세력 내부에서 야기되었다는 것은 박 정권의 존립을 뿌리째 흔드는 최악의 사건으로, 집권세력들이 벌이고 있던 당시의 갈등은 정국의 최대 위기를 조성하는 것이었다.

박－김 라인은 군사정부와 제3공화국에 걸쳐 보편화된 영도체계의 상징이었다. 이 라인을 통해 정치질서가 이루어진 만큼, 이의 붕괴과정은 결코 단순하지 않았다. 1964년 4월 26일 박은 김에게 당의장직에서 물러나 제2선에서 실질적인 실력자 역할을 해달라는 권유하고, 측근과 이 문제를 숙의했다. 박은 김이 있음으로 해서 정치적 권력을 유지한다고 볼 수 있었는데, 그런데도 김종필에게 물러나라고 권유할 만큼 사태가 번져 있었던 것이다.

이러한 공화당 내분은 김종필 당의장의 퇴진을 요구하고 나왔던 장경순 국회부의장이, 5월 1일 오후 청와대에서 열린 박정희 대통령 및 이효상 국회의장, 김종필 당의장과의 4자회담에서 "모든 것을 당총재 결정에 일임한다"는 태도를 보임으로써 분규의 열전은 식어갔다. 이로써 집권층 내부 분규의 수습은 박이 맡게 되었으며, 그것은 1964년 5월 11일 정일권 내각의 발족으로 나타났다. 그러나 집권층 내부의 갈등은 이후에도 계속 해결되지 않은 채 드러난다.

이렇듯 1964년 4월은, 학원에서는 학원사찰의 진상폭로가 계속되었고, 정계에서는 3·24시위 이후 부정부패와 물가고 등 실정의 책임을 둘러싸고 집권층 내부에서 치열한 권력투쟁의 양상이 드러나고 있었다. 그러나 이렇게 정권 내부가 뿌리째 흔들리고 있을 즈음, 학원에서 별다른 시위의 양태 없이 4월을 넘긴 것은, 회담반대 세력의 입장에서 본다면 아쉬운 점이었다.

2. 민족적 민주주의 장례식과 무장 공수대의 법원난입

① 정일권 내각의 발족

1964년 5월 11일 제3공화국의 제2대 내각이 발족했다. 총리에는 정일권이, 부총리에는 장기영이 취임했다. 새 내각은 한일회담의 조기타결을 1년 시한부로 공약 제시했다. 정일권 내각의 특성을 당시 신문은 다음과 같이 보도했다.

> '돌격 내각'의 목표는 한일고지韓日高地
> 총수: 김종필, 특공대: 정일권·원용석

　개각에는 세 가지 원인遠因과 두 가지 근인近因이 있었다. 세 가지의 원인은 ① 기존내각과 여당인 공화당과의 알력, ② 정국 불안과 민심의 유리, ③ 내각 자체의 분열성과 취약성이며, 두 가지의 근인은 ① 한일관계 진전 필요성, ② 환율인상에 따른 경제문제 등이었다.

　내각과 공화당 사이의 알력은 애초부터 있어왔다. 1963년의 양차 선거에서 승리한 공화당이 각료의 반수 이상을 공화당원으로 채워 정당정치를 하려다가, 1차 최두선 내각으로 무산되자 불화관계가 시작되었다. 공화당은 3·24시위로 한일문제가 미궁으로 빠지고 당내분이 심화되자, 내각과 호흡이 맞지 않아 정치를 해나갈 수 없다는 평소의 불만에 불이 붙어 대폭개각을 요구해왔다.

　그러나 그간 당에 대해 일말의 불신감을 가져왔던 박은 소위 진해성명·온양구상 등을 통해 개각을 하지 않겠다는 말로 공화당의 요구를 묵살해왔으나, 장경순 파동으로 그 내분이 극도에 이르자 당 내분을 수습하고 지지조직을 잃지 않기 위해 공화당의 개각요구를 받아들이게 된다. 이 외에도 개각이 불가피했던 원인들에는 정국불안·민심이탈·한일관계·환율인상 문제 등이 있었는데, 이것들은 모두 절박한 현안들이었다. 최두선 내각은 일하는 내각이라기보다는 군정유산을 청산하는 수동적인 방탄내각의 숙명을 짊어졌다.

최 내각은 곧 야당의 공격에 기진맥진하였고, 3·24시위에 봉착하자 중추신경이 마비되는 내각 본질적 약점을 드러냈다. 박으로서는 한일관계를 매듭지을 때까지 개각을 하지 않고 최 내각을 활용해보고도 싶었지만, 가중되는 내각의 비인기와 정국불안·환율인상 등에 따라 일어나는 국민의 생활고에 대한 아우성이 심상찮아지자 새로운 배출구를 찾을 수밖에 없었다.

개각이 있기까지 이러한 여러 원인과 근인은 곧 새로 출발한 정 내각이 해결해야 할 숙제였다. 공화당과의 호흡일치, 정국안정, 민심수습, 한일관계의 타결, 물가고의 억제 등이 그것이었다. 결국 5·11개각은 3·24시위로 가열된 정권 내부의 분규가 어쨌든 일단락되면서 힘을 재가동할 수 있는 자기체제의 정비였다고 하겠다.

② 민족적 민주주의 장례식

5월 중순을 넘기며 학생들의 한일회담 반대운동은 성격 변화를 일으켜 새로운 단계로 접어든다. 이때부터 회담 반대운동은 박 정권에 대한 직접적 공격의 양상을 띠게 되며, 반대운동 본질적인 성격으로 접근하기까지 3월 말 이후 2개월여가 걸려야 했다.

학생들은 정권 내부가 심각한 동요와 함께 상당한 위기감을 느꼈던 4월 19일 전후라든가 5월 초를 놓치고, 정권의 새로운 재편과정 즉 정일권 내각으로의 개각을 마친 5월 20일께야 비로소 반대투쟁을 재개했다. 이는 학생운동 내부의 주도적인 반대투쟁 조직이 없었다는 점과, 학생운동 경험의 부족, 의식의 미숙성에서 나오는 상황을 보는 불투명함에서 원인을 찾을 수 있을 것이다.

1964년 5월 19일 '한일 굴욕외교 반대투쟁 전국학생연합회(회장 김중태)'는 미 8군 사령관에게 "한국 경찰에 대한 최루탄 공급을 즉시 중지하라"고 요청했다. 또 성명서를 통해 "자유와 민주주의를 수호하기 위해 한국에 주둔하고 있는 미 8군이 한국 민족의 이익에 배치되는 외교협상 반대투쟁을 저지하고 생명과 안전을 위협하는 최루탄을 공급하는 것을 유감스럽게 생각한다"고 주장했다. 그들은 20일에 예정된 학생집회(민족적 민주주의 장례식 및 성토대회)에서도 미군 측이 제공한 최루탄이 사용될 것인지 심각히 주시한다고 덧붙였다. 이어 미 8군 사령관의 불찰로 한국과 미국의 우의가 손상되지 않기를 바란다고 말했다.

같은 날 정 총리와 양찬우 내무장관은 20일의 집회문제와 대학 주변의 움직임 등 학생동태에 관해 논의했다. 한편 19일 밤 서울시내 10개 대학 총학생회장들은, 20일의 학생집회를 주관하는 단체는 자신들과는 관련이 없는 모임이라고 밝혔다. 당시의 이 학생회장단의 성격에 대해서는 뒤에서 서술하겠다.

5월 20일 예정대로 '민족적 민주주의 장례식 및 성토대회'가 서울대학 문리대 교정에서 열렸다. 서울시내 10개 종합대학생 약 3만 명이 모일 것이라는 주최 측 예측과는 달리, 학생 3,000명, 일반 시민 1,000명이 모인 가운데 집회는 진행되었다. 경찰 기동대가 학교 주변을 에워싼 가운데 단행된 이 대회는 개회사·선언문 낭독에 이어 민족적 민주주의를 가장假葬하는 조사弔辭 낭독으로 진행되었다. 선언문 요지 및 조사는 다음과 같다.

<선언문>

민족사는 바야흐로 위대한 결단을 요구하는 전환기에 섰다. 이제 우리는 '빈곤과 부자유 그리고 외세의존'의 참담한 현실을 전진적으로 변혁시키려는 민족적 양심의 깃발을 올린다. 5월 군부 쿠데타는 4월의 민족·민주 이념에 대한 전면적인 도전이었으며, 노골적인 대중탄압의 시작이었다. 경제적 민족 자립을 외치는 정부는 노동자·농민의 소비대중에 실업, 기아임금, 살인적 물가고를 선물하면서, 매판적 반민족자본의 비만을 후원하였다. 우리는 전 민족의 양심이 이러한 반역적 범죄행위를 묵과하지 않을 것임을 확신한다. 민족적 긍지를 배반하고 일본 예속화를 촉진하는 굴욕적 한일회담의 즉시 중단을 엄숙히 요구한다. 우리의 지성과 양심은 민족 이익에 역행하는 어떠한 기만과 왜곡된 논리에도 증오와 거부를 계속할 것임을 선언한다.

<조사>

시체여! 너는 오래 전에 이미 죽었다. 죽어서 썩어가고 있다. 넋 없는 시체여! 반민족적 비민주적 민족적 민주주의여!

썩고 있던 네 주검의 악취는 '사쿠라'의 향기가 되어 마침내는 우리들 학원의 잔잔한 후각이 가꾸고 사랑하는 늘 푸른 수풀 속에 너와 일본의 2대 잡종 이른바 '사쿠라'를 심어놓았다. 생전에도 죄가 많아 욕만 먹던 시체여! 지금도 풍겨온다.

시체여! 죽어서까지도 개악改惡과 조어造語와 번의翻意와 난동과 불안과 탄압의 명수요, 천재요, 거장이었다. 너 시체여! 너는 그리하여 일대의 천재賤才요, 희대의 졸작이었다. 구악을 신악으로 개악해 세대를 교체하고, 골백번의 번의의 번의를 번의하여 권태감의 흥분으로 국민의 정서를 배신하고, 부정불하, 부정축재, 매판자본 육성으로 '빠찡꼬'에 '새나라'에 최루탄 등등 주로 생활필수품만 수입해 노동자의 언덕으로 알았던 '워커힐'에 퇴폐를 증산하여

210

민족정기를 바로잡아 국민의식을 고취하고 경제를 재건한 철두철미 위대한 시체여! 해괴할손 민족적 민주주여!

절망과 기아로부터 해방자로 자처하는 소위 혁명정부가 전면적인 절망과 영원한 기아 속으로 민족을 함멸시키기에 이르도록 한 너의 본질은 과연 무엇이더냐? 길고 긴 독재자의 채찍을 휘두르다가 오히려 자신의 치명적인 상처를 스스로 때리고 넘어진 너. 구더기와 악취와 그 위에서만 피는 사쿠라의 산실인 너. 너의 본질은 곧 안개다. 너는 안개 속에서 살다가 안개 속에서 죽은 우유부단과 정체불명과 조삼모사와 동서남북의 상징이요 혼합물질이었다. 한없는 망설임과 번의, 종잡을 길 없는 막연한 정치이념, 끝없는 혼란과 무질서와 굴욕적인 사대 근성, 방향감각과 주체의식과 지도력의 상실, 이것이 곧 너의 전부다.

시체여! 우리 삼천만이 모두 너의 주검 위에 지금 수의를 덮어주고 있다. 백의민족이 너에게 내리는 마지막의 이 새하얀 수의를 감고 훌훌히 떠나가거라. 너의 고향 그곳으로 돌아가거라. 안개 속으로! 시체여!

선언문은 경제적 문제, 정치적 억압, 그리고 외세의존에 대한 총체적 변혁에 시위의 목적이 있다고 밝히며, 4월혁명을 부정하고 매판적 반민족자본을 후원해 외세의존을 촉진하는 박 정권에 대해 거부하고 있다. 또 조사는 학원사찰 및 정권욕에 의한 정치적 식언과 부정·부패를 규탄하며, 독재정권의 사망을 주장하고 있다.

성토대회는 각 학교별로, 5·16성토(성균관대), 민생고 성토(고려대), 한일회담 성토(건국대), 학원사찰 성토(서울 문리대)로 분담 진행되었다. 이날 상주의 한 사람인 경희대생은 "상주로서 오신 손님들께 막걸리 한 잔 대접하지 못해 죄송하다. 군정 3년 후 원체 가난해졌다"고 하였으며, 이어 "관 속에 든 사람의 아버지가 되는 일본의 오노 씨에게 부고장을 보냈으나 오지 못해 유감이다"라고 말했다.

성토대회 후, 시내 각 대학생들이 예상보다 적게 참석하자 주최 측은 서울대 교문 앞에서 화장식을 거행하자고 제의했다. 그러나 참석한 3,000여 학생들은 "그대로 청와대까지 밀고 나가자"고 주장했고, 이에 밀려 시위대는 교문을 나서 행진하게 된다. 경찰은 밀려드는 시민을 막기 위해 이화동 입구와 문리대 앞길을 막았으나, 성토대회에 나왔던 시민들이 투석을 해 기동대는 후퇴한다.

이날 시위는 '축! 민족적 민주주의 장례식'이라고 쓴 조기와 민족적 민주주의 시체가 든 검은 관을 8명이 들고 앞장섰다. 서울시청 앞에서 관을 태우기 위해 교문을 나선 2,000여 시위학생들은 이화동삼거리에서 경찰과 충돌, 약 5시간 동안 최루탄 발사, 연행, 투석 등의 사태가 벌어진 후 오후 7시 40분경에야 해산했다.

가두시위가 벌어진 직후 경찰은 최루탄을 쏘면서 관과 조기를 부수고 빼앗았으며, 심한 충돌이 벌어져 대학가는 수라장이 되었다. 학생들이 산발적으로 흩어지자 10대 청소년들과 중·고생 및 일반시민 등 1,000여 명이 합세해 약 1시간 동안 미술대학 담을 끼고 경찰과 투석전을 벌였다. 얼마 후인 오후 5시쯤 경찰을 실은 군트럭 10대가 대학가로 들어서자 보도의 시민들과 숨어 있던 시위학생들이 집중 투석, 트럭의 유리가 깨지고 경찰관들이 부상당했다. 뒤따라오던 공보부 소속 대한뉴스 지프차도 유리창이 깨졌으며, 서울시경 선전차는 부서진 채 운전사가 도망쳐 시위군중에게 빼앗겼다. 시위군중들은 선전차를 뒤엎어 휘발유탱크에 불을 붙이려다가 최루탄 공세를 받기도 했다.

이들 군중 속에는 대학생들은 거의 없었다. 혜화동로터리에서 검문하는 경찰들은 지나가는 청소년들의 손을 펴보고 투석한 흔적이 있으면 연행해갔다. 오후 6시 반쯤에는 시위대가 모래를 실은 트럭을 빼앗아 경찰 저지선 쪽으로 몰아가는 사태까지 야기되었다. 한편 경찰은 시위학생들이 미대 운동장 쪽으로 쫓겨 들어가자, 강의실에까지 침입, 수업중인 학생들을 끌어내 운동장에 무릎 꿇게 하고 이를 말리던 교수에게 욕설을 퍼부어 문제를 일으켰다.

이날의 사태에 대해 치안국장은 시위엄단 방침을 밝혔고, 전 경찰을 동원해 막겠다고 했다. 이날 서울시내 모든 경찰은 일반 업무를 중단하고 연쇄적으로 일어날지 모르는 시위에 대비해 비상대기했다. 경찰은 5월 20일의 '민족적 민주주의 장례식' 시위 충돌과정에서 188명을 연행, 그 중에서 107명을 집회 및 시위에 관한 법률 위반과 특수공무집행 방해 혐의로 구속영장을 신청하였으나, 13명에게만 구속영장이 떨어졌다. 한편 서울시경은 21일 새벽, 장례식 시위를 주동한 것으로 알려진 서울 문리대 4년 김중태·현승일 등 13명을 지명수배했다.

5·20시위는 한일회담 반대운동의 진행과정에서 중요한 의미를 갖는다. 5·20시위가 회담 반대운동 과정 중 가장 중요한 역할을 담당했던 학생 측의 새로운 단계의 공격개시라면, 다음날인 5월 21일 새벽에 일어난 무장군인의 법원 난입사건은 일종의 친위 쿠데타로서 정권 측의 강경 진압의지를 나타내는 정치적 행위였다.

③ 무장 공수대 법원 난입사건

1964년 5월 21일 새벽 4시 반경 칼빈과 권총으로 무장한 공수부대 군인 13명이, 군용 앰뷸런스 차를 타고 법원 청사에 들어와 수위실을 거쳐 검찰 숙직실과 법원 숙직실에 머물다가, 오전 5시 50분경 숙직원을 데리고 이날의 구속영장 담당판사인 양헌 판사의 집으로 갔다. 그들은 양 판사 집에 6시 10분경에 도착해 7시 40분경까지 있었는데, 양 판사는 20

일 밤 법원 숙직실에서 5·20시위사건의 영장을 검토하다가 21일 새벽 0시 30분 집으로 갔다. 그는 3시 30분까지 집에서 영장을 검토한 후, 의자에서 잠시 눈을 붙이던 중이었다.

사건 자체에서도 더욱 의문이 가는 것은, 공수부대원들이 법원에 침입할 당시 시경 수사과장과 중부서·성동서 형사주임 등이 현장에 있었다는 점, 즉 군인과 경찰들 간의 모종 연락이 있었을 것이고 이는 곧 의도적인 권력에 의한 작태가 아닌가 하는 점이었다. 이 의혹은 사건 당일 숙직검사의 진술서를 보면 더욱 분명해진다. 5월 21일 밤 10시 30분 종로경찰서에서 청구한 10명의 영장이 양헌 판사에 의해 모두 기각되어 검찰이 소명자료를 추가해오라고 했으나, 종로서는 담당검사에게 연락도 없이 서류 일체를 시경국장에게 가져갔다는 사실이 드러났다.

무장 공수대원 법원 난입사건은 어느 나라에서도 그 예를 찾아보기 힘든 일이다. 정부 측은 애국적인 충정에 의한 우발적 행동이라고 해명하였는데, 5월 21일 새벽 1시에 결정된 영장기각 사실을 언론에서도 미처 취재하지 못하고 있던 새벽 4시에, 그들 일단의 군인들이 어떻게 알 수 있었겠는가? 그리고 완전무장한 채 앰불런스를 몰고 법원으로 직행하는 것이 어떻게 가능한가?

군정 동안 국민이 가장 두려워한 것이 제2의 쿠데타였다면, 민정에서 국민이 걱정한 것은 집권자에 의한 일부 군 세력의 동원 가능성이었다. 정치적 혼란과 사회적 불안 속에서 끝내 민중에 기반을 갖지 못한 지도자가 대중을 통제하기 위해 자행할지도 모를 친위 쿠데타 같은 것의 가능성이 있을 수 있다. 특히 이 법원 난입사건은 정일권 내각의 첫출발에서 일어난 일이었다.

법원난입 사건에 대한 정부 책임자들의 대응은 위에서의 정리를 더욱 확실하게 했다. 민기석 육군 참모총장은 5월 22일 오전 "앞으로도 데모가 계속된다면 군인들이 5·21집단행동 같은 것을 않겠다는 보장을 할 수 없다"고 말하고, "공수단 장병들의 이 같은 경거망동의 재발을 막는 것은 학생들의 데모가 없어지는 일뿐"이라고 했다.

국회에서는 5·16군정하 4대 의혹사건(새나라자동차, 빠찡꼬·증권 파동, 워커힐)의 하나였던 증권파동 문제에 대해 애국적 충정이라 억지를 부렸던 예가 있었는데, 이러한 억지가 재현되었다. 5월 22일 국회 본회의에 나온 정일권 총리, 양찬우 내무장관, 김성은 국방장관은 모두 무장군인의 사법부 난입이 애국적 충정에서 우러나왔고, 학생들의 민족적 민주주의 장례식을 폭동이라 규정했다. 더구나 김성은 국방장관은 "일부 군인들이 법원을 찾은 것은, 국기國基마저 흔들려는 도를 넘은 학생들의 난동을 잘 다스려야 한다는 애국충정을 호소하려는 극히 사소한 사건이었는데, 마치 난동이라도 한 것인 양 신문이 어마어마하게 보도를 해 그렇게 됐다"고 난입사건을 정당화하기까지 했다.

5월 23일 박정희 대통령은, 정국의 불안은 "근본적으로 일부 정치인들의 무궤도한 언동, 일부 언론인들의 무책임한 선동, 일부 학생들의 불법적 행동, 그리고 정부의 지나친 관용에서 연유되었다"고 말했다. 또 앞으로 정부는 보다 강력히 이러한 불법적인 행위를 엄격히 다스림으로써 사회를 안정시키고, 나아가 정국을 안정시킬 것이라고 말했다. 무장군인의 법원난입 사건에 대해서는 아직 정확한 보고를 받지 못했으나, 일부 정치인·언론·학생들이 반성한다면 그러한 일이 일어나지 않을 것이라고 말하고, 몇몇 군인들의 행위를 두고 군의 정치적 중립 운운하는 것은 지나친 일이라고 했다. 이것이 법원 난입사건의 친위 쿠데타적 성격과 그 사건에 대한 박 정권의 인식이다.

④ 양대 사건 이후의 반대운동

장례식 시위 직후 양찬우 내무장관에 의한 중간수사 발표에 대해, 5월 22일 정오 한일 굴욕외교 반대 학생 총연합회는 성명서를 발표하고 "본회本會는 여하한 정치성을 띤 단체가 아니며, 또 어떠한 정치단체의 사주를 받은 일도 없다"고 말했다. 그리고 ① 5월 20일 시위 구속학생 및 시민 전원석방, ② 시위 시의 서울대 미대 경찰관 난입사건과 최루탄 투척사건, 미대 김 교수 구타사건 등 경찰의 불법 폭력행사에 대해 관계 장관의 즉각 인책, ③ 학원 주변에 배치된 사복경찰관의 즉각 철수를 요구하고, ④ 신진회·민자통과는 아무런 관계가 없으며, ⑤ 구금되지 않고 남은 회원들을 규합해 연합회의 목표달성을 위해 계속 싸우겠다고 천명했다.

5월 23일, 현 난국의 책임이 일부 야당 정치인, 언론인, 학생의 무책임한 행동에 있다는 박 대통령의 '광주발언'에 대해 야당은 박의 퇴진을 요구하는 등 격렬한 반응을 보였다. 김영삼 민정당 대변인은 "난국의 책임을 전가하는 것은 대통령으로서 스스로 책임을 포기하는 일이며, 국민을 총칼과 강압정치로써는 이끌 수 없다"고 했다. 박영록 민주당 대변인도 "책임을 국민에게 전가시키는 것은 천만부당하며, 사태수습에 자신이 없으면 물러나라"고 요구했다.

5월 20일의 '민족적 민주주의 장례식'과 5월 21일의 '무장 공수대 법원 난입사건'으로 한일회담을 둘러싼 반대운동과 그에 대한 정권의 대응은 새로운 양상을 띠고 있음이 분명해졌다. 각의閣議는 20일 이후의 긴급사태에 대해, ① 시위학생들에 대한 법적인 조치, ② 주모자급 학생에 대한 퇴학처분을 포함한 모든 행정조치, ③ 계속해서 일부 학생에 의한 학업지속에 지장이 초래될 경우에는 휴교조치도 불사한다는 강경한 방침을 세우는가 하면, 21일 서울대 학장회의에서는 강경대책이 논의된 것으로 알려졌다.

이렇게 5·20 이후 구속 혹은 구류되고 있는 90여 명의 학생에 대해, 동료 학생들과 사회 각계에서 '전원 즉시 석방'의 소리가 높아가고 있는 반면에, 정부와 학교 당국자들은 강경한 대책을 논의하고 있어, 이로 인한 충돌 가능성이 짙어져가고 있었다. 이럴 즈음 5·25시위설이 널리 퍼져갔다. 그리고 실제로 학생시위설은 5·25난국타개 학생 총궐기대회로 번졌는데, 그때까지의 과정을 살펴보면 다음과 같다.

5·20장례식 시위는 학생 대중의 일상적 의식과는 상당히 차이가 있는 과격한 방법을 택했다는 점이 문제로 지적되었다. 참가한 학생의 수도 적었고 교문 밖을 나설 때 상당수 학생들이 시위대열에서 이탈하기도 했다. 대중동원과 전시효과를 노린 시위는 일반국민 여론의 지지를 잃을 만큼 전체를 보지 못하고 부분에 집착했던 것이다. 그러나 이처럼 냉담한 여론도, 경찰이 당일 서울미대에 난입한 데다 미대교수 폭행을 자행하고, 다음날에는 희대의 공수부대원 법원난입사건이 벌어짐에 따라 오히려 정부에 대단히 비판적으로 변했다. 이러한 정세에서 거의 방관 상태에 있었던 학생회까지도 성토대회를 준비하려는 움직임을 보였던 것이다.

선출과정에서의 권모술수, 정치권에의 지향을 위한 제스처로 특징지을 수 있는 학생회장단들이었으나, 학원 내 최루탄 발사, 수업 중인 강의실에 경찰이 뛰어들어 교수와 학생을 구타하고, 시위를 난동으로 규정한 것, 휴교조치설, 그리고 무장 군인들의 사법부 난입 등 일련의 사건들이 불러온 긴박감이 이들도 반대운동의 일원으로 나서게 만들었다. 그들은 서울시내 33개 대학에서 같은 시각에 똑같은 내용으로 총학생회란 기구를 통해 성토대회를 벌이기로 했다. 이들은 당초 5월 22일이나 23일에 성토대회를 열 예정이었으나, 보다 많은 대학과의 절충을 위해 일정을 늦추어서 5월 23일 오후 5시 수도사대에서 공동의 계획을 구체화했다.

5·25난국타개 학생 총궐기대회에 걸었던 학생들의 기대는 대단했다. 이러한 시점에서 정부는 청와대를 중심으로 긴급사태 대비책을 숙의하고, 시위가 변질·확대되거나 대통령의 수습책이 호소력을 갖지 못할 경우와 정부의 치안유지가 힘들 경우에는 비상사태를 선언할 수밖에 없다는 방향으로 기울고 있었다. 정부의 경화된 태도는 25일 오전 10시부터 중앙청 광장 등에 집결하기 시작한 군대병력의 증강으로 입증되었다. 공화당은 강경책을 둘러싸고 새로운 당내 분규의 징조를 보였고, 박은 25일 광주발언을 재확인했다.

5월 25일 오전 서울시내 대학과 일부 지방대학 등 33개교가 대대적으로 벌일 예정이었던 난국타개 궐기대회는, 정오를 전후해 일부 대학에서만 진행되었다. 당초 강경했던 움직임은 구국 비상결의문 속의 일부 문구가 말썽이 되어 이날 오전 학생대표 중 17명이 연행되면서 동요되었다. 서울대 등 궐기대회가 진행된 일부 대학에서 발표된 행동강령을 보면, 각 대학교 학생회장단의 결의사항을 정부가 받아줄 때까지 1주일간의 냉각기를 갖기로 했다고 밝히고, 이것이 관철되지 않을 경우 4·19 정신으로 실력투쟁을 불사하겠다고 선언했다. 운동이란 고유의 흐름이 있게 마련이다. 대중에 기반을 갖지도 못한 조직이 고유의 흐름을 냉각시키고, 그 이후에 투쟁을 개시하겠다는 것은 어처구니없는 일이었다.

5·25대회가 주최 측의 나약함과 구호의 산발 등으로 대학가 여론의 효과적 집약에 실패한 데 비해, 같은 날의 '난동경찰 규탄대회'는 전혀 다른 모습을 보여주었다. 미대생 시위는 명분상으로나 시위 진행에 있어서 적절한 것이었다.

5·25성토대회 시 서울대 총학생회는 시위를 우려해서 대회의 장소도

운동장으로 하려고 했으나, 결국 4·19기념탑 앞으로 낙착되었다. 총학생회 측이 식순이 끝나자마자 마이크의 전원을 끊자 일반 학생들은 분노로 흥분하였으며, 대회 후 학생들이 시위할 것을 주장하자 총학생회 측은 앞으로의 사태는 책임질 수 없다는 평계를 댔다.

26일에도 난국타개 궐기대회가 성남고·한대·단대·동덕여대 등에서 열렸는데, 성남고 1,000여 명은 '법원침입 무장군인 모의재판'을 열어 사형을 판결하고 허수아비를 태운 후 시위를 벌였다.

긴장 속에서 회담 반대운동 세력 측의 적극적인 공세가 없는 며칠이 지난 후, 5월 27일 광주에서는 전남대생 300여 명이 시내에 집결해 박정희의 하야와 구속학생 석방을 요구하는 플래카드를 들고 시위를 벌였다. 시위대는 출동한 경찰관과 투석전을 벌여 경찰 저지선을 뚫고 도심지로 나왔다. 시위는 시내에서 20명 내지 30명씩 산발적으로 감행되었다. 시위대는 연행학생 석방을 요구하며 도청 앞에서 500명 정도가 모여 경찰과 충돌했다. 시위대와 경찰 간의 투석전으로 계림동 파출소 유리 30여 장이 파괴되고, 10여 명의 학생들이 부상했다. 이로써 '박정희 하야'가 시위구호로 확연히 등장하였는데, 야당권에서의 박정희 하야 요구는 이미 있어 왔다.

5월 27일에는 서울대에서 긴급 교수총회가 있었다. 반대운동의 정당성을 밝히고, 범사회적 확산을 가능케 하는 중요한 모임이었다. 서울대 교수들은 "정부는 난국수습에 있어서 그 책임을 전가하거나 실력행사만을 능사로 삼지 말고, 국민이 납득할 수 있는 시책을 단행하라"고 요구했다. 이날 1시부터 문리대 강당에 모인 서울대학교 전체 교수협의회(회장 이하윤 교수)는 6개 항목의 시국수습 결의문을 채택했다. 200여 교수들이 모여 다섯 시간 동안 논의한 끝에 만장일치로 채택한 결의는, 군의 정치적 중립과 학생의 학업 전념을 당부했으며, 5월 20일의 미술대 경찰

난입사건에 국무총리와 관계 장관의 공개사과를 요구했다. 이날 채택된 결의문은 대통령·국회의장·국무총리에게 전달되었다. 또한 이들은 미온적인 태도의 책임을 물어 서울대 권중휘 총장의 사퇴를 요구했다.

5·20시위 이후의 난국타개 학생 총궐기대회를 주최했던 학생회장단 모임인 한국 학생총연합의 난국수습대책 학생위원회는, 25일 정부에 대해 1주일간의 냉각기간을 두고 정부의 태도를 기다려 앞으로의 투쟁목표를 세우겠다고 선언한 바 있었다. 대책위원회는 또 29일 오전 '대對정부 통고문'을 발표하고 "민족의 진보와 전국 백만 학도의 피맺힌 애국의 호소를 정부에 전하였으나, 우리들 지성의 외침은 정부당국의 무관심한 회유정책 내지 매카시즘적 수법으로 그 초점을 흐리게 하고 있다"고 지적했다. 위원회는 이 통고문에서, 앞으로 정부가 이러한 결의를 30일 밤 12시까지 받아들이지 않을 때에는 예정대로 실력행사에 돌입하겠다고 선언했다. 이날 대책위원회가 재확인한 6개항의 결의문 내용은 다음과 같다.

〈결의문〉
1. 현 위정자는 5·16 이후에 감행된 수많은 부정부패를 철저히 규명하고 국민 앞에 사죄하라.
2. 신성한 학원에 침입한 경찰관을 즉각 파면하고, 관계 책임자는 엄벌하라.
3. 새벽에 법원을 강간한 일부 테러군인과 관계 책임자를 엄벌하라.
4. 파국에 직면한 민생고 타개는 망국 독점·매판자본의 엄단·몰수부터 출발하라.
5. 정치자금의 양성화를 입법화하라.
6. 구속 중인 애국학생을 즉시 석방하라.

5월 30일 오후 서울대학교 문리과대학 학생회에서는 4월 학생혁명 기념탑 앞에서 '자유쟁취 궐기대회'를 열었다. 이 대회는 반대운동 과정에서 중요한 의미를 가지며, 한일회담 반대운동 전 과정을 거쳐 중요한 교훈을 준다. 반대운동의 파고가 5·25궐기대회를 계기로 급속히 식어가고 있을 때 반대운동의 열기를 지속·확대시킨 것이 이 대회와 대회에 이은 단식투쟁이었기 때문이다.

대회는 문리대 학생회장의 선언문 낭독에 이어 최루탄 조사弔辭를 낭독한 다음, 모의 최루탄을 불사르고 한일회담 성토를 끝낸 뒤, 오후 3시 10분부터 단식투쟁에 들어갔다. 여기에서 학생들은 'Made in U.S.A.'라고 쓴 모의 최루탄을 만들고, 그 속에 '사망·부자지간·잔존', '법원난입·앰뷸런스·정치', '이琅 선생 아사하다', '쥐들 민족대이동' 등 붉은 글씨로 쓴 종이 10장을 넣은 후 한 학생이 이것을 폭로한 다음 불태웠다. 또한 한일회담에 대한 성토와 아울러 박 정권에 대한 성토가 있었다. 성토 후에는 〈녹두장군〉의 곡에 맞추어 "탄아, 탄아, 최루탄아, 8군으로 돌아가라. 우리 눈에 눈물지면 박가분朴哥粉이 지워진다"라고 노래를 부르며, 그들의 의로운 주장이 관철될 때까지 투쟁하겠다며 단식에 들어갔다.

한편 5월 30일자 신문보도에 따르면, 반 김계는 김종필의 퇴진을 위한 서면공작書面工作을 벌여 40여 명의 동조자를 얻어냈다고 했다. 또한 반대운동의 치솟는 열기를 식게 했던 학생회장단은 "대학생대표들은 정국의 혼란을 피하자는 데 의견의 일치를 보았으니, 일반 학생들은 정상적인 수업에 임하고 자숙해서 정국의 혼란과 자극을 피해달라"며, 청와대 앞에서 단식투쟁을 하려다가 전원 차에 실려 문교부로 끌려갔다. 학생회장단의 이러한 의도적이라 볼 수밖에 없는 제스처는 결국 학생들에 의해 불신 받게 된다. 자세한 것은 1964년도 투쟁평가 부문에서 다루기로 한다.

5월 31일 낮 서울대 문리대생들은 단식 24시간 기념으로 허깨비 소각식을 거행했다. 단식투쟁 과정에서의 이처럼 다양한 프로그램을 개발한 것은 내외적으로 효과를 가질 수 있었다. 내적으로는 투쟁의 자기 지속성을 유지하고, 외적으로는 투쟁주체 측의 문제의식을 다른 사람에게 쉽게 전달한다는 점이다. 31일 서울대 단식학생들에 의해 소각된 허깨비는 '사찰·폭력·사형私刑·기만', '통일대책 없는 무능', '소영웅적 비민주정치', '조국 없는 매판자본', '주체 잃은 외세의존', '단 1년만 기다려라', '불온문서 연구서적' 등이었다. 31일 밤 〈위대한 독재자〉라는 풍자극 한 토막을 열었고, 단식 3일째인 이 날에는 많은 위문객들이 단식 학생들을 격려했다.
  6월 1일 오전에는 전북대 농대학생들이 시위를 감행, 투석전을 벌였는데, 이들은 "정치에 기적 없다. 네 실력 알았다"라고 외쳤다.

3. 6월의 시위격화와 계엄령 선포

① 6월의 시위격화

1964년 6월 2일, 지난 1주일간의 불투명한 냉각기에서 맴돌던 정국은 다시 격동했다. 5·20시위 이래 집권층의 강경책과 일부 학생대표들의 대 정부 협조 속에, 서울 문리대생들의 단식투쟁을 주시하던 서울대·고대생 2,000여 명은 가두시위에 나서 "박 정권 물러가라"는 구호를 외치기 시작했다. 이날 고대생들은 성토대회 후 박 정권을 실력으로 하야시키자고 결의, 박 정권 타도를 위한 가두시위에 나섰다. 이들은 "민족 반역을 일삼는 독재정권 물러가라" "주관적인 애국심이 객관적인 망국행위임을 직시하고 현 정권은 물러가라"고 외쳤다. 서울 법대생 500여 명은 '자유쟁취 궐기대회' 후 "누구를 위한 정권이냐"고 외치며 시위에 돌입했다.

서울 상대 400여 명은 '매판세력 성토대회'를 열었는데, 이 대회는 회담을 바라보는 학생들의 시각을 잘 나타내는 것으로 주목된다. 이들은 허수아비 '신랑: 매판세력', '신부: 가식적 민족주의'의 결혼식을 '주례: 신제국주의'의 주례로 열었는데, 주례는 "특히 신부는 매판자본과 사이좋게 학생을 기만하는 데 공을 세웠다. 또한 나 제국주의의 정체를 숨기는 데 충성을 다했으니 너의 결혼을 축하하노라" 하고, 이어 "너 신부는 목숨을 걸고 도전하는 학생들을 계속 협박하라. 안 되면 최루탄을 쓰라. 무엇보다도 나와 너희들 부부의 정체를 잘 알고 있는 학생이 가장 두려우니라"라고 했다. 학생들은 결혼식 후 허수아비 신랑과 신부 그리고 주례를 모두 불살랐다.

4일째로 접어든 문리대생의 단식투쟁에는 200여 명이 합세했다. 이날 서울 문리대의 각 학회장들과 등록서클 대표들은 문리대생의 단식이 학생총의에 의한 단식임을 확인하고, 앞으로의 사태추이에 따라 단식투쟁 외의 극한투쟁도 불사할 것을 결의했다. 또 문리대 학생간부회의는 단식에 전 학생의 참여를 촉구했다. 한편 2일 오후 서울대 문리대 교수 30여 명은 학생들이 굶고 쓰러져 있는 모습을 더 이상 지켜볼 수만은 없으며, 학생들의 주장은 관철되어야 한다는 요지의 결의문을 채택했다.

6월 2일부터 재연된 학생들의 반정부 시위는 3일 오전 전면적으로 확대되었다. 이들은 3·24의 국부적인 구호를 완전히 버리고, '박 정권 하야'를 초점으로 극한투쟁을 벌이기 시작했다. 이날 오전 청와대를 중심으로 한 집권세력은 계엄령 선포여부를 놓고 정세를 예의 검토하였으나, 공식적으로는 계엄 선포설을 부인했다. 이날 성대생 1,000여 명이 허수아비 화형식 후에 시위를 벌인 것을 비롯해, 서울 농대 500여 명의 도보상경 시위, 서울 약대 300명, 서울 치대 300명, 서울 의대 200명, 연세대 2,000명, 고려대 1,500명 등이 시위에 참가했으며, 지방에서는 충남대생들의 시위가 있었다. 학생시위는 민정 후 최대 규모로 6월 3일 1시 현재 5,000여 명이 참여하였고, 이날 최고 1만여 명에까지 이르렀다. 학생들의 핵심이슈는 박 정권 하야였다. 이날 낮 시위대를 바라보는 시민들은 자신의 태도를 결정짓지 못한 채 불안해하면서 4·19때처럼 호응할 기세는 아직 보이지 않았다.

지방은 3·24 이래 소강상태를 유지하고 있었고, 학생들은 노골적인 반정부 구호로서 "자유당이 무색하다, 부정부패 일소하자" "말라빠진 농민 모습, 이것이 중농이냐?"고 외쳤으며, 박의 하야만이 난국수습의 첩경임을 역설했다. AP통신은 워싱턴발 기사(6월 3일자)로 다음과 같이 보도했다.

반정부 시위의 격화로 야기된 한국의 정치적 위기는 2일 이곳 미국 관리들의 깊은 관심을 모으고 있으나, 그들은 한결같이 입을 다물고 사태의 발전만을 주시하고 있다. 그들은 앞으로의 사태 발전이 극히 중요하고, 속단을 할 수 없기 때문에 신중한 태도를 취하고 있는 것으로 보인다. 그러나 미국은 선거를 통해 이룩된 현 정부가 한국에서 지속되기를 바라고 있음이 확실해 보인다. 특히 라오스·베트남 사태에 몰두하고 있는 미국은 한국에서는 될 수 있는 대로 다른 잠음이 나지 않기를 희망하고 있는 것으로 믿어진다. 따라서 미국은 현 위기가 평화적으로 해결되기를 열망하고 있다. 이를 위해 정부는 일반적인 불만을 해소하기 위한 모든 행동을 취하는 반면, 학생들은 현재와 같은 형태의 정치활동을 하지 않아야 한다고 이곳의 관측자들은 보고 있다.

성대생 1,000여 명은 오전 11시 30분 동교 교정에서 구국투쟁 궐기 대회를 갖고 "우리는 우리의 운명을 게슈타포나 게페우와 같은 악랄한 나치즘과 코뮤니즘의 수법에 맡길 수 없다"며 정부를 성토했다. 이들은 "국가와 민족의 꺼져가는 심지에 기름을 붓기 위해 우리들은 분기하지 않을 수 없게 되었습니다"라는 요지의 '국민에게 보내는 호소문'을 낭독하고, '민족 반역자 김○○입니다. 나는 국민의 심판을 받겠습니다', '실정 책임자 박○○입니다. 국민의 심판을 기다리겠습니다', '민생고 꼭 좀 살려주십시오'라는 허수아비 3개 중 '실정 책임자 박○○입니다……'라고 쓴 허수아비를 교내에서 불태운 후, 나머지 2개의 허수아비와 '두야, 두야, 석두야, 백의민족에 게다짝을 얹으려는가'라는 플래카드를 앞세우고, 박 정권은 하야하라는 그들의 요구가 관철될 때까지 계속 투쟁하겠다면서 청와대로 향했다.

이들은 오후 12시 40분쯤 효제초등학교 앞에서 경찰과 충돌, 경찰은 최루탄 30여 발을 발사하였고, 학생들은 투석으로 응수했다. 학생들은 "빛 좋은 개살구야, 박정희는 하야하라", "경찰은 도둑이나 잡아라"는 등의 구호를 외치며, 오후 1시 50분쯤 종로 5가 쪽으로 다시 밀고 나갔다. 시위대의 선두는 오후 2시 15분 시민들의 환영을 받으며 "박 정권 물러가라"는 구호를 외치며 세종로까지 진출했다. 연도에 몰려든 시민들의 일부는 속속 학생시위대에 호응하기 시작했다.[2]

이날 성균관대 학생들이 경찰에 연행되자 시민들은 동대문서에 투석을 하며 석방을 요구했다. 경찰은 연행된 학생 전원을 내주었다. 연세대 시위대가 아현동로터리를 지날 때에도 시민들이 합세했으며, 시민회관 앞에 모여든 학생시위대가 시민들의 절대적 호응 속에서 경찰과 대치하

---

2 〈조선일보〉 1964년 6월 4일자.

는 등 6월 3일 오후로 접어들면서 학생시위대에 시민들이 합세하는 것은 일반적인 양상이 되었다.

비 내리는 3일, 거리로 몰려나와 박 정권 타도를 외치며 곳곳에서 경찰과 충돌한 학생시위대는, 오후 4시쯤에 청와대 부근까지 진출했다. 이들은 경찰 백차와 수도경비사 트럭 7대를 빼앗아 타고 세종로와 태평로 거리를 질주하는 등 4·19때와 비슷한 양태를 보였다. 또한 시위학생들은 투석으로 시경 산하 4개 파출소를 파괴하는 등 서울의 시가는 완전히 학생들이 휩쓴 감을 보였다.

서울대 문리대생이 단식투쟁에 돌입한 지 5일째인 3일의 서울 거리는 2일의 시위에 이어 18개 대학 1만 여 학생이 시위를 벌이다가 경찰과 충돌해 쌍방에 많은 부상자를 내었다. 시위대는 '박 정권 타도'를 외치며 비 내리는 서울 거리를 누볐고, 저지 경찰대와 충돌, 투석과 최루탄이 뒤범벅되는 가운데 많은 부상자가 나오는 유형의 불상사가 일어났다. 안암동·신설동·원남동로터리 등에서 경찰과 충돌한 학생들은 최루탄이 부족한 경찰 저지선을 뚫고 집단 또는 산발적으로 국회의사당 앞에 약 3,000여 명이 모여들었다. 이들은 다시 청와대 쪽을 향해 파도처럼 밀려가다가 세종로의 시민회관(지금의 세종문화회관)과 유솜(USOM, 미군대외원조기관) 건물 앞의 경찰 1차 방어선에 걸려 주춤했다. 이때 학생과 일반 시민은 약 1만 명. 오후 3시 10분쯤 학생들이 철조망 1개를 50미터가량 끌어내고 투석을 하자, 경찰은 최루탄을 발사하고 공수부대의 풍차까지 동원했다. 이때 시위저지 임무가 경찰에서 수도경비사령부로 넘어갔다. 학생들은 또다시 제2저지선(경기도청)과 제3저지선(중앙청 정문 앞)을 연달아 돌파하고, 제4저지선(조달청 앞)으로 밀려들었다가, 오후 7시 반에 다시 대치상태로 들어갔다. 여기에서 시위대는 수경사 군인 대열의 강력한 저지로 더 이상 진출하지 못했다.

② 비상계엄 선포와 수습

박정희 대통령은 6월 3일 오후 8시를 기해 서울특별시 일원에 걸쳐 비상계엄령을 선포하고 계엄사령관에 육군참모총장 민기식 대장을 임명했다. 박은 이날 오후 5시에 소집된 긴급 국무회의를 거쳐 오후 9시 50분에 대통령 공고 제11호로서 이를 공포했다. 그는 "합법적인 절차에 의해 수립된 정부를 우선 무너뜨려놓고 보자는 비지성적이며 무책임한 행동의 연속을 단호히 근절시킴은 물론, 교란된 질서를 회복하고 공공의 안녕을 유지하기 위해 비상계엄을 선포한 것"이라고 이유를 밝혔다.

한편 이날 비상계엄 선포와 동시에 투입된 수도경비사령부 산하 1,500여 병력은 중앙청 정문으로부터 시위군중을 세종로 방면으로 밀어내면서 해산시킴으로써, 4일 자정 시위를 완전히 진압하는 데 성공했다. 이날 학생시위를 저지키 위해 동원된 군병력은 수도경비사 소속 헌병 제5대대(503명), 공수단(500명), 수도경비사 제33대대(559명) 등 도합 1,562명이었다.[3]

박 정권의 하야를 외치며 대학생과 시민이 휩쓸고 간 서울 거리에 어둠이 깃든 밤 9시 50분, 비상계엄이 오후 8시로 소급 선포된 뒤에도 세종로 일대에선 자정께까지 대검을 총에 꽂은 군인들과 기동경찰에 저항하는 시위대원을 쫓는 최루탄이 연달아 터졌다.

저녁 8시, 조달청 앞에서 대치해 옥신각신하던 시위대는 무장군인들에 의해 최루탄이 난사되자 대열을 잃기 시작했다. '구속학생 전원 즉시석방' 등 8개항의 요구를 군지휘관을 통해 정일권 총리에게 제출하였으나 아무 대답이 없는 데 격분한 학생들은, 오후 8시께 바리케이드를 부수어

---

3 〈한국일보〉 1964년 6월 4일자.

피워두었던 모닥불을 군인이 있는 중앙청 안으로 던지기 시작했다. 이때 시위대는 전화 공사차를 빼앗아 중앙청 정문을 돌파하려 하기도 했다.

이에 대해 군인들은 30여 발의 최루탄을 학생들 쪽으로 던지고, 이때부터 최루탄과 불덩어리의 응수가 벌어져 중앙청 앞 세종로 일대는 약 반시간 동안 연기와 붉은 불길만이 감돌았다. 이때부터 군대와 시위대는 밀고 밀리기를 거듭하는 실랑이를 1시간가량 계속하다가 최루탄에 못 이겨 시위대쪽이 차츰 흩어졌다. 일부 시위대는 서울 체신청과 사직동 입구로 밀려들어가 계속 돌을 던졌으며, 군인들은 계속 이들을 추격했다. 밤 10시 30분께 100여 명의 시위군중들이 광화문 쪽으로 행진해 오는 군인들에게 돌을 던지며 맞서다 다시 해산했다. 밤 11시가 지나면서 시위대들은 중앙청과 광화문 큰 거리에서 거의 자취를 감췄고, 서울 체신청, 시민회관, 경기도청, 전신전화국 골목에 숨어 지나가는 차량에 돌을 던지기만 계속했다.[4]

계엄선포설은 이미 5월 하순부터 나돌고 있었다. 그런데 시위가 극심해진 6월 3일 오후 1시가 지나 경찰저지선이 계속 뚫리면서 최종적으로 결정된 것 같았다. 당초 정부는 비상대책 1·2·3안을 마련해 정상경비·비상경비·계엄 등의 단계적 방안을 세운 것으로 알려졌으며, 수도경비사 장병들로 끝까지 가두시위 방어만 할 것이라는 소문도 나돌았으나, 결국 상황의 위급함을 이유로 강경론이 우세해져 비상계엄을 펴기로 최종 결정했다.[5]

6월 3일 오후 3시 30분, 헬기편으로 버거 주한 미 대사와 하우즈 유엔군사령관이 청와대를 방문했으며, 이 자리에서 계엄령 선포에 따른 병력

---

4 〈한국일보〉 1964년 6월 4일자.
5 〈동아일보〉 1964년 7월 27일자.

이동 문제 등이 협의되었는데, 미국 측은 비상계엄 선포에 반대의사를 전혀 표명하지 않았다고 고위 소식통은 말했다. 계엄 결정이 버거에 의해서인지 한국 측에 의해서인지는 중요하지 않다. 확실한 것은 미국은 박 정권을 지지하고 있었고, 계엄과정에서 긴밀히 협조했다는 것이다.

6일 3일의 시위진압군에 대해서는 앞에서 밝힌 바 있고, 부대이동이 하우즈 대장에 의해 승인된 후 서울의 각 대학과 중고교에 주둔할 군대는 일부러 지방출신 병사들로만 뽑았다. 그러나 중요한 지역에는 5·16때 낯익은 공수단이 주 임무를 맡았다. 계엄 전 '우국충정의 과잉'으로 법원난입사건을 일으킨 이들은, 계엄선포 3일 후인 6일 단장 지휘하에 동아일보사를 침입해 다시 한 번세상을 놀라게 했다. 엄격한 보도관제로 극비에 붙여졌던 이 사건은 계엄사 내부에서도 큰 반발을 일으켜, 마침내 8일에는 그 내용이 계엄사에 의해 공표되고 관련자가 구속되었다. 이 사건은 박 대통령에게도 격분을 사 마침내 공수단은 서울에서 자취를 감추었다.[6]

3일 밤 나고스키 미국 대사관 대변인은 한국정부의 비상계엄 선포에 관해, 현 사태에 대처하는 불가피한 방법일 것이라고 논평했다.[7] 그런데 계엄은 헌법 제75조의 규정에 따라 대통령이 전시·사변 또는 이에 준하는 국가비상사태에 군사상 필요하거나 공공의 안녕질서를 유지할 필요가 있을 때 선포하는 것이다. 대통령은 계엄을 선포하면 이를 즉각 국회에 통고하고, 국회가 계엄의 해제를 요구한 때는 즉각 해제해야 한다. 비상계엄은 "전시 또는 전쟁에 준한 사변에 있어서 적의 포위 공격으로 인하여 사회질서가 극도로 교란된 지역에 선포"(계엄법 제4조)하는 것이며, 국방장관의 지휘감독을 받는(전국 지역일 경우에는 대통령의 지휘 감독을

---

6 〈동아일보〉 1964년 7월 27일자.
7 〈경향신문〉 1964년 6월 4일자.

받는) 계엄사령관은 계엄지역 내의 모든 행정업무와 사법업무를 관장하게 된다(계엄법 11조). 계엄사령관은 비상계엄 지역 내에서 군사상 필요한 때에는 체포·구금·수색·거주이전·언론·출판·집회 또는 단체활동에 관해 특별한 조치를 취할 수 있는 등, 평상시의 기본권은 미리 포고하는 계엄사령관의 조치 내용에 따라 제한을 받게 된다(계엄법 13조).

계엄에 대해 야당은, 이번의 비상계엄이 계엄법 제4조의 법적 요건을 갖추지 않고 취해진 것이라 주장했다. 정부·여당은 6·3비상계엄은 법적 요건을 갖추었다고 대응했으나, 6월 24일 각의에서 계엄법 개정안을 의결함으로써 야당 측 주장이 옳았음을 반증했다. 개정된 부분은 계엄법 제4조 법적 요건과 경비계엄시의 업무에 관한 제13조였다. 개정된 제4조는 "비상계엄은 전시·사변 또는 이에 준하는 국가비상사태에 있어서 군사상의 필요 또는 국가의 안전을 위태롭게 하는 사회질서의 교란으로 인하여 병력으로서 공공의 안녕질서를 유지할 필요가 있는 지역에 선포한다"는 내용이었다.

6월 5일 박정희 대통령은 민주공화당 총재의 자격으로 김종필의 공화당 의장직 사표를 수리했다. 계엄 직전 김의 사표가 반려된 지 며칠 만의 일이었다. 김의 사표수리는 일종의 문제해결을 위한 양동작전으로써 안[內]을 도려내는 의미였다. 그리고 그간 강력하고 끈질기게 김의 사퇴를 주장해온 장경순도 6일 부의장직 사퇴서를 이효상 국회의장에게 제출했으며, 공화당 당무회의는 장경순이 모든 공직에서 사퇴할 것을 권고했다.

6월 6일 공화당은 계엄기간 중 여당으로서 추진해갈 정책을 결정했는데, 첫째 중앙정보부를 전면적으로 해체하고, 둘째 한일회담 대표를 전원 개편하며, 셋째 부정·폭리 취득자에 대해서는 특별조치를 취하고, 넷째 파괴행위방지법을 입법화한다는 등의 사항을 결정하고 정부에 건의하기로 했다.

계엄 직후 김형욱 중앙정보부장이 사표를 제출했으나 반려되었다. 국민에게 각종 사찰과 정보정치의 산실로 비쳐온 중앙정보부는 1964년 들어 YTP를 중심으로 한 학원사찰의 주역으로 크게 문제가 되던 중 서울 문리대생 송철원 린치사건까지 일으켜 여론에 의해 지탄의 대상이 되고 있었다. 4·15 박 대통령의 진해 특별성명에서도 중앙정보부 개편을 언급한 바 있는데, 6월 6일 공화당 당무회의에서 전면해체 의견을 내놓은 것이다. 그러나 중앙정보부 전면해체안은 박에 의해 받아들여지지 않았으며, 7월 17일 각 도지부를 없애고 주요 지역에 대공분실을 설치하는 식으로 개편하는 데 그쳤다.

8월 14일 김형욱 중앙정보부장은 소위 인민혁명당 사건의 전모를 발표해, 검거된 41명을 구속했으며 16명을 수배 중이라고 밝혔다. 이들은 전 혁신계 일부 인사와 일부 현직 언론인 및 대학교수와 학생 등이었다. 계엄 며칠 후 공화당에서는 현직 언론인과 대학교수의 구속은 신중히 해줄 것을 정부 측에 건의한 바 있었다. 중앙정보부에 의해 8월 18일자로 구속 송치된 인혁당 관련자 도예종 등 47명은 만 18일간 서울지검 공안부가 철야 수사했으나, 구속만기일인 9월 5일 공안부는 기소할 수 없다고 결론지었다. 그러나 검사장은 기소할 수 있다며 당일 숙직검사로 하여금 기소케 하였는데, 이에 공안부 검사 4명 전원이 사의를 표명하고 곧 3명은 사표를 제출했다. 야당은 이 사건을 정치쇼라고 비난했다. 이후 인혁당사건 관련자에 대한 고문이 폭로됨으로써 다시 중앙정보부 해체론이 대두되었으며, 검찰의 공소취하로 관련자는 대부분 석방되었다.

계엄 후 여당과 야당의 온건파를 중심으로 시국수습협의회가 구성되었다. 협의회는 총 24명으로 여·야 동수로 구성되었다. 협의회는 2개 분과위로 나누어서 협상하였는데, 제1분과위는 '해엄解嚴에 따르는 당면문제'를 다루고, 제2분과위는 '항구적인 안정책 강구'를 다루었다. 협상은 계엄해제 시기로 팽팽히 맞서 6월 23일 결렬되었으며, 다음날 제출된 야당의 해엄안이 여당의 기권으로 폐기되었다. 26일 박 대통령은 국회에 출두해 특별교서를 발표했다. 박은 계엄이 하루 빨리 해제될 것을 바라지만, 불행한 사태가 재발되지 않을 확실한 보장의 선행 없이 계엄해제만이 시국수습의 방안이 될 수 없다고 말했다. 그리고 첫째 학원의 과잉자유로 말미암은 시위 난동화는 일벌백계해야 하고, 둘째 언론의 과잉자유로 인해 국가 안전이 침해되어선 안 되며, 셋째 국회가 국민에게 정쟁의 인상을 주어서는 안 되며, 넷째 군의 정치 불개입은 헌정수호의 절대요건이라고 말했다. 박 대통령의 연설 후 정부와 여당은 '선보장입법·후해엄' 원칙을 재확인하고, 7월 6일부터의 44회 임시국회 기간 중 원칙의 테두리 안에서 시국수습에 관한 전반적인 매듭을 짓기로 결정했다.

청구권·평화선 문제를 해결하고 국교를 정상화하자는 한·일 두 나라의 기본정책이 계엄령 선포로 당분간 진전되지 못하자, 경제협력을 선행함으로써 실질적으로 정상화의 분위기를 조성하자는 방향으로 성격이 변화되었다. 7월 28일 해엄 후 보장입법으로 언론윤리위법이 국회에 제출되어 야당의 방관 아래 통과되었다. 이것을 둘러싸고 야당에서는 유진산 의원이 여당과 야합했다는 '사쿠라 논쟁'이 일었고 이로 인해 야당의 분열이 있었고, 법의 시행을 막기 위해 언론계의 극한투쟁이 야기되는 언론파동이 있었다.

③ 반대투쟁 휴지기와 한학련

계엄선포와 한일회담의 중단으로 반대투쟁도 1965년 2월까지 휴지기에 들어갔다. 6·3사태로 352명의 학생들이 징계를 받았는데, 8월 22일 현재 45명 제적, 237명 무기정학, 70명 유기정학 등이었고, 224명이 구속

중이었다. 문교부는 각 대학에 학칙개정을 지시해 정치활동이나 수업방해를 한 학생에 대해서는 총·학장이 교수회의의 심의를 거치지 않고 제적을 명할 수 있게 했다.

1964년 9월 초 '학생동향 분석 판단서'라는 것이 정계에 파란을 일으켰으나 크게 확산되지는 않았다. 문제가 된 내용은 공화당이 종래의 다원적인 학원동태 분석을 당 청년국 중심으로 일원화하고, 학원 내의 친여 학생조직화 및 이를 뒷받침하기 위해 사무국 요원을 대학원 연구생으로 파견하는 한편, 학생회장 후보자를 포섭하는 등 학원대책을 세웠다는 것이다. 분석판단서는 '상황'과 '대책'으로 구성되었는데, 상황 부분에서는 교수동향·학생동향·전망·판단으로 나뉘어져 있었다.

1. **교수 동향** 현 정부에 비판적인 교수 및 혁신계에 가까운 교수 층은 매스컴을 통해 '학원보호법', '언론윤리위법'의 부당성과 철폐를 주장하고, 구속학생 전원 석방을 요구하고 있음. 그들은 〈동아일보〉, 〈사상계〉를 매개로 하고 있으며, 주요 교수는 서석순(연대), 이항녕(고대), 민병태(서울대), 황산덕(서울대), 양호민(서울대), 박근창(서울대).

2. **학생 동향** 가) 구속학생 석방을 위한 연판장 운동을 전개한 바 있으며, 나) 학원보호법을 탄압법으로 규정, 냉소하는 층이 점차 증대하는 현상임. ▲ 민주 기강확립 투쟁위원회(생략) ▲ 한국 학생구국협의회 = 대표 김수성(성대 정치과 3년 외 수십 명). 공화당 중앙 상임위원 김희조와 접촉 있음. ▲ 민족청년전선(생략) ▲ 이태식 사인 조사위원회 = 대표 이호진. 이하생략.

3. **전망** 일차적으로 학교당국을 통한 구속학생 석방의 건의형식이 좌절되면 정부당국으로 비화하고, 가두진출 투쟁도 우려됨. 일부 과격학생들은 학원보호법 및 언론윤리위법의 철폐를 요구하는 소위 '2대악법투위'를

결성, 언론인과 야당계 인사에게 호응할 것임(〈사상계〉와 8월말쯤 창간될 〈신동아〉도 같이 학생을 선동하는 논조를 지속할 것임).
4. **판단** 정계의 불안한 분위기와 불안한 국내정세를 타고 학생활동의 계절인 9월 중순 반정부적 과열운동이 전개될 것 같음.

또한 이 '학생동향 분석 판단서'는 다음과 같은 대책을 내놓고 있다.

1. 학원사찰 중지란 명제 아래 종전과 같은 학원에 대한 다원적인 취급을 당 청년국 중심으로 일원화(내무부나 중앙정보부)해 유기적인 대책을 수립 강화한다.
2. 단일화된 당 및 정부의 학생담당 제 기관을 총동원해 아래와 같은 사업을 신속 과감하게 수행한다.
   가) 각 대학교수와 접촉을 유지해 학생 지도방안의 합리화 도모, 나) 각 대학 유력학생과 생활지도 직원의 접촉 및 조정, 다) 영향력 있는 조교 및 대학원 연구생과의 접촉 및 조정, 라) 대학신문 주간에 대한 접촉 및 신문 논조 조정, 마) 대학별 동창회 간부 및 신망 있는 선배를 포섭, 간접적으로 학생들에 영향을 미침, 바) 차기 학생회장 후보자 포섭 및 당선 지원, 사) 각종 학회 및 연구단체 간부급에 대한 접촉 및 조정, 아) 고교별 동창회 및 향우회 간부에 대한 접촉 및 조정, 자) 친여적 협조 학생조직의 확대, 차) 내년도 졸업생 중에서 사무국 요원으로 등용하는 공개시험 실시, 타) 대학별 체육단체 및 종교단체에 대한 육성 지원

1964년 2학기 개강 후에는 구속학생 석방운동, 사식 차입금 모금운동, 기소취하 운동 등이 몇 개 대학에서 있었다. 이러한 것들은 극히 합법적·정적인 형태로, 지속성을 가지며 발전·전개되지는 못했다.

한일회담 반대운동의 과정에서 몇몇 학생조직이 보이는데, 그 중 하나가 '한국학생총연합회'이다. 학생연합회의 조직방식에는 3개의 유형이 통례였다. 첫째 유형은 소위 관제학련으로 과거 4·19 전 학도호국단 및 베트남의 학련이 그 전형적 예인데, 관제시위 기구의 역할을 담당한다. 둘째 유형은 미국식으로 정부의 원조와 후원을 받으나, 정치적 예속 관계에 서지는 않는다. 셋째 유형은 학생들 스스로의 능력과 의욕으로 조직되는 학련으로, 일본의 전학련全學聯처럼 정부의 정책에 저항할 만큼 강력하고 민주적이다. 한학련은 세번째 유형에 속하며 국제학련(ISC)의 원형과 유사하다.

한학련은 정치성 내지 어용성을 떠나 순수한 학생대표 단체로서, 국내외적으로 학생 전체의 의견을 집약하고 대학생 공동의 광장을 마련한다는 명분으로 발족되었다. 그런데 한학련은 결성 초기부터 정치성 개입과 헤게모니 쟁탈 등 온갖 잡음과 난관을 배태해왔다.

1963년 12월 서울시내 10개 대학을 중심으로 한 학생회장들은 발기인 총회를 열고 ① 학련결성을 성공시킬 것, ② 착수 재정비는 독지가로부터 무조건부로 받되 차후 보상할 것, ③ 3월에 확대총회, 즉 대의원 총회를 개최하되 종합대학에서는 5명, 단과대학에서는 3명의 대의원을 파견한다는 원칙에 합의했다.

1964년 3월 초 각도 대표 대학 및 시내 중진급 대학 30개교로 구성된 중앙위원회는 의장에 동국대 김실 군을 선출하고, 상설 의결기관인 중앙상임위원회를 시내 13개 대학으로 구성할 것에 합의한 뒤 재정보고를 들었는데, 이때의 재정보고서는 총회준비 및 사무실(소재지 명동) 유지비로 공화당의 김 모 인사에게서 15만 원을 받았음을 명백히 입증했다. 그래서 결성되기 전부터 서울대·연대·고대·이대·성대 등 5개교를 위시한 몇몇 대학 사이에서 마찰이 있었다. 한학련은 각 대학의 학생회장들로 구성되었는데, 그들이 선거를 통해 온갖 추태를 보였던 주인공들이란 점에서 그 조직기반이 될 학생들의 신뢰는 애당초 잃고 있었다. 결국 4·19혁명으로 호국단이 해체된 후 학련의 결성이 대학가에 숙제로 남아온 터라 상반되는 이해를 어색하게나마 조화시켜가며 1964년 3월 중순경 한학련이 결성되었다.

결성 이후 한학련은 6·3사태에 이르기까지의 몇 달 동안 자신들이 표방했던 대외명분에 접근하기는커녕 오히려 학생들의 뜻에 역행하는 결과를 초래하고 말았다. 즉, 공화당으로부터 받았다는 보조비 15만 원을 비롯해 한학련에 대한 의혹은 대표학생들의 정치적 경도를 농후하게 만들었고, 4·19 기념행사를 둘러싼 혼란 등으로 그 취약성을 여실히 입증했다. 또한 일부 간부급 학생들의 비공식 외유 등으로 기성세대와 다를 바 없는 스캔들은 극에 달했다.

1964년 3·24시위 이후 한학련이 취해온 일거수일투족은 명확히 학생들의 여론과 상충되는 그들의 정체와 방향을 드러냈다. 마치 4·19를 전후한 학도호국단과도 같이, 이들은 학생들의 여론을 집약시키기는커녕 정부 측 고위인사들을 찾아다니며 그들대로의 독단적인 타협을 모색하는 등 정치성을 띤 제스처만을 되풀이했다. 대표적인 것이 5·25난국타개 학생 총궐기대회와 6월 1일의 중앙청 뒤뜰 농성이었다.

결국 한학련은 실질적으로 학생들의 여론을 집약·반영하는 대표기구로서의 역할은커녕 제스처와 담합 등의 추악한 정치적 술수를 학원 내로 연장하는 기구로밖에 기능하지 못했다. 이로 인해 한학련은 6·3사태 직전 시내 7개 종합대학 대학신문 편집장에게서 불신당했다. 그러나 다음 해에도 한학련은 계속되었고, 진정으로 대학인의 의사를 반영하고 실천할 수 있는 대학 연합체의 존재는 반드시 필요했지만, 그 출현은 여전히 과제로 남게 되었다.

1965년의 반대운동

1965년 반대투쟁은 다음의 네 시기로 나뉜다.

① '전남대 시위 및 가조인假調印 반대투쟁'으로 이어지는 1965년 3월 31일부터 1965년 4월 말까지의 시기다. 3월 31일 전남대의 격렬한 시위에 대한 가혹한 탄압과 4월에 격화된 반대시위까지로, 4월 3일의 가조인에 상응하는 시기이다. 주로 독재정권에 대한 첨예한 투쟁과 노골화해가는 폭력적 탄압 및 동국대 김중배 군의 사망사건을 다룬다.

② '서울법대 5월 분규와 정국의 새로운 양상'으로, 1965년 5월부터 1965년 6월 중순까지의 시기이다. 1965년 4월 10일의 서울법대 시위와 1965년 4월 17일 교내 단식농성 시 농성학생 경찰연행 의뢰를 시작으로 야기된 학교당국을 통한 정권의 탄압이 그 전형을 이루고, 이에 대한 저항이 그 주요 대상이 된다. 이는 정권의 앞잡이가 된 일부 교수들이 학원에서 스스로 학원자율을 침해해 외부세력을 불러들이는 최초의 사건이다. 이 시기에는 5월 초 야당의 단일화가 실현되며, 중순에는 박 대통령이 미국을 방문한다.

③ '조인반대, 비준 무효화 투쟁, 위수령 발동'으로, 1965년 6월 중순부터 1965년 8월 말에 걸친 시기이다. 허약한 반대투쟁이 권력의 무한한 탄압에 의해 완전히 유린되는 과정으로, 고대·연대에 공수부대가 투입되고, 1964년의 계엄령 이상의 위헌적 위수령이 발동되고 무력이 동원되었다. 여기서 그 대상은 학생이다. 이는 박 대통령의 8·25담화로 단계적으로 시행되는 조치이다.

④ '위수령과 학원파동, 테러'로 대변되는 1965년 9월 초부터 1965년 9월 말까지이다. 회담 반대운동 진압을 너머서 근본적으로 정치적인 반대세력에 대한 강제적인 구조의 재편과정이다. 소위 정치교수 및 학생에 대한 징계를 거부하는 연대·고대에 대해 휴업령이 내려지고, 검찰·경찰·장학관 등 6명으로 구성된 감사반이 두 대학의 학사행정 감사를 실시한다. 9월 중순 야당 정치인 등에 대한 테러행위가 있었으며, 이로써 6·3사태 이후 학원과 야당·언론에 대한 탄압·회유 공작이 완결되어, 학원은 상처투성이로, 언론 및 야당은 자기분열로 공중분해된다.

1. 전남대 시위 및 가조인 반대운동

① 1965년 초의 정국 전개

1965년도는 오랜 기간 끌어오던 한일회담이 타결됐을 뿐 아니라, 한국군의 베트남 파병이 실현된 해이다. 한일회담이나 베트남 파병문제는 정권의 거듭되는 부정부패의 폭로와 실정失政에도 불구하고 박 정권과 미국정부가 유착하는 계기였다. 그 결과로서 박 정권은 강력하게 비판세력을 억압하면서 굴욕적인 회담타결을 진행시켰다.

야당은 한일회담과 베트남 파병에 대해 반대태도를 취함으로써 미국 정부에 달갑지 않은 모습을 계속 보였다. 이 해 야당은 박 정권에 의해 가해진 탄압과 회유로 인해 단일야당 실현의 보람도 없이 초기부터 분열의 모습을 보였다. 자기분열로 인한 야당세력의 약화는 1960년대 말까지 계속된다. 연초 동아일보는 〈새해의 전망〉이란 기사로 1965년을 다음과 같이 내다보았다.[8]

국제관계 속에서 한국문제는 …… 강대국들의 현상유지 정책이 계속될 것이고, 작년 말 언론기관 등에서 다루었던 통일문제는 양성화될 수 없을 것이다. …… 회담에 임하는 한층 견고해진 정부의 적극자세는, 앞으로 조인이나 인준에 예상되는 반대투쟁 등의 사태에 전례 없는 강경책을 취하리라 예상된다. 한편 정부의 강경자세에 대해 야당의 반대는 다소 분화될 것이다. 지난 연말 사퇴한 서범석 민정당 원내총무는 사퇴 시 "구한말적 사고방식에 사로잡힌……"운운하였는데, 이것은 회담타결에 강경하게 반대하던 민정당 보스(윤보선 당수)에 대한 정면 항의인 것이다. ……

한편 외교적 접촉 루트는 김종필-오히라 회담 같은 비정상적인 채널을 통하던 것이 정상적인 외교 루트로 돌아올 것이고, 미국의 조정이 양성화할 것이다. 3·24사퇴와 같은 일이 일어날 가능성에 대해서는, 여건이 작년 1964년과 비슷하므로 반발을 둔화시키는 길은 국민의 신임도를 높이고 야당의 반대세력을 분할작용으로 와해시키는 방법이 있을 텐데, 그간의 다양한 회담반대세력에 대한 약화공작이 얼마나 성과 있을는지는 의문이다.

우려할 만한 것은 일본에서 대량의 차관이 들어올 경우, 정치자금으로 달러당 몇 원만 해도 몇 천만 불을 도입하면 상당한 돈이 되는데, 그러할 경우

---

8 〈동아일보〉 1965년 1월 1일자.

정치자금을 받아쓴 집단에 대한 일본의 발언권이 심히 우려된다. 일본의 입김은 주요정책에 미칠 뿐 아니라 각종의 정부의 인사권에까지 영향을 미칠 수 있을 것이다.

공화당 내에서 계속 타오른 내분의 열기가 경제개편이나 강경·온건 간의 대립격화로 어떠한 사태를 몰고 올지 알 수 없고, 야당의 단일화가 실현될 것인지 여부도 알 수 없다. 하여간 한일문제를 계기로 우리나라가 자립의 활개칠 터전을 잡느냐, 혹은 예속의 굴레를 쓰느냐가 정해질 수 있는 커다란 일이 새해에는 다가올 것이다.

1965년 1월 9일 박 대통령은 내외 기자회견을 갖고 한일회담에 관한 문제에 대해 "금년 안으로 가부간 매듭짓겠다"고 언급했다. 또한 며칠 사이로 베트남 파병문제가 공식적으로 논의되었다. 정부와 여당에서 베트남 파병에 관해 재확인이 있으면서, 한국정부와 미국정부 사이에 베트남 문제가 계속 거론되었다. 1월 18일 한·일 간의 본회담이 속개되었는데, 일본 측 수석대표 다카스기는 "20년 더 한국을 가지고 있었으면 좋았을 것을, 전쟁으로 좌절되었다"라는 중대한 실언을 했다. 그러나 한국 측에서 별 문제 삼지 않아 다카스기의 망언은 양국에 별다른 영향을 미치지 않았다.

1월 20일을 지나면서 공화당의 내분은 새롭게 가열되었다. 지난해 12월 30일의 공화당 요직개편에서 당의장에 정구영 등이 임명돼 김종필 계열이 비주류가 되면서 이들에게서 강력한 반발이 있었다. 1964년 말의 요직개편 이후 비주류계는 당헌개정과 요직인선에 초점을 맞추면서 당내 세력투쟁을 계속해왔는데, 1월 21일 당헌개정 세목을 구체적으로 들고 나와 싸움의 전면적 태세를 양성화했다. 이에 대해 주류계인 정구영 팀은 비주류계의 반발을 국부적인 증세로 진단, 계획에 수정 없이 대

240

처하려 했다.

한편 야당 측은 아시아의 2개 전선(인도차이나와 한반도)을 우려해 베트남 파병을 반대하는 의견을 고수해, 박 정권과 미국 측을 당황시켰다. 1월 26일에는 베트남 파병 동의안이 야당인 민정당 의원이 전원 퇴장한 가운데 찬성 106, 반대 11, 기권 8로 국회상정 10일 만에 통과되었다. 물론 여기서의 파병부대는 전투적 목적을 가진 부대는 아니었다. 베트남에서는 계속되는 쿠데타로 독재정권에 대한 불교도들과 학생들의 반대 시위가 계속되었고, 독재정권에 대한 항의로 분신자살하는 경우도 있었다. 1965년은 미국이 베트남전에 전면 개입하면서, 베트남문제가 세계에서 가장 커다란 이슈가 된 해이다.

1964년 12월 일곱 번째로 한일회담이, 박 정권 내부의 요구와 미국의 노골적 개입으로 급진전하자, 야당은 '대일 굴욕외교반대 범국민투쟁위원회'를 재소집하겠다고 밝혔으며, 김·오히라 메모 등 여러 의혹적이며 굴욕적인 문제점이 백지화되지 않는 한 여하한 한일회담도 저지하겠다는 의사를 분명히 했다.

2월 17일 외상회담을 위해 시나椎名가 내한하였으며, 이에 대해 몇몇 단체의 회담반대 시위 등이 있었으나 주목할 만한 것은 없었다. 16일 오후 문제점 많은 한국학생연합회와 6·3동지회(6·3사태 때 구속되었던 학생들의 모임)가 시위의사를 밝혔다. 2월 17일 서울시경은 을호경계령을 내렸는데, 을호경계란 외국사절 내한 시의 경비형태이다. 이날 조선호텔 앞에서 유인물이 뿌려지고 시위가 있었는데, 동국대·외대 학생회장과 전 국회의원, 민정당·민주당 등 야당원 10여 명이 연행되었다. 2월 18일 6·3동지회 학생 10명이 이토 히로부미의 망령을 성토하고 파고다공원 앞에서 시위를 벌이려 했으나 경찰제지로 좌절되었다. 2월 19일에는 굴욕외교 반대투위가 경찰과 충돌했는데, 이들은 시청 앞에서 집회를 열

예정이었으나, 경찰의 강력한 저지를 받아 세종로 투위 본부로 철수하면서 수천 명이 시위를 벌였다. 2월 20일에는 한일회담 의제 중 기본조약 부분이 가조인되었다. 23일에는 민정당 총재로 윤보선이 재선되었으며, 야당통합 추진을 선언했다.

이렇듯 한일회담 문제를 중심으로 정국이 국민의 의사와는 무관하게 진행되는 상황이었다. 이에 야당은 강경하게 반대투쟁에 나섰는데, 서울시에서는 반대집회가 있는 날에는 고압선 정비를 이유로 강연이 있는 시간에 정전을 시키는 등으로 방해를 했다. 야당은 지방을 순회하며 열띤 회담반대 성토를 벌였고, 반대유세가 격렬한 형태를 띠면서 3월말 연사인 유옥우 씨가 전남도경에 의해 구속되기도 했다. 그간 회담반대 강연회가 열리는 지역에서는, 학생들을 강제로 극장에 동원하고 시민들을 도로정비 목적으로 동원하는 등 음성적 방해공작이 있기는 했으나, 이 구속조치는 야당에 큰 충격을 주었다.

② 3·31 전남대 시위와 초기 시위의 확산

3월 26일 전남대생들은 '생명선을 사수하자'는 성토대회를 열었으나, 학생과와 옥신각신해 15분 만에 끝났다. 31일 이 해의 주목할 만한 반대투쟁으로 전남대 시위가 발생했다. 전남대생 800여 명은 회담반대 성토 후 시위를 벌였으며, 학생들은 군복을 입은 경찰 300여 명과 충돌했다. 투석전이 있었고, 20여 명의 학생들이 부상당했으며, 32명이 연행되었다. 문제는 시위 이후의 정부의 강경대응이었다. 전남대에서는 31일 시위 당일 32명을 연행 그 중 1명을 구속한 데 이어, 4월 1일 4명 연행 1명구속, 2일 5명 연행조사 등으로 이어져 전남대생들을 불안에 떨게 했다. 문교부에 의한 학교의 징계처분도 유례없이 강경해 총학생회장 정동년

등 7명을 제적했다. 시위가 격렬했던 1964년의 6·3시위 때에도 시위 참가생 24명에게 정학처분을 내렸을 뿐이었다. 게다가 이들의 제적은 교수회의조차 거치지 않고 학장회의에 의해 결정되었다.

앞에서 살펴봤듯이 한일회담은 박 정권으로서도 더 이상 늦출 수 없었고, 그에 관련된 외자의 조속 도입은 정권의 사활이 걸린 문제였다. 박 정권으로서는 1964년의 경험을 통해 한일회담 반대운동의 반독재 투쟁적 성격을 알았던 것이고, 그러한 박 정권의 인식은 반대투쟁에 대한 강경일변도로 나타났다.

4월 초에 접어들면서 전남대에서는 제적생의 복교를 위한 서명운동이 있었고, 정부는 7명의 제적생 중 4명에게 현역 입영영장을 발부했다. 자세한 내용을 보면, 제적당한 학생 7명 중 안일근(23세), 송종호(22세), 김영우(21세, 신체검사 미필자), 정동년(23세, 구속 중) 등 4명에게 4월 13일까지 입영하라는 징집영장이 발부되었다. 이들과 함께 제적된 서병수(법대 4년)에게도 13일까지 31사단에 입영하라는 징집영장을 발부했는데, 이미 서 군은 1962년 9월 4일 논산 훈련소에 입대하여 현역근무 후 1964년 9월 7일에 제대를 하였었다. 이에 대해 한병갑 전남 병무청장은 행정착오로 그렇게 된 것 같다며, 12일 아침 영장취소를 명령했다고 밝혔다.

이러한 일에 대해 학생들은 "쇠고랑 뒤에 제적처분이 오고 또 강제징집이라는 수단에 울어야 할 현실을 직시하고, 구국을 위해서는 내일의 죽음도 각오한다"고 말했다. 또한 전라남도 병무당국은 이들에게 영장을 발급한 것은, 그들이 이미 재학으로 인한 징집연기원이 제적이나 휴학 등 연기사유가 해소될 경우 즉시 현역 복무지원을 하겠다는 서약서를 제출했고, 전남대로부터 제적통고를 받아 국방부령 제98조를 적용 징집영장을 발부했다고 해명했다. 이 사건은 결국 5월에 들어서 주모자인 정동년이 구속·기소되고 나머지 3명은 입대하였으며, 정동년을 제외한 6명에게는 복적조치로 무기정학 처분이 내려졌다.

전남대생에 대한 강경한 조치는, 회담 반대운동에 대응하는 박 정권의 자세를 잘 보여주는 것으로 주목된다. 이는 문교부의 태도에서 잘 알 수 있다. 문교부는 4월 1일 오후, 전날 800여 명의 학생이 한일회담 반대 시위를 벌인 전남대 당국에 "주동 학생을 색출, 학칙에 의해 엄벌에 처하라"고 지시했다. 문교부에 의하면 1일 오전에 열린 국무회의에서도, 광주에서의 학생시위에 대해 논의하고 만약 시위사태가 악화된다면 총장 등 학교책임자를 문책하기로 원칙을 세웠다고 했다. 한편 1일부터 문교부 장학관이 전남대에 파견되었고, 이어 3일에는 서울시내 일부 대학에도 장학관이 파견되었다. 5일 오후 문교부 장학관실에 서울시경과의 직통 경비전화가 가설되었다. 4월 2일 원주 대성고교생 400여 명의 시위가 있었고, 주동학생 6명이 즉각 퇴학 처분되었다.

4월 3일 한일회담은 가조인되었다. 이로써 한일 양국간에 정식 협정 조인의 길이 열림과 동시에, 격한 가조인 반대운동을 유발시켰다. 4월 6일 야당은 원내외 극한 투쟁을 선언했고, 7일에는 '학생 평화선 사수 투쟁위원회'(혹은 학생연합투위)의 대정부 성명이 발표되었다. 이 단체는 지난 4월 1일 밤 서울시내 13개 종합·단과대학생 40여 명이 한일회담을 반대하기 위해 결성되었다. 이 단체의 성격은 학생회장단들의 '한국학생 총연합회'(한학련)와는 다른, 1964년 5·20장례식 시위를 주최했던 '한일 굴욕외교 반대투쟁 전국학생연합회'와 그 궤를 같이하는 것이었다. 이들은 성명서에서 전남대를 비롯한 지방의 피검 구속학생들의 석방과 즉각 복학을 요구했다. 또한 이들은 4·19에 전 대학이 함께 투쟁을 개시할 것이며, 우선 4월 9일부터 단대별로 투쟁을 개시하겠다고 밝혔다. 성명서는 다음과 같다.

〈성명서〉

1. 전남대를 비롯한 지방의 구속학생들을 석방과 동시에 즉각 복학시킬 것.
2. 졸속주의적 한일회담 가조인을 즉각 무효화하고, 국방선이며 생명선인 평화선을 사수할 것.
3. 우리는 일본 제국주의의 재침의 우려에 대해 국가와 민족을 수호코자 하는 민족적 양심과, 진리와 정의의 정도를 인도코자 하는 역사적 사명감에 따라 합법적 투쟁을 계속할 것이다.
4. 우리 투쟁일의 최초 시작일을 4월 9일로 결의하고, 투쟁방법은 적당한 성토대회와 평화적 시위로 한다.

4월 초 국회에서, 학생 선도비로 문교부 예산 중 2,500만 원이 전용된 것이 밝혀지면서 정부에 의한 대학생 매수가 물의를 빚었다. 4월 9일 수도경비사령부 소속 1개 대대의 병력이 오전 한때 청와대에서 경복궁에 이르는 길목과 중앙청 앞길 등에 배치됐다가 다시 중앙청 광장에 대기하는 일이 있었다. 경찰은 10일부터 춘계 치안대책이라는 이유로 비상근무 태세에 들어갔는데, 이러한 전국 경찰의 비상경계 속에서 서울법대 시위가 있었다. 4월 10일 오전 10시 서울 법대생들은 평화선 사수와 매국외교를 규탄하며 플래카드를 들고 나와 종로 5가와 4가를 거쳐 파고다공원 앞까지 40분간 시위를 벌였다.

기동경찰대는 결의문을 낭독하려던 학생대표 3명을 연행하고, 학생들을 포위하고 파고다공원 담 쪽으로 밀어붙인 뒤 10시 40분에 끝까지 버티던 167명 등 170명을 연행했다. 4월 12일에는 경희대 300명과 연세대 2,000명의 성토가 있는 등 시위가 확산 격화되어가는 조짐이 역력하자, 이대 입구에는 연세대생들의 가두시위에 대비해 300여 명의 경찰이 곤봉과 최루탄으로 무장, 5대의 트럭에 분승해 있었다. 이날 10일의 법대 시위로 4명 구속기소, 1명 수배, 59명 즉심회부가 결정됨에 따라, 서울대생들은 기소된 4명과 수배 1명 등 5명이 제적될 경우 전교생이 자퇴하겠다고 맞섰다. 초급대학 학생들의 모임인 '초급대학 연맹회'에서도 구속학생 석방 요구가 있었다.

4월 13일 한일회담 반대 성토대회는 범대학적으로 일어났다. 13일부터 서울에서 일제히 굴욕외교 반대시위가 있으리라는 정보를 얻은 경찰은 다방 또는 민가·거리 등에서 불심검문 끝에 학생들을 다수 연행해갔다. 연행된 이들은 주로 다음날의 시위를 준비하던 학생회 간부들이었다.

13일 낮 고대생 1,000여 명은 제2 을사보호조약 철회와 구속학생의 석방을 요구하며 성토대회를 벌였다. 이들은 성토대회 후 교문을 박차고 나와 시위에 들어갔는데, 성토대회에서 총학생회장이 낭독한 선언문은 다음과 같다.

〈선언문〉

우리는 이제 소아병적 영웅심과 시정의 부패로 인한 경제적 파탄의 일시적 구호책으로 일본을 끌어들이려 하는 것을, 국민의 여론을 무시, 졸속 저자세로 일관된 치욕적 행위라 규탄하며, 한일관계의 모든 가조인이 무효임을 민족의 이름으로 선언한다.

민족의 살 길은 평화선을 넘겨주고 얻은 채무나 36년간 수탈의 대가인 몇 푼의 돈에 달려 있는 것이 아니라, 우리의 보고 평화선을 영속적으로 사수하는 데 있음을 알고, 민족의 생존을 위해 평화선을 사수할 것을 선언한다.

고대생 시위대는 한때 2,000여 명으로 늘어나면서 세 차례에 걸쳐 안암동 로터리까지 시위를 벌였다. 이들은 경찰의 강력한 제지를 받아 투석으로 맞서며 학교로 후퇴하는 등 공방전을 벌였으며, 시민들 일부가 시위대에 합세했다. 경희대생 900여 명은 학교 안 '문화세계의 창조탑' 앞에서 성토대회를 열고 교문을 나섰다. 이들은 홍릉 임업시험장 앞에서 200여 명의 기동경찰과 대치하다가 경찰 저지선을 뚫고 홍릉 버스종점까지 나갔다. 또 연대생 1,200여 명은 '평화선 사수 연세대투위 발기대회'와 '한일회담 반대 성토대회'를 마치고, "매국외교 피로써 막아내자" "데모가 불법이냐 폭정이 불법이냐" 등의 플래카드를 들고 스크럼을 짠 후 시위에 나섰다. 시위대는 이대 입구에 이르러 최루탄과 곤봉으로 무장한 채 대기 중이던 500여 명의 경찰과 충돌해 곤봉세례를 맞고 흩어졌다. 시민들은 시위 학생들에게 박수를 보냈다. 동국대생 800여 명도 성토대회 후 교문을 부수고 거리로 나왔는데, 퇴계로 4가에서 제지를 받았다. 다시 퇴계로 쌍림동으로 빠져 중심부로 나온 이들에게 숨어 있던 경찰 100여 명이 곤봉으로 습격, 10여 명이 이마가 깨져 길에 쓰러지고 70여 명이 연행되었다. 이틀 후 유명을 달리하는 김중배 군도 이때 부상을 입게 된다. 또한 중대생 300여 명과 성대생 700여 명도 경찰과 투석전을 벌였다.

경찰은 13일의 학생시위로 모두 528명을 연행, 집회 및 시위에 관한 법률 위반 및 특수 공무집행 방해혐의로 그 중 12명(1명은 지명수배)에 대해 구속영장을 발부받아 집행했다. 또한 34명을 불구속 입건, 354명을 즉심에 돌려 벌금 300원씩을 선고했고, 128명은 14일 오전에 훈방했다.

15일 오전 9시 30분쯤 경기고교생 1,000여 명이 '평화선 암매! 을사년은 통곡한다'는 플래카드를 들고 시위해 최루탄에 투석으로 맞섰다. 학생들은 400명, 200명씩 두 차례에 걸쳐 기동대가 없는 옆골목으로 빠져 낙원동 입구까지 나갔으나, 경찰 제지를 받고 33명이 연행되었다. 경찰에 밀려 교정에서 연좌시위를 하던 1,000여 학생들은 동료 학생들의 석방과 한일회담 반대를 결의하는 뜻으로 오후 1시부터 교정에서 단식농성에 들어갔다.

낮 12시 45분쯤 고려대생 1,200여 명이 "평화선을 피로 사수하자" "구속학생을 즉시 석방하라"는 플래카드를 앞세우고 시위에 들어갔다. 안암동 로터리까지 나온 고대생들은 1시쯤 동부교회 앞길에서 방독 마스크로 무장한 300여 명의 기동대와 무술경관의 저지를 받자 연좌한 채 구호를 외쳤다. 이에 경찰은 수십 발의 최루탄과 연막탄을 발사하면서 학생들에게 돌진 30여 명을 연행해갔다. 학생들은 안암동로터리와 교문 앞에 걸쳐 계속 대치와 공방전을 벌였다.

이날 서울 법대생들은 단식농성에 돌입했다. 4·10법대시위 이래 이른바 주동학생 구속 등 강압책 일색으로 정부 측이 계속 강경한 반응을 보이자, 법대생들은 15일 오전 다시 학생총회를 소집했다. 이들은 굴욕외교 반대 성토를 벌인 후 5일간의 단식투쟁을 결의, 이날 정오를 기해 이들 중 50여 명이 단식농성에 돌입했다. 서울 법대 성토대회에서는 '정부는 왜 한일회담을 서두르고 있나?'라는 제목하에 다음과 같은 항의를 하고 있었다.

약소 후진국은 자본의 궁핍상태를 외국원조에 의존 해결하려 한다. 그러나 이제 우리는 외원外援이 준 가득한 파행적 경제구조 앞에서 통곡을 해야 하는 것이다. 이제 또다시 그나마 달러의 공급은 감소되고 있다. 정부는 경제구조의 과감한 개혁보다 목전의 재정궁핍을 전보塡補하기 위해 선진 자본국가의 원조가 시급하다는 결론을 버리고, 맨발로 뛰어 '보약'을 증정해가며 '밤이 지새도록' 조속타결을 추진하고 있다. 그래야 백악관의 우호적 영접을 받는다면 '민족적 민주주의'의 민족은 어느 민족인가? 대미의존적인 반신불수의 한국 경제를 이중 예속의 철쇄鐵鎖에 속박하는 것이 조국근대화의 첩경인가?

이상의 주장에서 학생들은 정부의 졸속·경박을 비난하고 있다. 또한 성토대회에서는 미국이 한일회담 자체에 깊숙이 관여하고 있는 듯한 정세에 대해서도 비판적이었다. "미국은 한일회담에 관여치 말라"는 구호는 1964년 3·24시위 이래 이미 고전화된 슬로건이었는데, 이것이 점점 집중화되어가는 양상을 띠었다. 4·10법대시위 결의문 중 일부를 보면 "우리는 미국이 한일회담에 너무 깊이 관여하고 있음을 주시하며, 이 이상 더 관여하지 말 것을 요구한다"고 했다.

시위가 확산되자 14일 오후부터 수도경비사령부 예하 대대가 서울 중심부로 이동했으며, 국방부 당국자는 이 부대이동은 앞으로의 시위사태에 대비키 위한 것이라고 밝혔다.

③ 김중배의 사망과 임시휴교

1965년 3월 말 이래 계속되어온 경찰의 과잉저지는 끝내 피를 불렀다. 4월 13일 동국대생 시위에서 머리를 다친 김중배 군이 15일 밤 서울대병원에서 사망했다. 검찰이 밝힌 김 군의 사인은 "외부에서 가해진 타박상으로 인한 두개골저頭蓋骨底 골절상"이었다.

김 군은 4월 13일 오후 1시부터 2시 사이 퇴계로 5가에서 기동대원 혹은 중부서원에게 몽둥이로 머리를 맞아 쌍림동 민가에 숨어 있다가 오후 3시쯤 퇴계로 4가와 5가 사이에서 중부서로 연행되었다. 그는 부상을 입었다는 이유로 풀려나와 을지로 6가 이비인후과병원에서 응급치료한 후 시립 중부병원과 수도의대병원에 입원 요청했으나 시위하다가 다쳤다는 이유로 입원을 거절당했다. 그는 결국 14일 새벽 2시 "장난하다 몽둥이로 맞았다"고 속여 서울대병원에 입원했다. 서울대병원 담당의사는 "김 군의 오른쪽 귀가 퍼렇게 멍이 들어 있었고 귀에서의 출혈

이 심해 수술할 수도 없었다"고 했다. 16일 동국대에서는 김중배 군 위령제 후 2,000여 명의 시위가 있었고, 시내에는 수경사 병력 2개 대대가 투입되었다.

광주에서는 전남대의 문리대·법대생 400여 명이 대학본관 현관 앞에 연좌해 "제적학생을 즉시 복학 안 시켜주면 총학장은 사퇴하라"는 요구조건을 내걸고 농성했다. 이들은 제적 후 영장을 받고 입대한 학생들도 즉시 복교시키도록 요구, "총학장 등 학교당국은 정부 압력을 배제토록 하라"고 주장했다. 건대생 2,000여 명도 회담 반대시위에 들어가 경찰 백차 1대를 탈취해 앞장세우고, 한양대 앞에서 경찰과 대치하면서 투석과 최루탄·연막탄의 공방을 벌였다. 그 외 다수 대학에서 시위와 성토대회가 있었다. 이즈음 며칠간에 걸쳐 전 민의원 이철승 씨 집에 방화가 있었고, 민정당 대변인 박한상 씨 집에는 투석이 있었으며, 민정당사에는 정사복 경찰이 난입, 방송기구를 강탈하고 당원을 강제 연행하는 등의 사건이 있었다.

김 군의 사망은 당시 동료 대학생들뿐 아니라 정치권에도 커다란 파문을 던졌다. 야당에서는 양찬우 내무장관과 윤천주 문교장관 해임안을 제출하고, 강압적 시위저지에 대한 진상조사를 위해서 특별 조사단 구성을 제안키로 했다.

가조인 반대투쟁이 점점 확산되어가는 양상을 보이자, 문교부는 16일 오후 "한일회담 반대시위로 정상수업이 어려운 서울시내 고교 이상의 학교는 4월 말까지 학교 책임자의 재량으로 임시휴교토록 하라"고 각 대학과 서울시 교육위에 긴급 지시했다.

이러한 지시에 따라 4·15 이후 단식농성에 돌입한 서울법대가 16일 임시휴강한 데 이어, 서울시내 대부분의 대학들이 임시휴교에 들어갔다. 대학의 경우, 동국대(16~30일), 서울 사대(17~22일), 서울 법대(16~22일),

고대(17~24일), 연대(19일 하루) 등이었고, 30여 고등학교도 휴교에 들어갔다. 1965년 4월 19일에는 서울시내 주요 대학 대부분과 상당수의 고등학교가 문을 열지 않았다. 휴교중인 4월 17일에는 유기천 법대 학장의 요청에 따라 경찰이 투입되어 15일부터 단식농성 중인 서울법대생들이 전원 연행된 사건이 있었다.

④ 4·17사태와 3군 대기령

'대일 굴욕외교 반대 범국민 투쟁위원회'는 4월 17일 효창운동장에서 굴욕외교 반대 시민궐기대회를 열었다. 4월 10일부터 1주일간의 학생시위로 반정부 감정을 가진 시민 4만여 명이 이 대회에 참가했다. 대회를 마친 후 시민들은 학생들과 함께 경찰과 충돌, 경찰이 페퍼포그·최루탄으로 진압하다가 결국 1개 중대의 군대와 2대의 헬기까지 동원했다. 궐기대회에 참석한 야당의원들 가운데 민정당의 김영삼·고흥문·양희수, 민주당의 김대중·한건수 의원 등은 화상 또는 파편상을 입어 병원 또는 자택에서 입원 혹은 가료해야 했다. 이날 시위과정에서 목공소와 페인트사에 화재가 일어났으며 파출소가 파괴되고 기물이 소각되는 일이 있었다.

   4·17사태는 박 정권의 강경탄압에도 불구하고 타오른 반대투쟁의 열기와 김중배 군의 사망이라는 위기적 상황에서 박 정권의 군대동원의 명분으로 조작된 사건이었다. 4월 19일 정부는 대일 굴욕외교 반대투위를 불법단체로 규정하고, 4월 17일의 투위 주최 시위를 폭동으로 규정했다. 여당인 공화당은 19일 성명을 통해, "야당은 그들의 계획적인 4·17 난동을 정부의 직무유기라고 선전함으로써 공공건물 파괴사건을 오히려 정부 측에 뒤집어씌우려 하고 있다"고 비난했다.

19일 오전 군 당국자는 "앞으로 전국 각처에서 한일회담 반대시위가 심해질 경우, 만약 경찰력으로 시위를 막기 어려울 때 경찰의 요청이 있으면 수도경비사 병력 외에도 군에서 지원해주도록 결정했으며, 이는 위수령에 의해 가능한 것이다"라고 했다. 국방부는 이와 같은 병력사용 계획을 3군 참모총장에게 지시했으며, 이러한 사항은 유엔군 측과도 합의를 본 것으로 알려졌다.

4월 19일 야당과 굴욕외교 반대투위는 정부가 투위를 불법단체로 규정한 데 대해 즉각적으로 반발했다. 이들은 4·17시위를 경찰이 강압적으로 제지했다고 비난하면서, 정부가 불법단체 운운한 것은 전체주의적 수법이라 주장했다. 이들은 4·17시위 저지로 빚어진 일련의 혼란은 정부가 현 정국을 "지난해의 6·3사태로 몰아넣으려는 저의를 드러낸 것"이라고 주장했다. 4·17사태와 투위를 불법단체라 규정한 정부처사를 반박한 투위와 각 정당의 성명은 다음과 같다.

투위대변인

시민의 평화적 시위를 난동으로 몰고 당일의 화재까지도 우리의 책임으로 돌리고 있음은 국민탄압을 위한 소위 비상사태의 조작적 행동으로밖에 볼 수 없다. 투위는 범국민적 연합체로서 1년 이상 행동해왔는데, 지금 와서 불법 운운함은 매국외교 반대투쟁에 대한 일관된 탄압을 의미한다.

민정당 대변인

애국학생 김중배 군을 타살한 경찰은 백만 학도와 국민의 분노는 아랑곳없이 단말마적 행동을 계속하고 있다. 선량한 시민과 우리 야당은 이와 같은 살인적 행위와 악랄한 흉책에 조금도 굴하지 않고 최후 목적인 굴욕 매국외교 저지에 더욱더 용기백배할 것을 단언하는 바이다.

민주당

4·17사태는 데모저지가 아니라 가공할 살인적 보복조치였다. 목공소와 페인트사에 연막탄을 쏘아 일어난 불을 시위군중의 소위所爲로 전가시키고 장기간 파출소를 비워놓아 몇 십 명의 괴한들에게 내맡기고 비품 소각을 방관한 처사는 직무유기일 뿐만 아니라, 현 정국을 6·3사태로 몰아 투위의 평화적 시위를 폭도시하고 투위를 불법단체화하려는 저의에서 꾸민 연극과 같다. 그리고 투위를 불법단체로 모는 것은 헌법 제18조에 규정된 언론 및 결사의 자유를 무시한 처사이다.

그런데 어떤 결사를 '불법단체'로 규정할 수 있는 권한은 법률상으로 행정부에 부여되어 있지 않다. 당시 헌법은 집회·결사의 자유에 대해 "허가는 인정되지 아니한다"고 해 절대적인 자유를 규정하고 있었다. 헌법정신은 어떤 결사의 경우에도 행정부 자의恣意에 의한 불법단체 규정을 허용하지 않았다. 오직 법원의 판결 아래서만 불법단체의 규정이 내려질 수 있는 것이다.

다만 절차법으로서 '사회단체 등록에 관한 법률'이 있을 뿐이고, 모든 결사는 등록을 하지 않았다는 이유로 불법단체로 낙인찍힐 까닭은 없었다. 결사는 결사 그 자체로서 이미 존재하는 것이며, 요식행위인 등록을 태만했다면 대표자가 5만 원 이하의 과태료 대상이 될 뿐, 불법단체로 규정하는 것은 월권이라 아니할 수 없다.

4·17사태를 전후해 야당의 한일회담 반대 입장과 미국과의 주목할 만한 관계를 살펴보면 다음과 같다. 우선 회담반대 강연회에서의 발언을 보면, 광주강연회에서 장택상 전 국무총리는 "북으로부터 그리고 남으로부터의 동시 침략이 있으면 나는 총을 남으로 겨누겠다"라 했다. 유옥우 민정당 정책위 의장의 경우 "야당원 50만 명을 동원, 국회를 포위

하고, 중앙청·청와대에 항의하겠다"고 했다. 한편 윤보선 민정당 총재는 부산에서 "현재의 미국정책은 대한민국의 운명을 한일병합의 전야인 노·일전쟁 직후의 상태에 놓으려 하고 있다"고 말했다.

윤보선 민정당 총재는 4월 16일 오후 정동 대사관저에서 윈드롭 브라운 주한 미대사와 만나 이례적으로 2시간 30분에 걸쳐 현 정국 전반에 관한 의견을 나누었다. 가조인을 끝낸 한일회담 문제와 학생시위 사태를 중심으로 해 서로의 의견을 나눈 자리에서, 윤 총재는 지금의 타결선에서는 한일회담을 전면 반대한다는 야당의 입장과 '반미적'이라고까지 일부의 비난을 받는 민정당의 미극동 정책에 대한 비판의 진면을 설명하고, 미국이 이러한 사태를 직시하도록 요청하였다. 이 자리에서 브라운 대사는 학생시위 등 현 사태가 계엄을 펴지 않고 수습되기를 희망한다는 의견을 표명한 것으로 알려졌다.

한일회담은 한민당 이래 미국과 밀착해 있던 한민당계 야당과 미국의 관계를 금가게 했다. 특히 윤보선의 경우, 1963년까지는 미국과의 관계가 매우 긴밀한 것으로 보였는데, 한일회담을 계기로 박 정권과 미국이 유대를 공고히 함에 따라 그만큼 미국과의 거리가 생겼다.[9]

한일회담 반대를 둘러싼 시위저지책에 미국은 긴밀히 협조하거나 혹은 그 이상으로 임했다. 전군의 통수권이 주한 유엔군사령관 곧 미8군 사령관 지휘하에 있는 한국군이 행동할 수 있다는 것은, 무력진압에 대한 미국의 동의를 의미하는 것이다. 3·24시위 이래 유엔군과의 협력하에 계속 병력이 동원되었다. 이번의 4월 19일의 육·해·공군 대기령에 대해서 AP통신은 "하우즈 대장도 이미 이 점에 관해 이해하고 있다"고 보도했다.

---

9 최창규, 《해방 30년사》 제4권, 성문각, p.299.

1965년 4월 22일자 〈조선일보〉는 윤보선 씨가 하우즈 미8군사령관에게 서간을 보냈다고 보도했는데, 밝혀진 내용은 다음과 같다.

우리들은 현 정권이 이번에 가조인한 한일회담의 내용을 매국행위라고 단정하고, 여기에 공명, 궐기하는 모든 국민과 더불어 정부의 독선적이고 일방적인 매국외교를 적극 반대하는 투쟁을 전개하고 있거니와, 의사표시의 기본권을 현 정부가 박탈·탄압하는 데 있어 귀하가 영도하는 주한 미군으로부터 공급된 것으로 믿어지는 유독 화학탄이 사용되고 있고, 그로 인해 많은 시민과 야당 정치인들이 부상했고, 일부 지방에서는 야당의 데모 방지에 투입되는 한국 기동경찰을 수송하는 데 미군용 차량이 동원되고 있는 사실 등에 대해 우리는 경악과 염려를 금할 수 없다.

이에 대해 하우즈 대장은 "우리는 법과 질서를 유지하기 위해 필요할 경우 사용하도록 역대 한국정부에 시위진압용 물자를 공급해왔다"고 말하고, 정치적 부분에 대한 답변은 피했다.

4·19를 전후해 월말까지 계속된 임시 휴교조치로 인해 반대투쟁의 파고는 쇠퇴하였고, 이로써 가조인 반대투쟁은 일단락된다. 4월은 '시위, 최루탄·곤봉, 부상·사망, 극한투쟁, 휴교'로 점철해왔다. 학생시위는 휴교령으로 잠잠해졌으며, 4·17사태를 정점으로 굴욕외교 반대투위를 중심으로 한 야당의 원외투쟁도 원내로 자리를 옮겼다. 하지만 한일회담에 관한 한 그 일정상 찬반을 둘러싼 논쟁과 투쟁이 재연될 여지는 충분했다.

한일회담이라는 중차대한 문제를 놓고 정부 측이 졸속적으로 처리하려고 한 배경에, 박 정권 존립이 걸린 문제가 많았음은 익히 설명했다. 지난 1964년의 정국의 흐름이, 학생들이 이니셔티브를 잡고 정치권의 질서와 정권의 대응이 가장 주요한 요인으로서 작용했다면, 1965년의 정국의 흐름은 1964년의 경험을 기초로 각 운동체가 새롭게 대응하는 속에서 박 정권의 자기 프로그램 강행이 가장 중요한 요인으로 작용했다.

1965년의 초기적 싸움인 가조인 반대투쟁에서 정부는 군대동원을 위해 필요한 조치를 취했다. 정부가 위수령을 적용해 수도경비사 병력 외에도 기타 병력의 사용을 3군 참모총장에게 지시한 것은 실질적으로 계엄의 효과를 노린 것이었다. 박 정권으로서는 야당과 학생시위의 규모를 일정한 선 이상으로 확대시키지 않을 수 있다는 자신감을 가지고, 경찰과 수도경비사 병력, 위수령에 의한 병력으로 계엄선포 없이 시위를 진압하면서 비준까지 끌고나가겠다는 의도였다.

그런 가운데 4월 말 정치적 방화사건이 있었다. 야당의 분열을 노린 공작으로 생각되었다. 또 1965년 들어 시위학생에 대해 발작적으로 나타난 현역 징집영장 발부는 4월말 동대생에게도 날아왔다. 한일회담 반대운동에 대한 정부의 봉쇄는 요소요소에 침투해 4월말에는 대학언론에까지 영향을 미쳤다. 한국외국어대학의 영자신문 〈디 아구스〉의 한일회담 반대시위 기사와 사설 내용이 말썽이 되었다. 학교 측은 배부를 중지시켰다.

한편 1964년 11월 이래 발간이 중지되고 있는 서울 문리대 〈새세대〉지는, 그간 학교 측 요구로 학생기자 3명이 물러서는 등 학교당국과 학생기자들 사이에 여러 차례 타협이 이루어져 재발간 약속을 받았었다. 그러나 학교 측이 "발간물 지도위원회가 아직 구성되지 않았다"는 이유를 내세워 그후 5개월이 지나도록 복간되지 않고 있었다. 이에 서울대에서는 '새세대 복간 투쟁위원회'까지 결성되어 서명운동을 벌이는 등 학교당국을 상대로 한 복간운동에 나서고 있었다.

2. 서울법대 5월분규와 정국의 새로운 양상

① 서울법대 분규

가조인 반대투쟁으로 타올랐던 4월이 지나고 5월로 접어들면서 정부와 학생 양측의 직접적인 대결양상은 보이지 않았다. 1965년 5월, 학원에서는 광주 및 목포에서의 고교생들의 시위를 제외하고는 한일회담 반대시위는 일단 중지되었다. 이런 상황에서 4월 10일의 서울법대 시위로 야기된 서울법대 분규는 당시 정권과 사회 상황을 잘 보여주는 사건이다. 서울법대 분규는 비민주적 정권이 출세욕에 눈이 뒤집힌 일부 교수를 통해 모습을 드러낸 추악한 학원탄압 사례였다.

4월 10일 매국외교를 규탄하는 법대생들의 시위가 동료학생 5명의 구속만 빚어낸 채 정부의 강경방침에 부딪치자, 서울 법대생 약 50여 명은 25일 법대 학생총회를 마치고 단식농성에 돌입할 것임을 밝히고, 유기천 학장을 비롯한 몇몇 교수들의 집요한 만류를 물리친 채 120시간 단식에 들어갔다. 그러나 4월 17일 유 학장의 요청으로 단식농성 학생들이 연행되고, 시위 주동학생 12명이 정학 처분되었다. 이 정학처분이 학생들의 반발을 가져왔다.

5월 18일 서울대 법대·사대·문리대에서 한일회담 반대시위가 있었고, 학교 측은 20일 하루를 휴강 조치했다. 휴강조치가 취해지자 법대학생들은 한일회담 문제를 떠나 학원자유 수호와 경찰의 학원사찰 즉각 중지를 요구하며, 학생징계에 대한 부당성을 문제 삼아 학생총회를 열었다. 이날 학생총회는 '학원자유 수호 궐기대회'의 이름으로 대정부 경고문을 채택하고, 학원사찰을 즉시 중지할 것과 대학 내의 언론·집회·결사의 자유를 보장하라는 등 7개 항목을 결의했다. 또한 '전국 학우들에게 보내는 호소문'을 낭독하고, 맹휴결의와 함께 정부 및 학교 당국에 5개 항목의 요구사항을 내놓고, 맹휴기간 중 요구조건이 관철되지 않을 경우 유기천 학장의 불신임도 불사하겠다고 교수회의에 통고했다.

〈결의문〉

우리들 서울법대생은 순수한 학생활동에 대한 학장의 고식적 압력과 독선적이고 비교육적인 부당한 학생징계에 대한 혐오와, 형사들의 교내침입·상주사찰로 말미암아 공포분위기에 질식하지 않을 수 없는 바, 현금 온갖 부당한 세력에 의해 위축된 숭엄崇嚴한 학원의 자유를 되찾고, 이를 영원히 수호하기 위해 제1차적 행동으로 5월 20일부터 5월 22일까지 3일간의 동맹휴교에 돌입하기로 결의한다.

〈요구사항〉

1. 정부와 학교 당국은 학원의 자유를 최대한 보장하라.
2. 정부와 학교 당국은 학생사찰을 즉시 중단하라.
3. 4월 10일 이후 일련의 제반 사태에 대해서 충분히 납득할 수 없는 학교 당국의 처사를 규탄하며, 차후에는 이런 불미스러운 처사가 없을 것임을 확약하라.
4. 학교당국은 무기정학 처분을 해제하여 원상 복귀시켜라.
5. 진정한 학원의 자유는 학생 자치에서 이루어진다. 기능이 마비된 학생자치 활동을 즉시 부활시켜라.

법대 학생들의 맹휴결의에 따라 20일 학교 측은 긴급 교수회의를 열어 이 사태를 토의했으나 결론을 내리지 못했다. 21일 다시 속개된 교수회의는 학칙 42조에 의거 맹휴 주동학생 2명을 무기정학, 20명을 유기정학, 13명을 근신 처분해 모두 35명을 처벌했다.

1965년 첫 번째 전남대 시위에서 보다시피 강력한 학사징계는 정부의 확고한 방침이었다. 4월 중순 서울시내 각 대학당국은 연발하는 학생시위 관련 학생 처리문제를 놓고 부심하였었다. 특히 서울대의 경우 1964년 7월 문교부 지시로 시달된 학칙의 개정여부를 두고 문교부와 맞서 학생징계는 교수회의가 관장해야 한다고 주장, 전남대와 같이 관련자를 조속히 처리하라는 문교부 독촉에 반발했다. 서울법대 교수회의는 4월 10일 법대생 시위 문제를 놓고 "학생징계 문제보다 전체적인 학원 분위기의 정상화를 위해 노력하기로" 결의하였는데, 이에 일부 사립대 학생처장들도 이 결정을 크게 지지하면서 "학생지도는 대학이 자주적으로 처리할 문제"라고 주장했다.

문교부는 6·3사태 이후 ① 학원 내 정치활동, ② 수업방해 등을 징계사유로 학칙에 삽입·개정하도록 각 대학에 지시하였고, 서울대학교는 1964년 7월 2일자로 학장회의의 결의를 거쳐 학칙개정을 문교부에 보고한 바 있었다. 그런데 4·10 서울법대 시위 주동학생 징계문제를 계기로 사실상 학교당국이 학칙을 고치지 않았음이 드러났다. 서울법대 교수회의는 학칙이 개정되지 않았으므로, 학생 상벌에 관한 사항은 당연히 교수회의의 심의를 거쳐야 한다(학칙 65조)면서 "학칙에 따라 엄중 조치해 전남대의 경우(7명 제적)와 균형을 맞추도록" 하라는 문교부의 지시에 맞섰다. 개정키로 한 학칙에 따르면 학장은 총장의 명을 받아 학생의 제적처분까지 할 수 있고, 정치성을 띤 학생활동을 징계사유로 명시하고 있었다. 그런데 학칙이 바뀌지 않고 그냥 있는 한, 총·학장의 학생징계권이 심히 제약을 받게 되는 것이었다.

이러한 와중에 4월 17일, 유기천 법대학장의 요청으로 학원 내 단식농성 학생의 연행과 징계가 있었던 것이다. 5월 21일의 무더기 징계 후 유기천 학장은 다음과 같이 말했다.

　대부분의 학생들은 공부하려고 애쓰는데 극단 소수의 학생들이 다른 학생들을 선동, 조용한 학원 분위기를 깨침은 결코 도저히 용납될 수 없다. 학생의 징계도 교육의 한 과정이며, 학교당국의 처사는 옳다. 학생들은 학원을 떠나면 생명을 잃는 것이 아니냐? 학원의 자유란 그런 한도 안에서만 보장되고 또 그것이 참다운 학원의 자유인데 학생들은 이를 남용하고 있는 것 같다. 학원의 자유를 깨뜨리는 학생들은 앞으로도 철저히 다스리겠다.

　맹휴와 휴강조치가 동시에 끝나 학교 문이 열린 5월 24일, 서울 법대생들은 낮 12시부터 학생총회를 열고 학교 측의 강경 일변도에 대해 크게 반발하면서 유기천 학장의 사임을 부르짖게 되었다. 급기야는 유 학장이 물러나지 않는 한 무기 동맹휴학에 들어가기로 결의함으로써 극한 사태로 줄달음쳤다. 맹휴결의서에 400여 명의 학생들이 찬동서명을 했다. 이에 대해 유기천 학장은, "이번 학생들이 재차 맹휴에 들어간 것은 소수 불순학생들의 장난으로 본다. 학생처벌 등 일련의 학교 측 처사는 교수회의의 의결을 거쳐 된 것이므로 나 혼자 책임질 문제가 아니다. 국대안國大案 반대 소동의 재연이 있어서는 안 된다"고 말했다.
　무기한 맹휴가 강행되어 강의실에 학생들이 전혀 출석치 않자, 그는 "몇 해가 걸리더라도 사태를 수습해놓고 학장직을 물러서겠다"고 했다. 사태가 이렇게 진행되자 법대 동창회에서 중재에 나섰고, 29일 법대 대의원 총회는 29일부터 등교하기로 결의했으며, 29일 250명의 학생들이 등교해 학생총회를 열었다. 이들은 동창회 측과 협의, ① 학원·학회·학생활동의 자유 보장, ② 학원사찰의 중지, ③ 4·10시위 이래 처벌된 47명의 처벌 해제를 요구하고, 유 학장의 사퇴요구는 일단 보류하기로 했다. 또 학생들의 요구가 31일 오전 9시까지 관철되지 않을 경우 24일 학생총회의 결의대로 유 학장 사퇴까지 무기한 맹휴를 계속하기로 한다는 뜻을 학교 측에 통고했다. 이에 대해 학교 측은 31일 요구조건을 받아들여 학생들의 요구대로 조치했다. 유기천 학장의 학생연행 요청과 그로 야기된 서울법대 분규에 대해 한 법조계 인사는 다음과 같이 말했다.

학생들이 주동이 된 4·19혁명에서 보았듯이 기성세대의 무능력과 무기력은 이미 증명이 된 것이라고 하겠다. 기성세대는 4·19정신을 살려, 사회 환경을 정리해서 학생으로 하여금 학업에만 정진토록 해주었어야 할 것이다. 그럼에도 부정과 부패, 학원사찰이 여전하니까 학생들의 젊은 피가 끓어올라 이번 분규로 나타난 것이다.

또한 한 종교계 인사는, "학원의 자유는 학생들이 요구하기 전에 학교 당국이 지켜야 할 의무요 권리"이며, "학생들을 연행해가 달라고 경찰에 연락한다는 것은 그 신성한 의무와 권리의 포기"라고 논평했다. 또 "경찰이 학원 안에까지 들어오도록 하는 것은 대학의 자유와 전통을 유린하는 것이므로 배격해야 한다. 어려운 시기일수록 대학은 용기를 가지고 이 전통을 고수해야 할 것"이라는 것이 당시 이 사건을 바라보는 중론이었다.

② 야당통합

1963년 말 총선 직전 국민의당 창당에 실패했을 때부터 야당통합은 항상 야권의 지상명령이다시피 한 과제였다. 특히 1964년을 통해서 6·3사태 등을 비롯한 여러 상황을 보면서 공화당에 맞설 수 있는 대야당의 구

■ 한국 정당의 변천과정(1945~1965년)

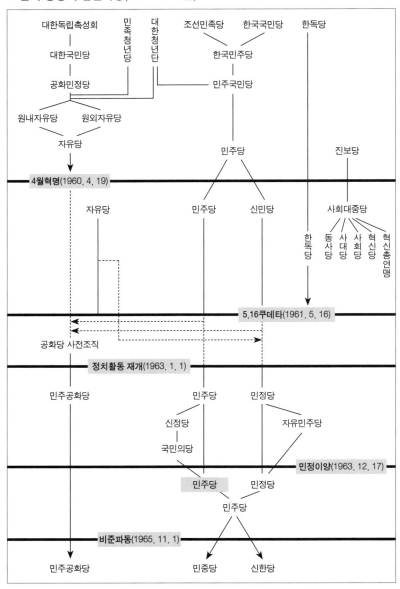

현을 바라는 소리가 높아졌다. 1965년 초 한일회담 타결의 기운이 크게 고조되면서 범야를 규합한 굴욕외교 반대투위가 되살아났는데, 이 단체는 대일 굴욕외교 저지라는 측면뿐만 아니라 야당통합에서도 중요한 역할을 했다.

4월 하순에 민정당과 민주당은, '선통합·후조정' 원칙에 따라 야당통합을 추진하고 있던 12인 소위에서 당명을 민중당으로, 등록대표자는 윤보선·박순천으로, 지도체제는 집단지도제로 할 것 등과, 지구당 구성에 합의를 보았다. 5월 3일 민정당과 민주당은 두 당을 통합하고 민중당을 창당한다고 선언했다. 새로이 창당된 민중당은 현 정권에 의해서 주도되는 대일 매국외교를 즉각 중지하고, 지금까지 가조인된 한·일 간의 제 협정을 백지화하라는 등의 결의문을 채택했다.

민중당은 6월 14일 전당대회를 가짐으로써 사실상 민정당과 민주당의 통합을 완료했다. 합당은 민정당의 유진산계가 민주당과 연합하여 이루어졌기 때문에 민정당 주류였던 윤보선계는 고전을 면치 못했다. 박순천은 유진산계와 민주당에 업혀 당수가 되었다.

③ 박 대통령의 방미와 한미 행정협정

1965년 5월 16일 박 대통령은 미국을 방문했다. 박은 베트남 파병과, 야당과 학생들로부터 매국적이라는 비판을 받을 만큼 양보를 거듭한 한일조약 가조인, 이 두 가지 선물을 가지고 미국을 방문했다. 두 가지 선물은 존슨을 기쁘게 했다. 박의 방미는 미국으로서는 자국의 외교정책의 정당성을 과시하려는 의도도 일면 있었던 것 같다. 한 국무성 관리는 "박의 방미는 적어도 미국의 대외정책이 국제적으로 신랄하게 비판받고 있음에도 불구하고, 해외에 한국과 같은 믿을 만한 친우를 가지고 있음을 극적으로 표시했다. 또한 공산주의 침략에 대항해 싸우는 데 있어서 미국의 원조를 받은 한국의 경우가 보여준 것같이 베트남도 앞으로 전개될 수 있음을 과시했다"라고 말했다.

박은 미국정부로부터 그 행동이나 제스처에 있어서뿐만 아니라, 공개적인 연설로도 따뜻하고 성실한 환영을 받았다. 박으로서는 미국 방문을 통해 미국의 정치적인 지원을 얻는 것이 현 한국의 정치적 불안상태를 안정시키는 데 필요 불가결한 것이었다. 5월 19일 박은 존슨 미 대통령과 제2차 회담을 갖고 한·미 현안문제에 대해 다음과 같은 공동성명을 발표했다.

> 첫째, 양국이 당면한 공동목표 달성에 계속 긴밀히 협조하며, 베트남 지원을 계속하고, 둘째, 한국의 안전을 위해 미국은 군사원조를 계속해 주한 미군과 한국군의 강력한 군사력을 유지하고, 셋째, 존슨 대통령은 가조인된 한·일 국교정상화를 위한 교섭성과를 환영 찬성하였으며, 대한 군사·경제원조는 한·일 국교정상화 이후에도 계속되고, 넷째, 한국의 경제자립을 위해 미국은 1억 5,000만 불의 개발차관을 제공하고, 면화 및 곡물 등 평화를 위한 식량을 상당량 제공하고, 한국의 국제수지 개선을 위해 계속 협조하겠으며, 다섯째, 주한미군 지위협정의 중요한 문제에 대해 원칙적인 합의에 도달하고, 남은 문제들도 해결되어 가까운 장래에 주한미군 지위협정이 해결될 수 있을 것으로 기대한다.(밑줄 저자)

미국이 한·일 수교를 촉구하는 데 눈살을 찌푸렸던 야당도 박에 대한 미국의 지원 다짐이 계속 보도되자 원내외를 통해 온건한 모습을 취했다. 시위·성토대회의 불강행, 여당의 5월 국회 보이콧에 대한 온건한 응수, 계속 얘기되어오던 박 대통령 탄핵소추 제안의 포기 등이 그 예이다.

박은 방미 여세를 몰아 '소신대로 강력히' 모든 국내 정치문제를 밀고나갈 공산이 커졌다. 그리고 실제로 박은 강력한 지원과 스스로 드높아진 위신으로 자신의 반대세력에 대해 강력한 탄압을 가했다.

박의 방미를 전후해 한·미 행정협정 교섭이 크게 대두되었다. 1950년 7월 한국전쟁이 한창 치열할 때 정부는 대전에서 미국군과 '한국에 있어서의 미군의 지위에 대한 협정'을 맺었다. 이른바 '대전협정'인데, 전쟁 중에 맺어진 협정이었기 때문에 미국 측의 일방적 성격이 강했다. 대전협정에 대치될 새로운 한·미 행정협정은 쉽게 체결되지 않았고, 민주당 정부가 1961년 4월 처음으로 미국 측과 교섭을 시작했으나 5·16쿠데타로 중단되었다.

1962년 군정 하 임진강 부근 나무꾼 살해사건과 파주 및 오산에서 미군의 한국인에 대한 잔인한 행위가 잇달아 일어났다. 특히 1962년 5월 28일에는 파주에서 2명의 장교를 포함한 6명의 미군이 한국인을 절도범으로 몰아 린치를 가했다. 이것이 직접 원인이 되어 미군의 폭행규탄과 한·미 행정협정을 요구하는 시위가 고대·서울대·경북대 등에서 일어나기도 했다.

1965년 4월 말, 미군기관에 고용된 한국인 종업원으로 구성된 '외국기관 종업원 기본권 수호투쟁위원회'는 외무부장관 앞으로 공한을 보냈다. 그 내용은 한·미 행정협정 교섭에서 미국이 우리나라 종업원의 노동쟁의권을 인정할 수 없다고 밝힌 것은 용납 못 할 처사라는 주장을 담고 있었다. 위원회는 미국이 나토 가맹국이나 일본과의 협정에서는 그 나라의 법률에 따라 노동기본권을 허용하였는데, 유독 우리나라의 경우에만 허용치 않으려 한다고 밝히고, 이 같은 처사는 자신들의 최소한의 권리를 완전히 박탈하는 행위라고 비난했다.

5월 9일 두 외국기관 노조에서 기본권 수호 궐기대회가 있었다. 오전

10시 전국 외국기관노조 KSC(한국 노무 근무단)지부 궐기대회가 서울 여성회관에서 열렸다. 의정부·문산·왜관 등 전국 각지에서 온 1,000여 명의 KSC 단원들은 선언문을 통해 "미군 당국은 하루 속히 민주주의의 양식을 되찾아 건전한 노사관계를 수립하라"고 요구했다. 같은 날 12시 반부터 주한 미군기관에 고용된 한국인 종업원 1,500여 명이 서울 종로 예식장에서 '노동기본권 수호 궐기대회'를 열었다. 전국 외기노조外機勞組 주최로 열린 이날 궐기대회에서 한·미 행정협정의 '노무조항'에 노동자의 기본 3권 중 단결권만 인정, 단체교섭권과 단체행동권을 인정치 않음은 주권을 무시한 처사라고 비난했다. 이들은 "미국정부는 한·미 행정협정에 있어 한국인 종업원의 노동쟁의권을 전면 봉쇄하려는 반민주적 대안을 즉각 철회하고, 한국정부는 한·미 행정협정에서 미국 측의 굴욕적인 제안을 거부하고 한국인 종업원의 노동기본권을 수호 보장하라"는 등의 결의문을 채택했다.

한일회담에 대한 미국의 노골적인 개입과 함께 불평등한 한미행협 교섭의 진전은 당시 학생시위에서 자주 반미구호가 나오게 했다. 대표적인 예는 서울법대 6월 단식이었다. 6월 12일 서울법대생 150여 명은 한일회담과 한미행협을 반대하는 시위를 벌였으며 6월 14일부터 단식투쟁에 들어갔는데, 단식장에는 '제2의 굴욕 한미행협' 등의 플래카드가 걸려 있었다. 7월 2일 집단해고 철회를 요구하는 미8군 노동자들의 연좌시위가 있었지만, 격화되는 조인반대, 비준무효화 투쟁으로 한미행협 문제는 가려졌다. 한편 7월 초 대한변호사협회는 한미행협에 관한 성명을 발표했는데, 이는 당시의 여론을 집약한 내용이었다.

〈성명서〉

첫째, 행정협정안을 국민에게 공표하고 건전한 여론을 협정 조항에 반영시키고, 둘째, 형사관할권 문제는 주권 우선의 원칙에서 제1차 관할권이 한국 측에 있음을 포기해서는 안 되고, 셋째, 민사청구권에 있어서 한국인이 미군인 개인을 상대로 한국법원에 제소할 수 있는 권리를 박탈하지 말고, 넷째, 대한민국 영토 내에서의 민사사건 처리는 우리나라의 민사법 및 그 정신을 위배해서는 안 되며, 다섯째, 대한민국 헌법 제28조와 근로기준법, 노동조합법, 노동쟁의 조정법 등은 고용주가 미8군이라는 이유로 그 적용이 배제 또는 제한될 수 없다.

조합원이 3만여 명에 이르는 외기노조의 노동쟁의는 극도로 과격화되어 연말에는 부산 지역에서 이미 스트라이크에 돌입하는 등 일대 사회적 문제가 되었다. 외기 사용주들 중에는 심지어 단결권까지도 허용하지 않는가 하면 단체교섭권을 인정하지 않는다든가 또는 단체협약 체결을 거절하는 등 공공연하게 부당노동행위를 감행하고 있었다. 외기 사용주들은 그 사업체의 특수한 성격, 즉 군사시설에 관계되는 외국기관이란 지위를 구실로 삼아 헌법이 보장해준 근로자들의 노동기본권을 침해하고 있었다. 이러한 것을 해결하기 위해서도 한미행협의 올바른 체결은 반드시 필요했다.

결국 한미행협은 1965년이 저물도록 체결되지 않았고, 이미 지적된 우려할 만한 사실들이 상당 부분 포함된 채 1966년 7월 9일 가조인되었다. 1966년 10월 14일 국회 본회의는 재석 94석 중 찬성 67, 반대 33으로 한·미 행정협정을 비준 동의했다. 그리고 1967년 2월 9일 0시를 기해 협정은 발효되었다.

3. 조인반대 및 비준무효화 투쟁과 위수령 발동

① 조인반대 투쟁

6월 14일 민중당은 제1차 전국 대의원회의, 즉 전당대회를 가졌는데, 이 대회에서 한일회담의 무조건 중단을 요구했다. 그리고 이 대회를 통해 민정당과 민주당은 사실상 통합을 완료했다. 같은 날 서울 법대생들은 한일회담 조기타결 반대와 한미행협에서의 미국 측 성의를 촉구하는 단식투쟁에 들어갔다. 그들은 목표를 '민족 주체성 확립과 부정부패 일소'로 잡았다.

부정부패라면 여러 가지가 있겠는데 그 중 하나가 특혜였다. 특혜라 하면 관권과 결탁되어 특정 개인에게 경제적 이익이 돌아가게 하는 것으로, 우리나라에서는 유럽과 미국의 자본주의 세력의 침식을 받은 후 그것과 교호작용交互作用하며 자라났다. 특히 해방 이후 전 한국재산의 90% 이상을 차지하는 적산敵産 처리와 국공유 재산의 불하에서부터 금융기관의 융자, 동란 시 상업활동에 관권과 결탁되어 나타나는 특혜 등이 본격화된 모습이었다. 그런데 이것과는 성격이 조금 다르게 1964년 말부터 1965년 초에 걸쳐 특혜시비가 있었는데, 1964년 이정환 재무장관의 발언에서 비롯되었다. 그는 우리나라 재벌들이 화폐개혁이나 환율 인상 또는 인플레 및 정치적 작용 등을 교묘히 이용해 치부의 극대화를 이루어왔다고 지적하면서, 일부 재벌 및 기업인들을 비판했다. 그리고 1주일 후 그는 산업은행 총재로 전임되었다. 이 특혜시비는 1965년 3월 국회의 주된 이슈가 되었었다.[10]

---

10 최창규, 《해방 30년사》 제4권, 성문각, pp.294~295.

한일조약 조인 일정이 다가오자 서울의 대학가에는 다시 동요가 일기 시작했다. 18일 서울상대 300여 명과 고대생 1,000여 명이 시위를 벌여 경찰과 충돌했다. 6월 19일 오후 3시께 서울대 단과대학 학생회장들은 시내 모처에서 모임을 갖고, 22일까지 정부당국이 단식투쟁 학생들의 요구사항을 받아들이지 않는다면 서울대학교 전체 학생이 공동행동으로 투쟁할 것을 결정했다. 이날 엿새째 단식 중인 서울법대생 232명 외에, 오후 1시에 문리대생 63명, 상대생 320명, 사대생 20명이 단식농성에 들어갔다.

한일회담 정식조인을 하루 앞둔 21일, 서울대·고대·연대·경희대·중앙대·숭실대·외대·동대 등 시내 12개 대학교 학생들과, 대광·숭실·양정 등 3개 고교생 도합 1만여 명이 교문을 박차고 시위행진에 나서 '매국외교 반대'를 절규했다. 서울대의 경우 20일부터 시작된 조기 방학에 대한 성토와 한일회담 즉각 중지를 외치며 끈덕진 시위를 시도했으나, 경찰이 대규모 기동대를 동원해 곳곳에서 최루탄을 쏴가며 강력히 막았기 때문에 시위는 캠퍼스를 멀리 벗어나지 못하였고, 많은 학생들이 연행되었다. 21일 오후 5시를 기해 전국 경찰에 갑호 비상경계령이 내려졌다. 이 갑호령은 따로 지시가 있을 때까지 전국 경찰이 근무지를 떠나지 못하는 것으로, 경찰 비상경계 중 가장 강력한 것이었다. 단식학생들의 수도 부쩍 늘어 22일 밤 현재 서울시내 10개 대학과 지방 3개 대학에서 약 800여 명이 단식농성을 하고 있었다.

한편 서울대가 전년보다 20일 정도 앞당겨 6월 20일 방학에 들어간 것을 시작으로, 21일 서울의 사립대학 총장들은 조선호텔에서 회합을 갖고 조기방학 실시에 원칙적으로 합의하고, 21일과 22일을 기해 대부분의 대학들은 하기방학에 들어갔다. 서울시내 58개 남자고교들도 시교육위원회의 긴급지시로 22일부터 2일 내지 5일간 일제히 휴교에 들어갔다.

6월 22일 한·일 양국정부는 14년 동안 끌어온 국교정상화 교섭을 모두 끝내고 제 협정에 정식 조인했다. 굴욕외교에 반대하는 학생들과 야당의 실력투쟁 속에서 거행된 조인식은 오후 5시 도쿄에 있는 일본 수상 관저에서 한국 측 수석 전권대표 이동원李東元 외무장관과 일본 측 수석 전권대표 시나 에쓰사부로椎名悅三郎 외상 및 그 수행대표들 사이에 모두 30여 개의 제 협정안 및 그 부속문서에 서명함으로써 끝났다. 이래서 한국과 일본 두 나라는 을사보호조약 이래 61년 만에 처음으로 국교관계를 열 수 있는 기틀을 잡았지만, 국회의 비준동의라는 절차가 남아 있어 협정의 발효는 아직 예측하기 힘들었다.

이날 전국 대학에서 성토대회와 시위가 소용돌이쳤다. 그러나 경찰의 강력한 저지로 전면적인 가두시위는 봉쇄되었다. 서울시경은 경찰전문학교 학생 150명을 포함한 경찰병력 약 4,000명을 각 지역에 배치, 시위 저지에 나섰다. 경찰은 이날 민원업무를 제외한 평상 업무를 전폐하고 예하 전 병력을 방독마스크·경찰봉·방석모로 무장시켜 시위저지에 투입했다. 특히 이날 낮 12시 45분 트럭 12대 스리쿼터 5대에 분승한 약 300여 명의 무장군인이 고대 시위대가 진출했던 안암동로터리에 한때 출동해서 눈길을 끌었다.

23일에는 이화여대·숙명여대 등의 여자대학과 성균관대·서강대·서라벌예대·가톨릭의대 학생들이 한일협정의 조인과 다가올 비준을 반대하는 성토대회와 시위를 벌였다. 이날 숙대생들은 갈월동 굴다리 앞에서 경찰에 의해 저지되자 노상 연좌시위를 벌였다. 6월 하순의 조인반대투쟁은 경찰의 강력한 저지로 가두시위가 막히면서 교내에서 성토대회를 벌이고, 일부가 단식하는 양태로 진행되었다.

조인반대 시위는 21~23일까지는 전국적인 형태에서, 휴교령 이후에는 산발적으로 나타났다. 서울시내 고교들에까지도 휴교는 무기한 연장되었고, 이대의 경우에는 24일부터 28일 오전까지 단식이 있었다. 28일 오전 이대생 45명은 그간 단식을 해온 학생회관에서 교수 및 졸업생들이 지켜보는 가운데 108시간의 단식을 끝내면서 성명서, 일본 대학생 및 세계 언론인에게 보내는 메시지, 〈워싱턴 데일리 뉴스〉지 편집국장에게 보내는 글을 각각 채택했다. 〈워싱턴 데일리 뉴스〉지는 한국의 학생 시위에 대해, 근거가 없고 야당의 선동을 받고 있으며 학생들의 시위는 계속 억제되어야 한다는 주장을 한 바 있다.

6월 29일에는 학기말 시험을 위해 등교한 고대생 3,000여 명의 시위가 있었다. 지난 21일 이후 가장 끈질겼던 이날의 시위는 4시간에 걸쳐 크고 작은 규모로 산발적으로 계속되었다. 이들은 'Yankee Keep Silent'를 외쳤으며, 경찰의 진압은 매우 난폭했다. 같은 날 연대에서도 시위가 있었는데, 연세대 의대들은 성토대회 후 '일제 상품 보이콧'을 범국민적으로 전개하자는 의견을 제창했다. 이 이후로 건대·연대·이대·이화여고·상명여고 등이 일본상품 불매운동을 전개하였다. 하지만 이것은 회담반대 운동의 흐름과는 전혀 동떨어진 것이었다. 이 사건은 운동의 초보적 단계에서, 스스로를 이끌어갈 수 있는 조직이나 이념이 미숙하면 최소한의 운동의 지속성조차 상실된다는 것을 보여준다.

② 반대운동 확산과 조국수호 국민협의회의 결성

1964년부터 1965년에 걸친 학생들의 끈질긴 회담 반대시위는 비준이라는 마지막 일정을 앞두고 지식인의 직접적 참여를 얻어냈다. 6월 26일 이화여대 교수단은 지난 23일 이대생 시위 당시 경찰의 과잉진압을 정부에 엄중 항의했다. 300여 명의 이대 교수들은 25일 오후 1시 학교 중

강당에서 전체 교수회의를 열고, 6월 23일 시위 때 경찰이 취한 '무자비하고 비인도적인 행위'를 규탄하는 대정부 항의문을 채택했다. 교수들은 이 항의문을 26일 오전 10시 교수단 대표 2명이 정일권 국무총리 및 양찬우 내무장관에게 전달, 정부의 공식해명과 불법적인 경찰의 처사에 대해 철저한 규명과 처단을 요구했다. 이대 교수들은 이 항의문에서 23일의 시위에서 90여 명(중상 2명, 졸도 40명, 부상 50여 명)이 중경상을 입었다고 지적하며 "젊은이들의 불타는 순수한 애국지성을 짓밟지 마라"고 주장했다.

26일 오후 연세대 교수단도 지난 21일, 22일 양일간의 동교 학생시위에 대한 경찰의 비인도적 처사를 규탄하는 대정부 항의문을 양찬우 내무장관과 윤천주 문교장관에게 보냈다. 연세대 교수단은 이 항의문에서 ① 21일 평화적 시위를 한 학생들을 기동경찰이 무자비하게 구타, 학생들을 흥분시켰으며, ② 22일 아현동 고개에서 시위학생을 경찰봉이 부러지도록 구타한 것은 붙잡힌 경관을 학생들이 보호해서 돌려보낸 것과 대조적이며, ③ 연행된 학생들에게 경찰이 식사도 제공치 않은 것은 인도상 용납할 수 없는 일이라고 비난했다.

이러한 이대 및 연대 교수들의 경찰규탄을 통한 시국에 관한 입장표명은 각계로 확산되었다. 7월 1일 오전 대한교련은 학생시위에 대한 경찰의 저지방법이 국민의 기본권리를 유린해 민주경찰의 기본자세가 아니므로 묵과할 수 없다는 성명서를 발표했다. 이 성명서에서 대한교련은 경찰이 학생시위를 막기 위해 노력하는 교수들에게 신분을 밝혔음에도 폭언·폭행하고, 시위를 그만두고 해산하는 학생들을 추격 난타해 많은 부상자를 냈으며, 시위를 막는다는 이유로 학원에 침입해 학원의 자주성을 짓밟았다고 항의했다.

7월 2일에는 한경직·김재준·강원룡·강신명·한명우 등 100여 명의 기독교 목사가 영락교회에서 한일회담 비준반대 성토대회를 갖고, 한일협정에 관한 국민의 애국적 의사표시를 권력으로 탄압하는 행위를 즉각 중지하라는 성명서를 발표했다. 일제강점기 때 신사참배를 거부하고 고난의 길을 걸었던 기독교계의 회담반대 운동은, 8월 24일 국회에서 비준파동이 극에 달할 때까지 계속되었다. 이들은 성명서, 연합기도회, 비준반대 서명운동 등 다각적인 방식으로 전국 각지에서 반대운동을 전개했다.

7월 9일 예술원장을 비롯한 문인들도 재경 문인 82명의 이름으로 한일회담의 즉각 파기를 주장했으며, 같은 날 역사학회 등 3개 역사학단체에서도 같은 내용의 주장을 발표했다.

7월 12일에는 재경 대학교수단 354명이 서울의대 강당에서 회담반대의 강력한 입장을 표명했다. 교수들은 5개 항목을 들어 한일회담의 부당성을 지적하였는데, 그 내용은 우선 기본조약은 일본 제국주의를 합법화하고 우리나라 주권의 약화 및 제반 협정의 불평등과 국가적 손실을 초래할 굴욕적 전제를 설정했다는 것이다. 청구권에 대해서는 일본자본의 한국경제 지배의 소지를 마련해주었고, 어업협정은 우리 어민의 생존권을 위협하고 한국어업을 일본어업 자본에 예속시키는 결과를 초래했다는 등의 주장이었다.

7월 13일 6개 대학 학생회장단의 공동투쟁 성명이 있었고, 7월 14일 예비역 장성 11명의 회담반대 성명이 있었는데, 전 외무장관이며 예비역 중장 김홍일, 전 중앙정보부장 김재춘, 전 국방장관 박병권, 전 최고위원 박원빈, 전 재무장관 백선진, 전 내각수반 송요찬, 전 국방장관 손원일, 전 법무장관 이호, 전 공군참모총장 장덕창, 전 치안국장 조홍만, 전 육군참모총장 최경록 등이 서명했다.

그 외에 4월혁명 동지회, 천도교 구파교인, 재경 유림단, 재구在邱 교수단, 대한변호사협회 등의 한일회담 비준반대 성명을 냈고, 교수단 등 13개 단체는 연합해 회담비준 저지에 나서기로 했는데 구체적인 조직으로서 '조국수호 국민협의회'가 결성되었다. 이 단체는 그들이 발휘해낼 수 있었던 힘의 강약에 관계없이 범 지식인 조직체계를 이루었다는 점과, 그것의 성립과정에서 하나의 전형을 보여주어 시사하는 바 컸다. 7월 31일 결집된 이 단체는 대학 교수단, 예비역 장성, 종교인, 문인 등 300여명이 참가했다. 이들은 21명의 집행위원을 뽑았는데, 학계는 권오돈·조윤제·정석해, 독립운동가 김홍일·신봉재, 기독교에서는 서명호·박윤영, 경제인으로서는 유창순, 문인은 양주동·박두진, 법조인은 이인·김춘봉, 천도교는 박연수, 여성계는 최은희, 유림은 오양, 일반 사회인은 함석헌, 청년대표는 하은철·정원찬, 예비역 장성은 박병권·손원일·박원빈 등이었다.

③ 야당의 내분과 비준안의 고속심의

7월 14일 공화당은 한일협정 비준안과 베트남 파병 동의안을 전격적으로 보고하고 발의했다. 박정희 대통령은 7월 22일 한일조약 비준안과 베트남 파병 동의안을 심의 처리하기 위해 7월 29일 제52회 임시국회의 소집을 요구했다. 국회의장은 이에 임시국회 소집을 공고했다.

이 즈음 야당인 민중당에서는 한일회담 저지를 둘러싼 강온의 대립이 극심하게 나타났다. 민중당의 김도연, 서민호, 김준연, 정일형, 윤제술, 이정래, 조한백, 정해영, 정성태, 김성룡 등은 민중당 의원들이 탈당과 동시에 의원직을 상실케 해 한일회담을 저지하자고 주장했다. 많은 의원들이 의원직을 상실하면 자연히 당이 해체되고 헌법의 국회 구성요건과 복수정당제 원칙을 허물어뜨려, 국회해산, 총선거를 이끌어내자는 것이었다. 이에 대해 온건파는 의원직 사퇴서를 일괄해 국회에 제출할 것을 주장했다.

윤보선을 비롯한 강경파가 주장하는 탈당론과, 박순천을 비롯한 온건파가 강조하는 사퇴론의 핵심은 모두 의원직을 사퇴한다는 명목상의 이유에는 다름이 없었으나, 그것은 강도에 있어서 뿐만 아니라 본질에 있어서 전혀 달랐다. 왜냐하면 사퇴론의 배후엔 사퇴하겠다는 정치적인 결의를 보일 뿐이지 정말 국회의원을 그만두겠다는 마음이 없었기 때문이다. 그들은 강경론에 질질 끌려 "탈당서를 낼 준비를 갖춘다"는 것으로 8월 7일의 의원총회를 몰고갔는데, 그때 속마음은 이를 정면으로 묵살하고 탈당만이 능사가 아니라고 드러내놓고 못 박고 싶은 것이었을 테다. 온건파의 지지로 이루어진 7월 20일의 청와대 회담에서 박 대통령과 박순천 민중당 대표 최고위원 사이에 "헌정질서를 유지한다"는 사항이 합의되었는데, 이것은 야당 온건파의 행동방향을 분명히 밝힌 것이었다.

8월 14일 6대 국회는 마침내 한일협정 비준동의안을 통과시켰다. 헌정사상 그 유례를 찾아볼 수 없는 야당의 의원직 총사퇴라는 격동 속에 무소속 의원 1명만을 옆자리에 앉힌 변칙적인 '공화당 1당 국회'는 숱한 반대의사를 묵살한 채 교섭에 종지부를 찍은 것이었다. 지난 6월 22일 정조인이 된 때부터 54일, 국회에 보고된 때부터 만 1개월, 실질적인 국회심의 기간 9일이라는 초스피드 심의는 엄청난 졸속으로 일관되었다. 공화당에서는 졸속의 변辯을 ① 야당의 의사방해를 종식하기 위해, ② 극한적·정치적 상황의 조속한 매듭을 위해, ③ 정기국회 준비를 위해서였다고 말했다. 그들은 "내용에 대한 비판은 교섭의 과정에서 충분히 이루어졌고, 야당은 이미 그 내용을 굴욕 또는 매국이라고 규정지은 바 있었기 때문에 백날을 심의해봐야 결과는 똑같다"라는 결론하에 "어차피치를 홍역이라면 아예 일찍 치러버리자"는 것이었다고 술회했다. 그러나 일반적인 관측에 의하면 공화당의 고속심의는 8월 이후 대학의 하기 방학이 끝나기 전에 해치워야 한다는 것과, 일본국회의 비준 분위기가 익어감에 따라 터져나올 조약에 대한 해석차라는 또 하나의 역경에 대한 두려움에서 비롯되었다는 것이다.

7월 22일부터의 비준국회를 통해 공화당과 민중당은 행동통일에서 엄청난 대조를 보였다. 공화당의 단결은 사안의 성격이 박 정권의 운명이 걸린 문제이고, 개개인의 이해관계에 있어서도 정치자금이나 각종의 당직 및 2년 후의 공천을 두고 과잉 충성한 결과였다. 이에 반해 민중당의 경우는 행동통일이 전혀 안 되었다. 그들은 의원직 총사퇴를 내걸었지만 '8·11 특위 날치기'와 '1당 국회 비준' 강행을 당하고 만신창이가 되어버렸다. 그리고 이러한 저지실패 책임규명을 놓고 이후 내분이 가속화되었다. 근 20명의 탈당으로 의원직을 상실당한 강경 비주류가 계속 탈당과 당 해체를 밀고 가는 데 비해, 온건 주류는 반탈당, 당고수로 맞서 분열의 위기에 이르렀다. 이렇게 된 원인은 야당의 회담저지 방법론에 대한 과잉공약과 공화당의 고차원적 흑색선전이 강한 외부적 요인으로 작용해, 윤보선을 따르는가 안 따르는가의 당 권력구조에 대한 근본적 견해 차이에서 비롯된 것이었다.

결국 당시 민중당 내 싸움은 지난 1964년 유진산 제명파동의 연장으로 되어, 한일협정 비준저지를 둘러싼 방법론의 싸움이라는 성격은 희미해져버렸다. 강·온 양파는 각기 아전인수의 계산을 하고 있었는데, 강경파는 국민의 여론이 압도적으로 강경파에 유리하므로 당장은 단일야당에서의 이탈이 불리하더라도 2년쯤 후에는 잘하면 집권, 못 되어도 제1 야당만은 확보할 수 있다고 생각하고 있었다. 이에 대해 온건파는 현재의 강경한 여론은 오도된 것이기 때문에 문제 삼을 것이 못 되고, 통합야당이라는 민중당 간판을 지키면서 원내에서 대여투쟁을 강력히 펴는 것이 원외의 강경파보다 유리할 수 있다는 계산이었다.[11]

④ 비준무효화 투쟁

6월 22일 한일협정 조인 직전부터 시작된 장기 '정치방학'이 끝나면서 대학가는 다시 격동하기 시작했다. 8월 18일 서울법대생 300여 명은 도서관 열람실에서 한일협정 비준을 규탄하는 성토대회를 열고, '1당 국회에서 통과된 협정의 무효화'를 위해 개학하면 강력한 실력투쟁을 펴기로 했다. 8월 21일 서울법대생 300여 명은 개학하자마자 10시 30분경 도서관 앞에 모여 학생회장의 사회로 성토대회를 시작했다. 이들은 성토를 통해 "비민주·반민족적 방법으로 비준안 통과를 강행한 일당국회는 민주헌정의 근본이념을 뒤흔드는 행위를 했다"고 규탄했다. 같은 날 문리대생들의 성토가 있었다. 이들은 다음과 같은 사항을 결의했다.

1. 협정의 무효화를 위해 간단없는 투쟁을 계속한다.
2. 집권당은 반민족적 폭거를 자성하고 국민의 심판을 받기 위해 현 국회를 해산하고 총선거를 실시하라.
3. 대학 내의 순수한 학술단체를 정치적 제물화하려는 당국의 비민주적 처사를 용납지 않는다.
4. 야당은 대여협상도 국회복귀도 거부하고, 전원 탈당 매국협정 박살을 위한 투쟁에 앞장서라.
5. 일본 제국주의는 신제국주의의 흑심을 소각하고 위장된 제국주의 협정

---

11 〈신동아〉 1965년 9월호, pp.305~310 참조.

을 자진 폐기하라.

6. 매국협정을 배후 조정해온 미국은 민주국가 본연의 자세로 돌아가 또다시 이 민족에게 죄악을 범치 마라.

23일 대규모의 학생시위가 일어났다. 개학과 더불어 일기 시작한 한일협정 비준을 규탄하는 대학가의 시위열풍은 당국의 강력한 저지에도 불구하고 23일에는 일부 지방의 대학과 고교생에게까지 파급, 전국적으로 번졌다. 이날 서울시내 연세대·외국어대·동국대·경희대·한양대·중앙대·숭실대 및 지방의 전북대·제주대·충남대와 오산고 학생 등 1만여 명의 학생들이 가두시위를 벌였다. 이들은 "한일협정 비준을 무효화하라" "일당국회 해산하고 총선거 실시하라"는 등 구호를 외치며 시위를 벌여 곳곳에서 경찰과 충돌했다. 이날 건국대·명지대 및 전남대 학생 1,000여 명도 성토대회를 열었다. 이날 연대의 경우 2,000여 명이 시위를 벌였는데, 낮 12시 15분경 방독면에 집총한 무장군인 400여 명이 20여 대의 지프차와 트럭에 나누어 타고 서대문로터리와 신촌로터리 일대를 돌며 무력시위를 했다.

23일 서울대 11개 단과대학 신·구 학생회장과 총학생회 간부 등 30여 명은 대학본부 회의실에 모여 24일부터 시작되는 학기말 시험을 당분간 연기할 것을 결의했다. 또 이들은 '한일협정 비준 무효화'를 위한 서울대학생 전체의 통일된 의견을 결집하고 학원의 자유를 수호하기 위해, 24일 오전 10시부터 문리대 교정에서 서울대 전체 학생총회를 열 것을 결의했다. 회장단 회의는 24일의 총회에서 다룰 내용으로 '한일협정 무효화'를 위한 투쟁방안과 8월 18일 법대생 시위로 인한 21일의 법대 학생회장 장명봉의 퇴학처분 철회에 관한 방안을 의제로 삼았다.

23일 내무부는 대일 굴욕외교 반대 범국민투위와 조국수호 국민협의회, 비준반대 서명 교수단 등 8개 단체를 등록되지 않은 불법단체로 규정하고, 공보·보사·문교부 등 관계부처에 의법 조처할 것을 요청했다. 내무부에서 발표한 8개 단체는 위의 3개 단체 외에 무궁화애호총연합체, 6·3동지회, 한국학사청년연맹, 초급대학 학생연합회, 범태평양동지회 등이었다.

23일 서울법대생 300여 명은 동교 도서관에서 긴급 학생총회를 열고, 지난 22일 학생회장 장명봉의 퇴학처분 조치를 논의한 뒤 이에 찬동한 교수에게 자숙성명을 발표하라고 요구한 다음, 유기천 학장이 물러나고 장 군을 복직시킬 때까지 24일부터 무기맹휴에 들어가기로 결정했다. 이러한 법대생들의 결정은 연대적 투쟁을 무시하고 소아에 집착함으로써 반대투쟁의 대열을 일각에서 허물어뜨리는 행위였다.

24일 서울법대생들의 맹휴와 함께 '한일협정 비준무효화'를 외치는 대학생들의 시위가 있었다. 기말시험을 보이콧한 서울대생 약 2,500명을 비롯해 연세대·고려대·중앙대 학생 각각 2,000여 명과 단국대·외국어대·명지대 학생 등 모두 1만여 명은 학교별로 성토대회를 가진 뒤, 거리로 나와 경찰과 충돌했다. 이날 서울대·고대·연대생들이 시위를 벌이는 거리에는 여러 대의 트럭에 나누어 탄, 방독면을 쓰고 무장한 군인들이 거리를 누비며 '무력시위'를 해 이목을 끌었다.

개학 이후 시위가 확대일로를 걷자 정부는 강경책을 논의하기 시작했다. 24일 아침 정일권 국무총리와 내무·법무·문교 등 관계 장관들은 중앙청에 모여 약 2시간 동안 대비책을 논의했다. 정부가 고려 중인 강경책엔 학교의 휴교조치, 또는 보다 강력한 행정조치와 이에 앞선 위수령에 의한 군대동원, 또 그 이상의 모종 조치 그리고 시위학생 구속범위의 확대 등이 포함돼 있는 것으로 알려졌다. 그러나 학생시위가 보다 악화될 경우, 우선 일부 예비병력을 수도경비 병력에 편입해 시위진압에 나서게 할 것으로 논의되었다.

8월 25일 밤부터 심상찮은 움직임을 보이면서 시민들을 우려하게 했던 군의 직접적인 개입이 고대에서 있었다. 25일 낮 500여 명의 무장군인들이 고대 교정에 침입, 강의실, 고대신문사, 도서관, 강당, 식당 등에 난입해 야전용 곡괭이 자루로 유리창을 부수는가 하면, 도서관 열람실과 강의실, 여학생회관 안에까지 최루탄을 쏘았으며, 학생들을 군화발로 짓밟고 곡괭이 자루로 마구 구타하며 수십 명의 학생들을 연행해갔다. 중위의 지휘를 받는 무장군인들은 이를 말리던 여학생들에게도 폭행을 가했는데, 피해가 가장 심한 곳은 고대신문사와 식당이었다.

그날 오후 박 대통령의 담화가 있었다. 학생들의 시위가 최고조에 이르렀을 때 발표된 박의 8·25특별담화는, 각료급에서 하겠다는 걸 굳이 박 스스로가 구술해서 원고를 마련했고 직접 낭독한 것이었다. 그 내용은 전례를 찾아볼 수 없을 만큼 강경한 것이었다. 여기에는 "학생데모의 뿌리를 뽑겠다"는 방침 아래 일제강점기에서도 예가 없었던 학교 폐쇄까지도 불사하겠다는 내용이 포함되어 있었다.

이 담화를 계기로 걷잡을 수 없는 강경책들이 홍수처럼 쏟아져 나왔다. 박의 특별담화는 너무 강경할 뿐만 아니라 일국의 대통령이 학생을 1대 1로 상대하는 듯한 인상을 어휘에서 풍겼다. 그리고 학생회장 선거에서의 금품거래까지 들춘 이 특별담화는 너무 격이 낮았다는 평을 받았다.[12] 박의 특별담화에 따라 취해진 첫 조치는 군의 투입이었다. 위수령이 발동된 것이다.

---

12 〈신동아〉 1965년 10월호, pp.164~166 참조.

4. 위수령과 학원파동, 테러

① 위수령

박정희 대통령의 8·25특별담화에 따라 취해진 첫 조치는 위수령의 발동이었다. 이것은 그 위헌성과 위헌여부의 시비는 차치하고 권력행사의 측면에서도 상당히 심각한 문제를 갖고 있었다. "정권을 내놓는 한이 있더라도 데모 만능의 풍토를 뿌리 뽑겠다"는 박의 결의는 많은 문제점을 내포했다. 이러한 신경질적인 박 정권의 반응은 시위 자체가 박 정권의 퇴진을 요구함에 따라 정권의 모든 것을 걸고 반드시 진압하겠다는 의도인 것이며, 집권자가 그런 태도를 가졌다면 어떠한 방법도 동원될 수 있다는 시사였다. 당시의 정권은 바로 군사정권의 후신이었던 것이다. 쿠데타로 서울에 진주했던 소위 혁명군, 5·16사태에 동원되었던 계엄군, 그리고 1965년 8월 말의 위수군은 모두 같은 성격을 가진 것이었다.

26일 오전 김성은 국방장관은 "우려되는 데모사태에 대비, 이날부터 서울 근교에 있는 야전군 예하 제6사단 일부 병력에 위수령이 적용되어 서울에 투입되고 있으며, 사태진전에 따라 병력의 증강이 있을 것"이라고 말했다. 김 장관은 이와 같은 "병력 동원은 유엔군사령관 겸 미8군 사령관인 비취 대장과도 협의한 결과"라고 밝히면서 "지금으로서는 계엄령 선포는 고려하지 않고 있으나, 사태진전을 계속 주시할 것"이라고 말했다.

그런데 정부가 학생시위로 격화된 사태에 대비, 서울 근교의 병력을 서울에 투입하기 위해서는 데는 위수령 제22조에 따라 먼저 지방장관인 서울시장의 병력동원 요청이 있어야 한다. 그런데 당시는 위수령을 발동해 '선포 없는 계엄'사태까지 만들어야 할 만큼 경찰의 치안능력이 없었던 것은 아니었다. 각의에서 양찬우 내무장관이 "아직은 경찰로도 족하다고 본다"고 말했다는 설과, 위수령이 발동되었다는 정부의 발표에도 불구하고 위수령 발동의 법적 요건이 되는 지방장관 요청의 주인공인 윤치영 서울시장이 아침에는 "요청한 바 없다"고 했다가, 오후에는 "요청했다"로 번복했던 사실이 그 근거이다.

예측컨대 위수령은 시위진압을 위해서가 아니라, 박 정권의 반대세력에 대한 대대적 탄압을 위해 군이 선봉이 되어 나선 듯했다. 이 과정에서 절차상 혼란이 있었던 것이다. 군은 이미 24일 오후부터 수도경비사 설치령에 의해 학생시위를 저지했고, 26일에는 사단병력이 서울에 진주해 직접 치안의 일선에 섰다. 이러한 데에서 계엄령의 선포도 없이 군인들을 민간 치안에 동원할 수 있게 한 이 위수령이 어디에 근거한 것인지 합법성 여부의 논쟁이 유발되었다.

위수령 발동 이후 제1의 사건이 연·고대 난입사건이었다. 25일의 고대난입 후 격앙된 캠퍼스에 위수령이 발동되었고, 26일에는 연대에 무장군인이 난입했다. 26일 오후 2시 15분경 6대의 군 트럭과 스리쿼터에 분승한 200여 명의 무장군인들이 연세대 정문으로 몰려와 그 중 50여 명이 학교 안으로 들어갔다. 나머지 150여 명은 교문 근처에서 최루탄을 터뜨리며 구경하던 시민과 학생들을 연행해갔다. M1소총에 대검을 꽂고 학교 안으로 들어간 50여 명의 무장군인들은, 교실과 교정에 있던 학생들이 뒷산으로 달아나자 학교에서 물러났다.

한편 고대생 1,000여 명이 26일 2시 반쯤 교문을 뛰쳐나와 안암동로터리까지 나갔는데, 300여 명의 헌병들이 최루탄을 쏘는 바람에 쫓겨 일단 교문 안으로 돌아왔다. 그리고 3시경 10여 대의 군용차에 분승한 200여 명의 무장군인들이 또다시 고대 구내에 들어와 투석한 학생 수십 명을 연행했다. 이에 대해 군 당국은 "학생들이 돌을 던진 데 대한 자위책이었다"고 해명했지만, 정치적으로 중립이고 자유로워야 할 학원에 군화 발자국을 남겼다는 것은 군인의 법원 난입사건 및 동아일보 난입사건과 함께 커다란 문제점을 던졌다.

서울 일원에 위수령이 발동된 이튿날인 27일 오전, 삼엄한 경계 속에서 고려대에서는 1,000여 학생들이 모여 '학원방위 학생 총궐기대회'를 열고 농성에 들어갔으며, 이대생 4,000여 명, 성균관대생 1,000여 명과 연세대생 2,000여 명도 각각 교내에서 성토대회를 열어 무장군인 난입과 박 대통령의 특별담화를 규탄했다.

이처럼 1965년도의 회담반대 투쟁은 1964년도와는 달리 학생들에서 여타 부분으로 확산되지 못하고 고립된 채 전개되었다. 그 이유는, 첫째로 박 정권의 강력한 초동진압이 성공해 학생시위가 거리에서 지속적인 투쟁을 전개하지 못했다는 점이었고, 둘째로는 야당권의 완전한 분열로 학생들의 투쟁을 도와줄 만한 힘을 가진 단체나 조직이 존재하지 못했다는 점이다. 설상가상으로 학생들의 투쟁은 획기적인 방법의 전환 없이 철저히 교내에서 학생들만의 투쟁으로 고립되어갔다. 이러한 역학관계에서 정부는 더욱 강력한 탄압을 하게 된 것이었다. 27일 오전 서울시내 각 대학은 시위 주동학생 12명 제적, 28명 무기정학, 4명 근신처분을 내렸다. 강력한 처벌이 시작된 것이다.

② 심화되는 탄압조치

정부는 학생시위에 대한 대통령의 강경책을 뒷받침하는 강력한 행정조치를 펴기 시작했다. 26일 오전, 정부는 서울대학교 총장 신태환을 관계 국무위원의 모임에서 결정된 바에 따라 면직했다. 이렇게 되자 서울대 각 단과대학장들이 총사임했다. 27일 오전 9시 반부터 서울대학교 본부 회의실에서 열린 대학원장·학장회의에서는 일반 대학원장과 2개 특수

대학원장, 그리고 10개 단과대학장(유기천 법대학장은 불참) 및 교무·학생처장이 문교장관에게 일괄 사표를 제출하기로 결의, 정오경 모두 사표를 낸 것이다. 신태환 총장은 이날 사퇴성명을 통해 "대학의 자율성을 침해하지 말라"고 말했다. 한편 국무회의는 학생시위를 막지 못했다는 이유로 면직된 서울대학교 총장 후임에 법대학장 유기천 씨를 임명키로 27일 의결했다.

이날 야당·투위·조국수호협·기자단 등 제 단체의 무장군인 난동규탄 성명이 있는 가운데 김홍일 등 예비역 장성 11명은 '국군장병에게 보내는 호소문'을 발표했다. 이들은 호소문에서 "조국 수호의 간성인 군은 지금의 비상한 현실을 직시하고 군의 올바른 전통을 다시 불러세우기 위해 냉철한 판단과 결단이 있어야 할 것이며, 정치에서 중립해야 할 것이다"라고 호소했다. 또 "국민의 유일한 희망이었고, 국민의 진정한 벗이었던 '국민에 의한, 국민을 위한' 군이라는 본연의 자세를 재확립, 군에 대해 흐려져가는 국민의 신뢰를 회복할 수 있도록 여러분은 어떠한 어려운 상황에서도 애국하는 국민에게 총을 겨누기를 거부하고, 민족양심에 서서 군의 빛나는 조국수호의 전통을 불퇴진의 자세로 지켜주기를 간곡히 호소한다"고 말했다. 이날 호소문에 서명한 예비역 장성들은 김홍일, 최경록, 박병권, 송요찬, 손원일, 장덕창, 김재춘, 백선진, 이호, 조흥만, 박원빈 등이었다.

28일 서울지검은 학생시위의 주동자와 배후 조종자 92명의 명단을 작성하고 이 중 이미 구속된 12명을 제외한 80명 전원을 체포하도록 경찰에 지시했다. 한편 서울지검 공안부는 한일협정 비준무효화 성명을 낸 조국수호협의회의 김홍일 씨 등 8명을 명예훼손 혐의로 입건하고, 이들을 소환 심문했다. 이들 중 김홍일, 박병권, 김재춘, 박원빈 등은 박 대통령을 이적행위자라고 비방했다는 혐의로 29일 전격 구속되었다.

이러한 정부의 강경대응이 계속되는 가운데 문교장관이 돌연 경질되었다. 새로 취임한 권오병은 취임 후 첫 기자회견을 통해 대학에 새로운 학풍을 불어넣고, 학생들을 그릇 인도하는 교수들에게 책임을 지워 교권을 확립하겠다고 말했다. 또한 그는 군인들의 학원난입 사건에 대해 학원이 자초한 일이라고 주장했다.

③ 학원파동과 테러

군이라는 물리력을 과시한 정부는 자신의 반대세력이라 생각되는 대학의 구조적 개편을 위해 학원에 대한 강압적 숙정작업에 착수했다. 정일권 국무총리는 31일 오후 3시 학생시위에 대한 박 대통령의 특별담화를 뒷받침하는 구체적인 시정방침을 밝혔다. 7개항의 정부방침은 다음과 같았다.

1. 어떠한 불법적인 데모 행위도 일절 용인치 않을 것이며, 데모 만능의 망국풍조를 철저하게 뿌리 뽑겠다.
2. 데모의 주동자는 물론 선동자와 배후인물에 대해서는 끝까지 색출해 법에 의해 처단한다.
3. 헌정질서를 교란하고 사회혼란을 조장하는 어떠한 불법단체나 개인의 활동도 엄단한다.
4. 정치인이나 학생을 막론하고 국가원수를 모독하는 언사나 반국가적·반민족적 구호를 제창하는 자는 그 동기여하를 불문하고 엄중히 의법 조치한다.
5. 학생데모를 선동하는 정치교수나 데모 주동학생들의 처벌을 기피하는 교직자에 대해서는 그 책임을 추궁하고 응분의 조치를 취한다.

6. 끝까지 정부방침에 불응하고 이를 전면적으로 거부하는 학원에 대해서는 폐쇄조치까지 불사한다.

7. 문란된 질서를 자율적으로 회복하고 교권의 확립을 위해 본연의 자세로 돌아가는 학교에 대해서는 학원의 자유화와 민주화를 최대한으로 보장하는 동시에, 인격도야와 학구에 전념하려는 선량한 학생의 면학을 위해 정부는 최선의 협조를 할 것이다.

정부는 총장과 학장 사퇴에 일부 학생들을 '선동해' 반대운동을 꾀하고 있는 서울대학교의 일부 교수, 무장군인 난입에 항의하고 있는 고대의 교수들 및 문교부의 시위 주동학생 처벌지시에 따르지 않는 연대의 교수동태 등을 주시하고 있었다. 문교부의 시위 주동학생에 대한 강력한 처벌지시에 대해 연대·고대 등 일부 대학에서는 "우선 학원을 정상화한 후에 학생들을 처벌해야 한다"는 이유를 내세워 징계조치를 거부하고 있었다. 이에 문교부는 9월 4일 "학생 데모의 뿌리를 뽑겠다"는 강경책의 일환으로서 '데모 주동학생과 이른바 정치교수 징계에 협조하지 않았다'는 이유로 고려·연세대에 대해 6일부터 무기휴업령을 내렸다. 이같은 조처는 지난 8월 27일 개정된 교육법 시행령 제76조 2항의 "비상재해 기타 긴박한 사정으로 정상수업이 불가능하다고 인정될 때 감독청이 휴업을 명할 수 있다"는 규정을 적용한 첫 케이스이다. 그리고 문교부는 4일 신능순 기획관리실장을 반장으로 검찰·장학관·내무부 관계관 등 6명으로 구성된 감사반을 연·고대에 파견 학사감사에 착수했다.

어쨌든 휴업령을 내림으로써 학생처벌은 문교부가 납득할 만큼 처리되었지만, 교수징계를 둘러싸고는 팽팽히 맞서게 되었다. 결국 우여곡절을 거쳐 대학 측에선 학생감독 소홀을 사과하고, 정부에서는 정치교수를 대학이 자율적으로 조치하는 것을 인정함으로써 해결되었다. 정부는

20일 16일 만에 연·고대에 대한 휴업령을 철회했다.

학원파동으로 정부와 학원이 팽팽히 대결하고 있을 때, 서울시 한복판에 있는 동아일보·동아방송의 간부와 민중당의 간부 등에게 정치테러가 가해졌다. 위수군이 치안을 담당하고 있는 중에 연쇄적인 테러사건이 일어났다는 점과, 그 테러 사건의 범인이 조직적인 군인집단이라는 인상만 남긴 채 잡히지 않았다는 점을 들어, "집권세력에 비판적인 자세를 취하고 있는 언론인들과 재야인사에 대해 위협을 주기 위한 집권당 측근의 과잉충성 분자들이 자행한 정치적 테러"일 것이라는 의견이 일반적 관측이었다.

이후 난국수습을 위해 국민여론을 들어보아 찬반을 결정짓기 위해 총선거를 실시하자는 주장이 비준 반대세력에 의해 강력히 대두되었는가 하면, 여야의 일각에서는 여야협상에 의한 시국수습책을 모색하려는 노력도 시도되었다.

10월 11일 민중당 온건파 33명이 국회에 복귀했으며, 박순천 대표최고위원은 "우리 당은 앞으로 무책임하고 막연한 대안 없는 극한표현·과잉공약 풍토를 지양하고 정책 중심의 청사진을 제시하면서 확실한 고발과 선의의 충고, 이유 있는 투쟁을 할 것"이라며 궁색한 자기 소신을 피력했다. 이틀 후 윤보선은 민중당이 준여당으로 전락하고만 이 시점에서 선명야당을 희구한다고 말하였고, 민중당의 강경파는 곧 신당을 발기하겠다고 선언했다.

공화당은 국회에 복귀한 민중당 온건파의 체면을 세워주기 위해 10월 18일 국회 본회의에서 구속학생 석방, 제적학생의 복교 및 소위 정치교수의 복직에 관한 대정부 건의안을 여야합의로 수정 통과시켰다. 이것은 16일 민중당이 제안했으나 폐기되었다가 다시 제출되어 수정 통과된 것이었다. 비준 후의 여러 파동은 이런 식으로 마무리되었다.

한일회담 반대운동의 의의와 평가

① 의의

한일회담 반대운동의 의의는 우선 다음과 같이 파악할 수 있다.

첫째, 한일회담 반대운동은 외세에 반대한 운동이었다. 해방 후 20여 년에 걸쳐 한국은 경제·재정정책에서 자주적일 수 없는 구조적 특징을 가지고 있었다. 미군의 진주와 뒤를 이은 경제원조는 실패를 거듭하며 한국 경제구조를 대외 종속적인 체제로 구체화했다. 미국의 반공 군사기지화 전략은 민족적 기업의 발전을 저해했고, 특히 잉여농산물의 대량유입은 한국농업의 파멸을 초래했다.

이러한 것은 덮어두고라도 회담 진전에 관련된 외세의 움직임은 매우 노골적이었다. 앞서 밝혔던 것처럼 한일회담은 한국전쟁이 치열하던 때 미국의 강력한 권유에 의해 시작되었고, 미국의 베트남전 개입이 본격적으로 이루어지던 때 한국군 베트남 파병안의 국회통과와 함께 종결되었다. 그 외에도 외세는 공동성명을 통한 간섭이나 회담 반대세력에 대한 탄압의 동조자의 역할을 했다. 이러한 외세에 대한 회담반대 세력의 대응은 구호와 시위, 항의성명 이상의 것으로 나타나지는 못했지만, 그 동기와 진행에 있어 이 운동은 반외세적 성격을 명확히 했다. 4월혁명 3주년을 맞아 발표된 서울대의 4·19 제4선언문은 "사회경제적 반봉건 구조, 외세의존의 매판적 경제질서, 의식의 보수성"을 들어 당시의 상황을 통렬히 비판했다.

둘째, 한일회담 반대운동은 1960년대와 1970년대 반독재운동 과정 중 중요한 비중을 차지하는 운동이라는 점이다. 박정희 정권은 5·16을 4월혁명의 계승이라고 주장했던 명분상의 딜레마 때문에 민주세력에 대한 완전한 말살을 할 수는 없었다. 이러한 상황에서 학원·야당·언론기관, 제반 사회결사 등에 상당한 민주적 공간이 마련되어 있었다. 군정 이래 부패와 불안 속에서 자기 분열을 거듭한 박 정권은 그 허약함을 드러냈지만, 반대세력의 힘의 분산 혹은 근본적 한계 속에서 외세의 지원을 받으며 1964년 한 차례 위기를 넘긴다.

이것은 한일회담이 가지는 세계 전략적 의의를 나타내는 것이고, 이러한 경험을 한 후 박 정권은 1965년 반대투쟁에서 무차별적으로 대응한다. 또 1965년 하반기에 들어서자 민주세력 전반에 대한 철저한 탄압에 나선다. 이러한 구조적 탄압 속에서 힘을 갖추기 위한 지식인·학생의 변화는 10여 년이 지나서야 나타난다. 박 정권은 또한 1인독재 체제를 구축해 나가는데, 한일회담 반대운동은 이러한 1960년대와 1970년대 반독재 투쟁과정의 속에서 초기적 운동이었다.

셋째, 한일회담 반대운동은 분석의 대상이 될 수 있는 하나의 역사적 사건으로서의 요건을 갖추고 있다. 2년여에 걸친 집중적인 회담반대 운동은 회담을 반대하는 사회의 각 부분과 정권과의 단계적 대응으로 벌어진다. 반대운동 파고가 고양과 하강을 거듭하는 가운데 운동 주체 내에서 변화·분열현상이 일어나고, 대상인 정권 측에서도 자기분열과 강경·온건의 대립이 나타난다. 이러한 여러 세력 간의 관계 및 정권의 외세와의 연결은 사회적 운동으로서 하나의 전형을 보여준다.

그리고 이 회담 반대운동을 통해 이후 1960년대에서 1970년대에 걸친 여러 사회적 모순의 초기적 모습이 보인다. 즉, 정치적 반대세력을 탄압하기 위해 계엄·위수령을 선포해 군과 경찰을 동원시키는 일이라든가, 학원사찰·학사행정에 적극적인 개입 및 강제징집, 야당 및 언론에 대한 구속 및 테러를 중심으로 한 위협, 회유를 통한 내부분열을 획책하는 일 등이 적나라하게 나타난다. 또한 탄압방식에서 냉전 분단국가에서 냉전논리를 이용하는 전형이 나타난다. 한편 운동의 고양에 따라 각종 조직이 출현하면서 반대시위에서 다양한 양식이 결합하며 발전하는 측면이 있는가 하면, 중요한 시기를 놓친다거나 이슈전환의 어려움, 힘의 집중 아닌 분산, 본질적 부문에서의 일탈 등이 한일회담 반대운동 과정의 교훈으로 나타난다.

② 평가

한일회담 반대운동은 1964년의 반대운동과 1965년의 반대운동으로 대별된다. 1964년, 1965년의 반대운동은 두 가지 점에서 뚜렷한 대조를 이룬다. 하나는 정국의 흐름을 주도한 세력이 누구인가라는 문제와, 또 하나는 투쟁이 범사회적으로 확산되었는가의 문제에서이다.

첫째, 1964년 정국의 주도권은 학생·투위·야당 등 반대운동 세력 측에서 쥐었다. 이들은 3월부터 6월에 걸쳐 3월 투위시위, 3월 24~31일 학생시위, 5월 20일 장례식 시위, 5·25 궐기대회, 6·3사태 등 능동적으로 공격해나갔다. 그러나 1965년 경우는 전혀 상반되었다. 박 정권은 자신의 프로그램에 따라 가조인→조인→비준을 급속히 진행시켰으며, 회담 반대운동 세력을 효과적으로 차단하는 경지를 지나 자신의 정권에 반하는 모든 부분을 격파해나갔다.

둘째, 1964년의 반대운동은 범사회적으로 확산되어나가는 양태를 보였다. 언론은 학생운동과 투위·야당 등 다른 세력과의 연대투쟁이 가능하도록 도왔다. 투위와 야당은 학생시위가 가두로 진출함과 더불어 적극적인 정치권 내외 투쟁을 벌임으로써, 범사회적인 전선형성을 가능케 했다. 학생운동 여타세력에 의한 분위기 고양은 6월의 학생시위 격화 때 개인적인 형태에서나마 시민들의 적극 참여를 가능케 했다. 이에 반해 1965년의 반대운동은 학생운동만이, 그것도 고립된 채 진행되었다. 박 정권은 1965년 학생시위에 대해 초동진압으로 일관했다. 이 방법은 1964년 학생시위대가 가두진출을 하자 문제의 심각성과 참여가 사회적으로 확산되었다는 인식에서 나온 대응양식이었다. 정권의 새로운 대응방법에 학생 측은 시위전술의 개발, 학생대중 참여를 위한 프로그램 개발 등 제한된 공간 내에서나마 조직적인 방법론을 모색하지 못하고 가조인→조인→비준 일정에 밀리면서 발전 없는 반복을 되풀이했다.

자세히 살펴보면 1965년의 학생시위는 학교를 벗어나지 못한 1단계 교내 성토와 2단계 소수의 단식에 머무른다. 당시 상황 속에서 학생운동의 기본적인 공격원칙인 교내 대규모 집결과 사회적 확산 방법론 모색과 동떨어져 진행되었다는 것이다. 또 이때 야당권의 파벌이라는 자기 속성은 강압과 회유 앞에서 투쟁력의 무력화라는 양태로 나타났다.

1964년의 계엄령이 박 정권 타도를 외치는 학생·시민의 대규모 궐기에 대한 박 정권의 자기방어였다면, 1965년 위수령은 정권 반대세력에 대한 공격으로서의 의미를 가진다. 이러한 의미는 권력투쟁과정에서 초점이

되었던 김종필의 움직임에서도 나타나는데, 그는 1964년 6·3사태 이후 공직에서 물러나 있었으나 1965년 위수령 이후 다시 복귀하게 된다.

1년을 전후해 이렇듯 박 정권과 박 정권 반대세력과의 공방이 다르게 나타나는 이유는 무엇일까? 우선 박 정권이 1964년을 겪은 후 노골적으로 독재의 길을 걸으며 폭압적 양상을 띠었다는 내적인 이유가 있을 수 있다. 그리고 미국의 조속한 회담타결 요구와, 그로 인한 정권에 대한 지지가 외적인 요인으로 작용했다. 미국이 베트남전에 직접 개입함에 따라 동북아시아 지역체제에 대한 결속 요구 및 한국군의 베트남전 직접 개입 희망과 실현이, 박 정권의 정권유지 욕망 및 이해와 맞아떨어졌던 것이다. 구체적인 진행과정을 살펴보면 다음과 같은 세 가지의 특징이 보인다.

첫째는 학생운동이 본질적인 문제를 제기하기까지 1964년 3월 24일에서 5월 20일이라는 2개월여의 시간이 걸렸다는 점이다. 즉 분위기의 고양, 박 정권의 허약성이 노출되는 4월혁명을 전후한 시기를 놓쳤다는 것이다. 학생들은 박 정권이 정일권 내각의 형태로 일단 재정비된 후에야 조직적인 투쟁을 재개했다.

둘째는 1964년 5월 20일 이후 5월 말에 이르기까지 학생운동을 이끌어갈 가장 최소한의 조직마저 부재했다는 점이다. 5·20 장례식 시위는 참가한 인원수가 적었고 시위 양태가 소수의 극도 과격한 모습을 보였다는 등 비판의 여지가 상당히 있었다. 그러나 다음날의 무장공수대 법원난입 사건은 전날 학생들이 보여준 부정적인 면을 모두 상쇄하고 전 사회적으로 박 정권 규탄의 분위기를 고조시켰다. 이로써 사회적으로 학생들의 조직적 힘이 표출되는 것이 요구되었다. 그러나 한계점투성이의 학생회장단이 시위를 주도하면서, 그 결과도 궐기대회라는 극히 소극적 수준에 머무르고 말았다.

셋째, 1965년의 경우 운동의 흐름에서 본질에서 일탈되는 사례가 빈번히 나타난다는 점이다. 서울 법대의 잦은 맹휴, 일본상품 불매운동, 학원 자유수호 투쟁 등의 예가 그것이다. 이것은 1965년이라는, 1964년보다 질적으로 변화된 상황에서 자기 체계를 갖지 못하고 상황에 이끌려간 당시 학생운동이 드러낸 자기한계이며, 이것은 곧 역사적인 한계이기도 하다.

한일회담 반대투쟁은 반외세적 성향을 나타내며, 주로 반독재 투쟁적 성격을 띤다. 1960년대 이후의 한국사를 질곡하는 한일관계의 구체적 출발은, 미·일 간의 역할 대위代位로서 한국국민에게 다가왔다. 학생·지식인·야당 등은 정권욕에만 급급해 한일회담을 졸속 진행하는 박 정권에 대항해 싸웠다. 즉 1964년과 1965년에 집중적으로 일어났던 회담반대 운동은 18년 장기집권에 대항하는 최초의 민주화 운동으로서도 성격 지을 수 있는 것이다.

반대시위를 주도한 학생들도 불철저한 이념으로 상당수 이후 현실에서 여지없이 자기를 변신시켜갔다. 역사적 사건이 모두 그러했겠지만, 특히 6·3사태라고 불리는 한일회담 반대운동의 상징적 사건은, 그 인물의 현재 모습에서가 아니라 그 운동이 가졌던 운동 초기적 흐름의 한계 및 그것이 끼쳤던 영향, 교훈 등의 시점에서 바라보고 평가되어야 할 것이다.

한국 근현대사와 한일회담

한일회담 전의 역사

분단의 극복과 자립경제의 실현은 우리 모두의 바람이다. 그러나 몇 번의 계기를 제외하곤 해방 후 한국사의 흐름은 분단의 고정화, 경제구조의 대외종속화 과정으로 치달아왔다. 개항 이래 외세와 얽힌 우리 역사를 돌이켜 보자.

1876년 일본과 수호조약을 맺은 이후 한국은 곧 미국과 수호조약을 맺었다(1882년). 그러나 미·일 양국과의 수호조약이 맺어진 지 20여 년이 경과한 1905년 7월, 일본 수상 가쓰라와 미국 육군장관 태프트 사이에 비밀협약이 체결되었다. 밀약의 내용은, 미국은 일본의 한국에 대한 지배의 우월권을 인정하고, 그 대가로 필리핀에 대한 미국의 지배권을 일본이 인정한다는 것이었다. 그해 9월 포츠머스조약이 맺어졌고, 얼마 후 일본이 한국의 주권을 사실상 강탈해버린 을사보호조약이 체결되었다. 영국과 프랑스의 공사관은 그대로 한국에 있었는데, 미국은 을사보호조약이 체결된 지 2주 만에 한국을 떠났다.

그리고 그로부터 40년이 지난 후, 미국은 한반도의 지배권을 넘겨준 일본을 한반도에서 몰아내기 위해 다시 상륙했다. 미국의 한반도에 대한 관심은 태평양전쟁 후 일본의 전쟁 전 해외 식민지 처리문제에서 노골화되었는데, 이는 1943년 카이로회담에서 중요 이슈로 등장했다. 이때 루즈벨트 미국 대통령은 한국에 대한 30년 내지 50년 정도의 신탁통치안을 구상하였으며, 이것은 카이로선언에서 한국을 '적당한 시기in due course'에 독립시킨다는 표현으로 나타났다.

해방에 대한 해방자와 피해방자의 인식은 크게 달랐다. 미국은 4대국 신탁통치라는 원칙적 구상만 가진 채 임정·건준 등을 부인하였고, 1945년 12월 하순 모스크바 삼상회의에 가서야 카이로선언의 구상을 실체화했다. 이 회의에서 한국문제에 대한 의정서가 나왔고, 이것은 크게 두 가지 골자로 되어 있었다. 하나는 어떻게 하든 조선인에 의한 임시정부를 만들자는 것이었고, 또 하나는 임시정부를 5년 이내로 4대국 신탁통치하에 둔다는 조항이었다. 이로써 전자에 근거를 둔 찬탁贊託과 후자에 근거를 둔 반탁反託 운동이 해방 이후 정치방향에 분수령을 이루게 된다. 이후 미국이 추진한 김규식·여운형 등의 좌우합작운동이 실패로 돌아가면서 미·소 관계는 악화되고, 미국은 결국 탈한晩韓정책을 쓰게 된다. 이는 또한 한반도 문제가 유엔으로 넘어가는 계기이기도 했다.

미군정하 남한 전 재산의 80% 이상에 해당하는 '귀속재산' 처분과 '농지개혁'이 있었다. 일제의 한국 지배의 양대 지주였던 이 두 부분은, 귀속재산의 경우 반민족적 정상배에게 특혜로서 불하되었고, 농지개혁은 식민지 지배 동조세력인 구지주 세력을 전혀 구축驅逐하지 못한 채 시행되었다. 이러한 데에서 비롯되는 국민적 축적의 결여는 외국자본 의존의 기초를 마련했다. 자유당 정권하, 특히 한국전쟁은 미국원조에의 의존을 증대시켰다. 경제복구 과정에서 한국은 미국의 상품시장권에 편입되었으며, 미국 잉여농산물의 막대한 도입은 농업에 있어서 식량자급의 쇠퇴를 가져왔다. 원조에 의한 일부 수입 대체산업은 국내적 분업 관련이 전혀 없었으므로 경제적 파급효과를 거의 가지지 못하였고, 국민경제의 자생적 기초만 파괴하는 결과를 초래했다. 이로써 국민경제의 대외의존은 더욱 심화되었다.

4월혁명은 이러한 해방 이후 모든 파행적 구조들에 대한 부정으로서의 가능성을 가졌으나, 결실을 보지 못했다. 해방 후 식민지 경제구조의 청산이 결여된 채, 4월혁명이라는 중요한 변혁의 계기는 5·16쿠데타로 좌절된 것이다.

한일회담과 한일관계

5·16쿠데타 후 미국의 동북아 전략에 의한 역할의 대위로, 일본은 다시 인접국 이상의 의미를 가지고 한국에 들어오게 된다. 한일국교가 정상화되었다는 것은 여러 가지 의미를 가진다. 그것은 정치적인 면에서 반민주·비민중적 정권이 정착하는 계기를 마련한다. 박 정권은 한일회담 타결과 베트남 파병으로 미국의 존슨 정권으로부터 절대적 신임을 얻게 되며, 그것에 기초해 자신의 반대세력에 대한 강력한 격파를 해나가게 된다. 이것은 1970년대에 이르기까지 계속되었고, 유신이라는 사실상의 1인 종신통치체제에는 미국·일본의 강력한 군사적 뒷받침이 있었다고 볼 수 있다.

경제적인 면에서는, 한일회담으로 소위 대일 청구권자금이 유입되었고 이것은 일본의 자본수출의 계기가 되었다. 베트남전쟁 수행으로 인한 전후 미국경제의 결정적 타격으로, 독점자본의 진출에 있어 아시아에서는 일본이 미국의 그 역할을 대리하게 된 것이다.

일본의 경제협력은, 일본의 필요와 그 대상이 되는 박 정권의 요구가 결합되면서 급속히 확대 진전되었다. 일본의 각종 차관원조의 성격은 제공조건이 까다롭기로 유명하다. 그뿐 아니라 그들의 소위 경제협력은 자국상품의 수출과 긴밀히 결합, 일본의 수출 촉진의 수단이었다. 1965년 국교정상화 이후 20년이 채 못 되어 300억 달러에 달하는 대일무역 누적적자가 생긴 것은, 이러한 일본자본의 속성에서 비롯되는 당연한 귀결인 것이다.

군사적인 면에서는, 이미 1964년 미쓰야三矢 작전으로 일본 자위대의 한반도 지향성이 명백히 드러났다. 이후 긴밀한 연관관계는 갈수록 구체화·노골화되어, 오늘날에 이르러 가장 심각한 문제로 나타나게 되었다. 1960년대, 특히 1970년대 이후 강력한 군비증강을 거듭해온 자위대를 중심으로 일본의 수상 또는 방위청·자민당 인사들의 대對 한반도 군사개입의 발언은, 1980년대에 이르러 한·일 양국의 군사동맹의 가능성으로까지 그 본색을 드러내게 되었다.

구식민지 종주국이었던 일본은 미국의 세계전략에 따라 한반도에 다시 진출하고 있다. 그리고 자신들의 요구에 기초해 새로운 군국주의적 책동을 벌이려 하고 있다. 이는 자신들 내부의 정책체계와 이데올로기를 군국주의적으로 개편해, 오늘날 한국에 경제·문화·군사적으로 진출하려는 행태에서 명백히 드러난다.

이렇게 된 공식적인 계기가 한일회담의 굴욕적 타결인 것이고, 이러한 것들을 둘러싼 양국관계가 오늘의 한일관계의 실상인 것이다.

부록

- 샌프란시스코 강화조약 한국관계 조문
- 인접해양에 대한 주권에 관한 선언(평화선)
- 청구권·경제협력에 관한 협정
- 법적지위와 대우에 관한 협정
- 어업에 관한 협정
- 문화재·문화협력에 관한 협정
- 기본관계에 관한 조약

샌프란시스코 강화조약 한국관계 조문

(1951년 9월 8일 조인, 1952년 4월 28일 발효)

제2조 (a) 일본국은 한국의 독립을 승인하여 제주도, 거문도 및 울릉도를 포함하는 한국에 대한 모든 권리·권원權原 및 청구권을 포기한다.

(b) 일본국은 대만 및 평후제도澎湖諸島, 중국 대만해협에 있는 섬들에 대한 모든 권리·권원 및 청구권을 포기한다.

(c) 일본국은 지시마열도千島列島, 지금의 쿠릴열도 및 일본국이 1905년 9월 5일의 포츠머스조약의 결과로서 주권을 획득한 가라후토樺太, 지금의 사할린의 일부 및 이에 근접하는 제도에 대하여 모든 권리·권원 및 청구권을 포기한다.

(d) 일본국은 국제연맹의 위임통치제도에 관련하는 모든 권리·권원 및 청구권을 포기하고 또한 이전에 일본국의 위임통치하에 있었던 태평양의 제도에 신탁통치제도를 시행하는 1947년 4월 2일 국제연합 안전보장이사회의 행동을 수락한다.

(e) 일본국은 일본국민의 활동에 유래하거나 혹은 타에 유래하거나를 불문하고 남극지역의 모든 부분에 대한 권리나 권원 또는 모든 부분에 관한 이익에 관해서의 청구권을 전적으로 포기한다.

(f) 일본국은 신난군도新南群島, 지금의 난사군도 및 시사군도西沙群島에 대한 모든 권리·권원 및 청구권을 포기한다.

제4조 (a) 이 조항의 (b)의 규정을 보류하며 일본국 및 그 국민의 재산으로서의 제2조에 제시된 지역에 있는 것 및 일본국과 그 국민의 청구권(채권을 포함함)으로 현재 이들 지역의 행정을 맡고 있는 당국과 그곳의 주민(법인을 포

함함)에 대한 것의 처리 및 일본국에서의 이들 당국과 주민의 재산 및 일본국과 그 국민에 대한 이들 당국과 주민의 청구권(채권을 포함)의 처리는 일본국과 이들 당국 간의 특별 협정의 주제로 한다.

제2조에 제시된 지역에 있는 연합국 또는 그 주민의 재산은 미반환 상태에 있는 한 시정을 맡고 있는 당국이 현상으로 반환해야 한다(국민이란 용어를 이 조약에 쓸 때에는 법인을 포함한다).

(b) 일본국은 제2조 및 제3조에 제시되는 지역 중의 어느 곳이든 미합중국군 정부에 의하여 혹은 그 지령에 따라 행해진 일본국 및 그 국민 재산의 처리의 효력을 승인한다.

(c) 일본국과 이 조약에 따라 일본국의 지배에서 제외되는 영역을 연결하는 일본국 소유의 해저전선은 2등분되어 일본국은 종점시설 및 여기에 연결되는 전선의 반을 보유하고, 분리되는 영역은 나머지 전선과 그 종점시설을 보유한다.

제9조 일본국은 공해에 있어서의 어렵의 규제 또는 제한 및 어업의 보존과 발전을 규정하는 2국 간과 다수국 간의 협정을 체결하기 위하여 희망하는 연합국과 조속한 시일 내에 교섭을 개시하기로 한다.

제12조 (a) 일본국은 각 연합국과 무역 해운 기타의 관계를 안정되고도 우호적인 기초에 올려놓기 위하여 조약 또는 협정을 체결하기 위한 교섭을 조속한 시일 내에 개시할 용의가 있음을 선언한다.

(b) 해당하는 조문 또는 협정이 체결될 때까지 일본국은 이 조약의 효력 발생후 4년간

① 각 연합국 및 그 국민, 산품 및 선박에 다음의 대우를 한다.

(i) 화물의 수출입에 대한 또는 이에 관련하는 관세·과금·제한, 기타의 규제에 관한 최혜국대우.

(ii) 해운, 항해 및 수출화물에 관한 내국민 대우 및 자연인, 법인과 그 이해에 관한 내국민 대우. 이 대우는 세금의 부과 및 징수, 재판받는 것, 계

약체결 및 이행, 재산권(유체재산 및 무체재산에 관한 것), 일본국의 법률에 의거하여 조직된 법인에의 참가 및 일반의 모든 종류의 사업활동과 직업활동의 수행에 관한 모든 사항을 포함함.

② 일본국의 국영 상·기업의 국외에 있어서의 매매가 상업적 고려에만 의한다는 것을 확보한다.

(c) 그러나 어떠한 사항에 관해서도 일본국은 연합국이 당해 사항에 관하여 각기 내국민 대우 또는 최혜국민 대우를 일본국에 해주는 한도에 있어서만 당해 연합국에서 내국민 대우 또는 최혜국민 대우를 할 의무를 부담하는 것으로 한다. 전단에 정한 상호주의는 연합국의 비본토지역의 산품, 선박, 법인 및 그곳에 주소를 갖는 사람의 경우 및 연방정부를 갖는 연합국의 방^邦 또는 주^州에 있어서 일본국에 주어지는 대우에 비추어 결정된다.

(d) 이 조항의 적용상, 차별 조치이어서 그를 적용하는 당사자의 통상조약에 통상 규정되어 있는 예외에 의하는 것, 그 당사국의 대외적 재정상태 혹은 국제수지를 보호할 필요에 의하는 것(해양 및 항해에 관한 것을 제외함), 또는 중대한 안전상의 이익을 유지할 필요에 의하는 것은 사태에 적합하여 전횡적이거나 불합리한 방법으로 적용되지 않는 한 각기 내국민 대우 또는 최혜국민 대우의 허여^{許與}를 해^害하는 것으로 인정하면 안 된다.

(e) 이 조항에 의하는 일본국의 의무는 이 조약의 제14조에 의하는 연합국의 권리 행사에 의하여 영향받는 것은 아니다.

이 조항의 규정은 이 조약의 제15조에 의하여 일본국이 부담하는 약속을 제한하는 것으로 해석되어서는 안 된다.

제21조 이 조약의 제25조 규정에도 불구하고 중국은 제10조 및 제14조 (a)의 이익을 받는 권리를 보유하며, 한국은 이 조약의 제1조, 제2조, 제9조, 제12조의 이익을 받을 권리를 보유한다.

인접해양에 대한 주권에 관한 선언(평화선)

(1950년 1월 18일 선포)

국무회의의 의결을 거쳐 인접해양에 대한 주권에 관하여 다음과 같이 선언한다.

확정된 국제적 선례에 의거하고 국가의 복지와 방어를 영원히 보장하지 않으면 안 될 요구에 의하여 대한민국 대통령은 다음과 같이 선언한다.

1. 대한민국 정부는 국가의 영토인 한반도 및 도서의 해안에 인접한 해붕海棚의 상하에 기지旣知되고 또는 장래에 발견될 모든 자연자원 광물 및 수산물을 국가에 가장 이롭게 보호보존 및 이용하기 위하여 그 심도深度 여하를 불문하고 인접 해붕에 대한 국가의 주권을 보존하며 또 행사한다.

2. 대한민국 정부는 국가의 영토인 한반도 및 도서의 해안에 인접한 해양의 상하 및 내에 존재하는 모든 자연자원 및 재부財富를 보유보호 보존 및 이용하는데 필요한 좌와 여히 한정한 연장 해양에 긍亘하여 그 심도 여하를 불구하고 인접해양에 대한 국가의 주권을 보지하며 또 행사한다. 특히 어족 같은 감소될 우려가 있는 자원 및 재부가 한국 주민에게 손해가 되도록 개발되거나 또는 국가의 손상이 되도록 감소 혹은 고갈되지 않게 하기 위하여 수산업과 어렵업을 정부의 감독하에 둔다.

3. 대한민국 정부는 이로써 대한민국 정부의 관할권과 지배권에 있는 상술한 해양의 상하 및 내에 존재하는 자연자원 및 재부를 감독하며, 또 보호할 수역을 한정할 좌에 명시될 경계선을 선언하며 또 유지한다. 이 경계선은 장래에 구명될 새로운 발견연구 또는 권익의 출현에 인하여 발생하는 신정세에 맞추어 수정할 수 있음을 겸하여 선언한다.

대한민국의 주권의 보호하에 있는 수역은 한반도 및 그 부속도서의 해안과 좌의 제선을 연결함으로써 조성되는 경계선 간의 해양이다.

ㄱ. 함경북도 경흥군 암령고정岩嶺高頂으로부터 북위 42도 15분, 동경 130도 45분의 점에 이르는 선

ㄴ. 북위 42도 15분, 동경 130도 45분의 점으로부터 북위 38도, 동경 132도 50분의 점에 이르는 선

ㄷ. 북위 38도, 동경 132도 50분의 점으로부터 북위 35도, 동경 130도의 점에 이르는 선

ㄹ. 북위 35도, 동경 130도의 점으로부터 북위 34도 40분, 동경 129도 10분의 점에 이르는 선

ㅁ. 북위 34도 40분, 동경 129도 10분의 점으로부터 북위 32도, 동경 127도의 점에 이르는 선

ㅂ. 북위 32도, 동경 127도의 점으로부터 북위 32도, 동경 124도의 점에 이르는 선

ㅅ. 북위 32도, 동경 124도의 점으로부터 북위 39도 45분, 동경 124도의 점에 이르는 선

ㅇ. 북위 39도 45분, 동경 124도의 점으로부터(평안북도 용천군 신도열도薪島列島) 마안도馬鞍島 서단에 이르는 선

ㅈ. 마안도 서단으로부터 북으로 한만 국경의 양단과 교차되는 직선

4. 인접해안에 대한 본 주권의 선언은 공해상의 자유항행권을 방해하지 않는다.

청구권·경제협력에 관한 협정

대한민국과 일본국 간의 재산 및 청구권에 관한
문제의 해결과 경제협력에 관한 협정

대한민국과 일본국은 양국 및 양국 국민의 재산과 양국 및 양국 민간의 청구권에 관한 문제를 해결할 것을 희망하고, 양국간의 경제협력을 증진할 것을 희망하여 다음과 같이 합의하였다.

제1조 ① 일본국은 대한민국에 대해, (A) 현재의 1천 80억 일본원圓, 일본화폐엔, 이하 엔으로 표기한다으로 환산되는 3억 아메리카합중국 불弗, 이하 달러과 동등한 일본엔의 가치를 가지는 일본국의 생산물 및 일본인의 용역을 본 협정의 효력발생일로부터 10년 기간에 걸쳐 무상으로 제공한다. 매년에 있어서의 생산물 및 용역의 제공은 현재의 1백 8억 일본엔으로 환산되는 3천만 아메리카합중국 달러와 동등한 일본엔의 액수를 한도로 하고, 매년에 있어서의 제공이 본 액수에 미달되었을 때에는 그 잔액은 차년次年 이후의 제공액에 가산된다. 단, 각 년의 제공한도액은 양 체약국締約國 정부의 합의에 의하여 증액될 수 있다.

(B) 현재의 7백 20억 일본엔으로 환산되는 2억 아메리카합중국 달러와 동등한 일본엔의 액수에 달하기까지의 장기저리의 차관으로서 대한민국 정부가 요청하고, 또한 ③의 규정에 근거하여 체결되는 사업의 실시에 필요한 일본국의 생산물 및 일본인의 용역을 대한민국이 조달하는 데 있어 충당될 차관을 본 협정의 효력발생일로부터 10년 기간에 걸쳐 행한다.

본 차관은 일본국의 해외경제협력기금에 의하여 행해지는 것으로 하고 일본국 정부는 동 기금이 본 차관을 매년에 있어서 균등하게 이행하는 데 필요한 자금을 확보할 수 있도록 필요한 조치를 취한다.

전기前記 제공 및 차관은 대한민국의 경제발전에 유익한 것이 되는 것이 아니면 아니 된다.

② 양 체약국 정부는 본조의 규정의 실시에 관한 사항에 대하여 권고를 행할 권한을 가지는 양 정부 간의 협의기관으로서 양 정부의 대표자로 구성될 합동위원회를 설치한다.

③ 양 체약국 정부는 본조의 규정의 실시를 위하여 필요한 약정을 체결한다.

제2조 ① 양 체약국은, 양 체약국 및 그 국민(법인을 포함함)의 재산, 권리 및 이익과 양 체약국 및 그 국민간의 청구권에 관한 문제가, 1951년 9월 8일에 샌프란시스코 시에서 서명된 일본국과의 평화조약 제4조 (A)에 규정된 것을 포함해, 완전히 그리고 최종적으로 해결된 것이 된다는 것을 확인한다.

② 본 조의 규정은 다음의 것(본 협정의 서명일까지 각기 체약국이 취한 특별조치의 대상이 된 것을 제외한다)에 영향을 미치는 것이 아니다.

(A) 일방 체약국의 국민으로서 1947년 8월 15일부터 본 협정의 서명일까지 사이에 타방 체약국에 거주한 일이 있는 사람의 재산·권리 및 이익.

(B) 일방 체약국 및 그 국민의 재산, 권리 및 이익으로서 1945년 8월 15일 이후에 있어서의 통상의 접촉과정에 있어 취득되었고 또는 타방 체약국의 관리하에 들어오게 된 것.

③ ②의 규정에 따르는 것을 조건으로 하여, 일방 체약국 및 그 국민의 재산, 권리 및 이익으로서 본 협정의 서명일에 타방 체약국의 관리하에 있는 것에 대한 조치와 일방 체약국 및 그 국민의 타방 체약국 및 그 국민에 대한 모든 청구권으로서 동일자 이전에 발생한 사유에 기인하는 것에 관하여는 어떠한 주장도 할 수 없는 것으로 한다.

제3조 ① 본 협정의 해석 및 실시에 관한 양 체약국 간의 분쟁은 우선 외교상의 경로를 통하여 해결한다.

② ①의 규정에 의하여 해결할 수 없었던 분쟁은 어느 일방 체약국의 정부가 타방 체약국의 정부로부터 분쟁의 중재를 요청하는 공한을 접수한 날로부터 30일의 기간 내에 각 체약국 정부가 임명하는 1인의 중재위원과 이와 같이 선정된 2인의 중재위원이 당해 기간 후의 30일의 기간 내에 합의하는 제3의 중재위원 또는 당해 기간 내에 이들 2인의 중재위원이 합의하는 제3국의 정부가 지명하는 제3의 중재위원과의 3인의 중재위원으로 구성되는 중재위원회에 결정을 위하여 회부한다. 단, 제3의 중재위원은 양 체약국 중의 어느 편의 국민이어서는 아니 된다.

③ 어느 일방 체약국의 정부가 당해 기간 내에 중재위원을 임명하지 아니하였을 때, 또는 제3의 중재위원 또는 제3국에 대하여 당해 기간 내에 합의하지 못하였을 때에는 중재위원회는 양 체약국 정부가 각각 30일의 기간 내에 선정하는 국가의 정부가 지명하는 각 1인의 중재위원과 이들 정부가 협의에 의하여 결정하는 제3국의 정부가 지명하는 제3의 중재위원으로 구성하는 것으로 한다.

④ 양 체약국 정부는 본조의 규정에 의거한 중재위원회의 결정에 복服한다.

제4조 ① 본 협정은 비준되어야 한다. 비준서는 가능한 한 조속히 서울에서 교환한다.

② 본 협정은 비준서가 교환된 날에 효력을 발생한다. 이상의 증거로서 하기 대표는 각자의 정부로부터의 정당한 위임을 받아 본 협정에 서명하였다.

1965년 6월 22일 도쿄에서 동등히 정본인 한국 및 일본어로 본서 2통을 작성하였다.

제1의정서

　대한민국과 일본국 간의 재산 및 청구권에 관한 문제의 해결과 경제협력에 관한 협정(이하 '협정'이라 함)에 서명함에 있어서 하기 대표는 각자의 정부로부터 정당한 위임을 받아 협정 제1조 ① A의 규정의 실시에 관하여 협정의 불가분의 일부로 인정되는 다음의 규정에 합의하였다.

　제1조　일본국이 제공하는 생산물 및 용역을 정하는 연도실시계획(이하 〈실시계획〉이라 함)은 대한민국 정부에 의하여 작성되고 양 체약국 정부 간의 협의에 의하여 결정된다.

　제2조　① 일본국이 제공하는 생산물은 자본재 및 양국정부가 합의하는 기타의 생산물로 한다.

　② 일본국의 생산물 및 일본인의 용역의 제공은 대한민국과 일본국 간의 통상의 무역이 현저히 저해되지 아니하도록 하며, 또한 외국환에 있어서의 추가부담이 일본국에 과해지지 아니하도록 실시된다.

　제3조　① 제5조 ①의 사절단 또는 대한민국 정부의 인가를 받은 자는 실시계획에 따라 생산물 및 용역을 취득하기 위하여 일본국민 또는 그가 지배하는 일본국의 법인과 직접 계약을 체결한다.

　② ①의 계약(그의 변경을 포함함)은 1) 협정 제1조 ①의 A 및 본 협정서의 규정 2) 양 정부가 협정 제1조 ① A 및 본 협정서의 실시를 위하여 행하는 협정의 규정 및 3) 당시에 적용되는 실시계획에 합치되어야 한다. 이러한 계약은 전기 기준에 합치되는 것인가의 여부에 대하여 인증을 받기 위하여 일본국 정부에 송부된다. 이 인증은 원칙적으로 14일 이내에 행해진다. 소정의 기간 내에 인증을 받지 못할 때에는 그 계약은 협정 제1조의 합동위원회에 회부되어 합동위원회의 권고에 따라 처리된다. 동 권고는 합동위원회가 동 계약을 접수한 후 30

일 이내에 행한다. 본 항에서 정하는 바에 따라 인증을 받은 계약은 이하 '계약'
이라 한다.

③ 모든 계약은 그 계약으로부터 또는 계약과 관련하여 야기되는 분쟁은 일
방 계약 당사자의 요청에 의하여 양 정부 간에 행해질 협정에 따라 상사중재위
원회에 해결을 위하여 회부된다는 취지의 규정을 포함해야 한다. 양 정부는 정
당하게 이루어진 모든 중재판단을 최종적인 것으로 하고 또한 집행될 수 있도
록 하기 위하여 필요한 조치를 취한다.

④ ①의 규정에 불구하고 생산물 및 용역의 제공이 계약에 의거 실행될 수 없
다고 인정될 경우에는 양 정부 간의 합의에 따라 계약없이 실행할 수 있다.

제4조 ① 일본국 정부는 제5조 ①의 사절단 또는 대한민국 정부의 인가를
받은 자가 계약에 의하여 지는 채무와, 전조 ④의 규정에 의한 생산물 및 용역
제공의 비용에 충당하기 위한 지불을 제7조의 규정에 의거하여 정하는 절차에
따라 행한다. 이 지불은 일본엔으로 한다.

② 일본국은 ①의 규정에 의거한 지불을 함으로써 그 지불을 행한 때에, 그
지불이 된 생산물 및 용역을 협정 제1조 ① A의 규정에 따라 대한민국에 제공
한 것으로 간주한다.

제5조 ① 대한민국 정부는, 동 정부의 사절단(이하 '사절단'이라 함)을 일본
국 내에 설치한다.

② 사절단은 협정 제1조 ① A 및 본 의정서의 실시를 임무로 하며, 그 임무에
는 다음의 사항이 포함된다.

　(A) 대한민국 정부가 작성한 실시계획의 일본국 정부에의 제출

　(B) 대한민국 정부를 위한 계약의 체결 및 실시

　(C) (B)의 계약 및 대한민국 정부의 인가를 받은 자가 체결하는 계약의 인
증을 받기 위한 일본국 정부에의 송부

③ 사절단의 임무의 효과적인 수행을 위하여 필요하며 또한 오로지 그 목적

을 위하여 사용되는 사절단의 일본국에 있어서의 사무소는 도쿄 및 양 정부 간에서 합의하는 기타 장소에 설치할 수 있다.

④ 사절단의 사무소의 구내 및 기록은 불가침으로 한다. 사절단은 암호를 사용할 수 있다. 사절단에 속하며 또한 직접 그 임무의 수행을 위하여 사용되는 부동산은, 부동산 취득세 및 고정 자산세가 면제된다.

사절단의 임무의 수행으로부터 발생되는 사절단의 소득은, 일본국에 있어서의 과세가 면제된다. 사절단이 공적 목적으로 수입하는 재산은 관세 기타 수입에 관하여 또는 수입에 관하여 부과되는 과징금이 면제된다.

⑤ 사절단은, 타 외국 사절단에 통상 부과되는 행정상의 원조로서 사절단의 임무의 효과적인 수행을 위하여 필요로 한 것을 일본국 정부로부터 부여받는다.

⑥ 대한민국의 국민인 사절단의 장, 사절단의 상급직원 2명 및 ③의 규정에 따라 설치되는 사무소의 장은 국제법 및 국제관습에 따라 일반적으로 인정하는 외교상의 특권 및 면제를 받는다. 사절단의 임무의 효과적인 수행을 위하여 필요하다고 인정될 때에는 전기 상급직원의 수는 양국정부 간의 합의에 따라 증가할 수 있다.

⑦ 대한민국의 국민으로서 통상 일본국 내에 거주하고 있지 아니하는 사절단의 기타 직원은 자기의 직무수행상 받는 보수에 대한 일본국에 있어서의 과세가 면제되며, 또한 일본국의 법령에 정하는 바에 따라 자기용 재산에 대하여 관세, 기타 수입에 대하여 또는 수입에 관련하여 부과되는 과징금이 면제된다.

⑧ 계약 또는 이와 관련하여 야기되는 분쟁이 중재에 의한 해결을 보지 못한 때 또는 동 중재재판이 이행되지 아니한 때에는 그 문제는 최후의 해결수단으로서, 계약지의 관할 재판소에 제기할 수 있다. 이 경우에 있어서 필요한 소송절차상의 목적을 위해서만 사절단의 법무부장의 직에 있는 자는 ② B계약에 관하여 제소하며 또는 응소될 수 있으며, 이를 위하여 사절단의 자기 사무소에 있어서 소장 기타의 소송서류의 송달을 접수할 수 있다.

단, 소송비용의 담보제공 의무가 면제된다. 사절단은 ④ 및 ⑥에 정하는 바에 따라 불가침 및 면제가 부여되나 전기 경우에 있어서, 관할재판소가 행한 최종의 재판이 사절단을 구속하는 것으로 수락한다.

⑨ 최종의 재판 집행에 있어서, 사절단에 속하며 또한 그 임무수행을 위하여 사용되는 토지 및 건물과 그 안에 있는 동산은 어떠한 경우에 있어서도 강제집행을 받지 아니한다.

제6조 ① 양 정부는 생산물 및 용역의 제공이 원활하고 효과적으로 행해지도록 하기 위하여 필요한 조치를 취한다.

② 생산물 또는 용역의 제공과 관련하여 대한민국 내에 있어서 필요로 하는 일본국민은 그 작업수행을 위하여 대한민국에 입국, 동국으로부터의 출국 및 동국에 있어서의 체재에 필요한 편의가 부여된다.

③ 일본국의 국민 및 법인은 생산물 또는 용역의 제공으로부터 발생하는 소득에 대하여 대한민국에 있어서의 과세가 면제된다.

④ 일본국이 제공하는 생산물은 대한민국의 영역으로부터 재수출되어서는 아니 된다.

⑤ 어느 일방 체약국의 정부도, 일본국이 제공하는 생산물의 수송 및 보험에 관하여 공정하고도 자유로운 경쟁을 방해하는 타 체약국의 국민 및 법인에 대하여 차별적 조치를 직접 또는 간접으로 취하지 아니한다.

⑥ 본조의 규정은 협정 제1조 ① B에 정하는 차관에 의한 생산물 및 용역의 조달에 대해서도 적용된다.

제7조 본 의정서의 실시에 관한 절차 기타의 세목은 양 정부 간의 협의에 의하여 합의한다.

이상의 증거로서 하기 대표는 본 의정서에 서명하였다.

1965년 6월 22일 도쿄에서 동등히 정본인 한국어 및 일본어로 본서 2통을 작성하였다.

제2의정서

대한민국과 일본국 간의 재산 및 청구권에 관한 문제의 해결과 경제협력에 관한 협정(이하 '협정'이라고 함)에 서명함에 있어서 하기의 대표는 각자의 정부로부터 정당한 위임을 받고, 또한 협정의 불가분의 일부로 인정되는 다음의 규정에 합의하였다.

제1조 대한민국은 대한민국과 일본국 간의 청산계정의 잔액으로서 1961년 4월 22일자 교환공문에 의하여 양 체약국 정부 간에 확인되어 있는 일본국의 채권인 4천 5백 22만 9천 3백 98 아메리카합중국 달러 8센트를 협정의 효력발생일로부터 10년의 기간 내에 다음과 같이 분할하여 변제한다.

이 경우에 있어서는 무이자로 한다.

제1회부터 제9회까지의 연부불年賦拂의 액 각년 4백 57만 3천 아메리카합중국 달러, 제10회의 연부불의 액 4백 57만 2천 3백 98 아메리카합중국 달러 8센트.

제2조 전조의 각년의 부불금賦拂金에 대하여 대한민국의 요청이 있을 경우에는 그 요청이 있은 금액에 상당한 협정 제1조 ① A의 협정에 의한 생산물 및 용역의 제공과 전조의 규정에 의한 부불금의 지불이 된 것으로 간주하고, 이에 의하여 협정 제1조 ① A의 규정에 의한 생산물 및 용역의 제공액 및 그 해의 제공 한도액은 동조 ① A의 규정에 불구하고 그 금액만큼 감액한다.

제3조 제1조에서 언급한 일본국의 채권액의 변제에 관하여 대한민국은 제1회의 연부불을 협정의 효력발생일에 행하는 것으로 하고 제2회 이후의 연부불을 각년에 있어서 제1회의 지불일자와 동일한 일자까지에 행한다.

제4조 제2조에 의한 대한민국 정부의 요청은 일본국의 재정상의 관행을 고려하여 전조의 규정에 의한 지불일자가 속하는 일본국의 회계연도가 시작되는 역년歷年의 전년의 10월 1일까지에 당해 지불일자에 지불해야 할 부불금에 대하

여 행해진다. 단, 제1회 (및 본단本段의 규정에 의할 수 없을 경우에는 제2회)의 지불에 대한 요청은 협정의 효력발생일에 행해진다.

제5조 대한민국의 요청은 제1조에서 언급한 각년의 부불금의 전부 또는 일부에 대하여 행할 수 있다.

제6조 대한민국의 요청이 제4조의 규정에 의한 일자까지에 행해지지 않고 또한 부불금의 전부 또는 일부의 지불이 제3조의 규정에 의한 지불일자까지에 행해지지 않았을 경우에는 그 부불금의 전부 또는 일부에 대하여 제2조에 따라 대한민국의 요청이 있었던 것으로 간주한다.

이상의 증거로서 하기 대표는 본 의정서에 서명하였다.

1965년 6월 22일 도쿄에서 동등히 정본인 한국어와 일본어로 본서 2통을 작성하였다.

교환공문
제1의정서의 실시 세목에 관한 교환공문

〔일본 측 서한〕 1965년 6월 22일

각하, 본인은 금일 서명된 일본국과 대한민국 간의 재산 및 청구권에 관한 문제의 해결과 경제협력에 관한 협정(이하 '협정'이라 함)의 제1의정서(이하 '의정서'라 함)에 언급하는 영광을 가집니다. 일본국 정부는 양국정부가 의정서 제7조의 규정에 의거하여 다음과 같이 합의할 것을 제의합니다.

I. 실시계획

① 의정서 제1조의 연도 실시계획(이하 '실시계획'이라 함)은 양 정부가 그

시기 및 종기^{終期}를 합의하는 연도에 대하여 결정된다.

② 실시계획의 결정은 원칙적으로 다음과 같이 행해진다.

(A) 제1년도를 제외한 각 연도의 실시계획은 그 적용되는 연도의 개시에 앞서 결정된다. 이를 위하여 당해년도의 실시계획은 그 연도의 개시에 앞서 적어도 60일 전에 협의를 위하여 일본국 정부에 제출된다.

(B) 제1년도의 실시계획은 협정 효력발생일로부터 60일 이내에 결정된다. 이를 위하여 동 연도의 실시계획은 가능한 한 조속히 일본국 정부에 제출된다.

③ 실시계획에는 당해년 도중에 대한민국에 의한 조달이 예정되는 일본국의 생산물 및 일본인의 용역을 열거한다.

④ 실시계획은 양 정부 간의 합의에 의하여 수정할 수 있다.

II. 계 약

① 의정서 제3조 ①의 계약은 일본엔으로 통상의 상업상의 절차에 따라 체결된다.

② 의정서 제3조 ②의 계약(이하 '계약')의 실시에 관한 책임은 의정서 제5조 ①의 사절단 (이하 '사절단') 또는 대한민국 정부의 인가를 받은 자 및 의정서 제3조의 일본국 국민 또는 일본국의 법인으로서 계약의 당사자인 자만이 진다.

③ 제3조 ③의 적용상 상사중재위원회라 함은 계약의 어느 일방 당사자가 중재에의 회부를 요청한 경우에 있어서의 타방 당사자가 거주하는 국가에 있는 상사중재기관을 말한다.

III. 지 불

① 대한민국 정부는 일본국의 법률에 의거하여 외국환 공인은행으로 인가되었으며 또한 일본국민에 의하여 지배되는 일본국의 은행 중에서 의정서의 실시에 관한 업무를 행할 은행을 지정한다.

② 사절단 또는 대한민국 정부의 위임을 받은 기관(이하 '기관'이라 함)은 ①

에 규정하는 지정은행과 약정을 하여 대한민국 정부의 명의로 특별계정을 개설하고, 그러한 은행에 일본국 정부로부터의 지불의 수령 등을 수권하고 또한 일본정부에 대하여 그 약정의 내용을 통고한다. 특별계정은 무이자로 한다.

③ 사절단 또는 기관은 계약의 규정에 의거하여 지불의무가 발생할 일자 이전에 충분한 여유를 두고, 지불금액, ②의 지정은행 중 지불이 행해져야 할 은행(이하 '은행'이라 함)의 명칭 및 사절단 또는 기관이 관계 계약자에게 지불을 행해야 할 일자를 기재한 지불청구서를 일본국 정부에 송부한다.

④ 일본국 정부는 지불청구서를 수령하였을 때에는 사절단 또는 기관이 관계 계약자에게 지불을 행해야 할 일자 전에 은행에 청구금액을 지불한다.

⑤ 일본국 정부는 또한 의정서 제3조의 규정에 의하여 양 정부가 합의하는 제공에 관한 지불을 ④에 정하는 바와 같은 방법으로 행한다.

⑥ ④및 ⑤의 규정에 의거하여 일본국 정부가 지불하는 금액은 특별계정에 대기하는 것으로 하고 기타의 어떠한 자금도 특별계정에 대기貸記되지 아니한다. 특별계정은 ③ 및 ⑤의 목적만을 위하여 차기借記한다.

⑦ 사절단 또는 기관이 특별계정에 대기된 자금의 전부 또는 일부를 계약의 해제 기타에 의하여 인출하지 않았을 경우에는 미불금액은 양 정부 간의 협의에 의하여 ③ 및 ⑤의 목적을 위한 지불에 충당된다.

⑧ 특별계정으로부터 지불된 금액의 전부 또는 일부가 사절단 또는 그 기관에 반환되었을 경우에 그 반환된 금액은 ⑥의 규정에 불구하고 특별계정에 대기한다. 그 반환된 금액은 양 정부 간의 협의에 따라 ③ 및 ⑤의 목적을 위한 지불에 충당한다.

⑨ 의정서 제4조 ②의 규정의 적용상, '지불을 행한 때'라 함은 지불이 일본국 정부에 의하여 은행에 대하여 행해진 때를 말한다.

⑩ 일본국이 의정서 제4조 ②의 규정에 따라 대한민국에 제공한 것으로 간주되는 생산물 및 용역의 액수를 결정함에 있어서는 일본엔으로 지불된 금액으로

부터 환산되는 아메리카합중국 달러의 등가액이 계산의 기초로 된다.

전기의 환산에 사용되는 외환율은 일본정부가 정식으로 결정하고 또한 국제 통화기금이 동의한 일본엔의 아메리카합중국 달러에 대한 평가로서 다음에 열거하는 일자에 적용하는 것으로 한다.

(A) 계약에 관한 지불의 경우에는 일본국 정부가 당해 계약을 인증한 일자.

(B) 기타의 경우는 각 경우에 있어서 양 정부가 합의하는 일자.

단, 합의한 일자가 없을 경우에는 일본국 정부가 지불청구서를 수령한 일자로 한다.

IV. 사절단

대한민국 정부는 계약에 관하여 사절단을 대표하여 행동하는 권한이 부여된 사절단의 장 기타의 직원의 성명을 일본정부에 수시 통고하고 일본국 정부는 그 성명을 일본국의 관보에 공시한다. 전기의 사절단의 장 기타의 직원의 권한은 일본국의 관보로 별도의 공시가 있을 때까지는 계속되는 것으로 간주한다.

본인은, 또한 본 서한 및 전기 제안에 대한 귀국정부에 의한 수락을 확인하는 각하의 회한을 의정서 제7조의 규정에 의거하여 의정서의 실시세목에 관한 양국정부 간의 합의를 구성하는 것으로 간주할 것을, 의정서의 기타 절차세목은 양국정부 당국간에 합의할 것이라는 양해하에 제안하는 영광을 가집니다.

교환공문

일본국과 대한민국 간의 재산 및 청구권에 관한 문제의 해결과 경제협력에 관한 협력
제1조 ① B의 규정의 실시에 관한 교환공문

〔일본 측 서한〕

각하, 본인은 금일 서명된 일본국과 대한민국 간의 재산 및 청구권에 관한 문제의 해결과 경제협력에 관한 협정(이하 '협정'이라 함) 제1조 ① B의 협정의 실시에 관하여 양국정부가 다음과 같이 합의할 것을 제안하는 영광을 가집니다.

① 협정 제1조 ① B에 정하는 차관은 대한민국 정부와 해외경제협력기금 간에 체결되는 차관계약 및 사업별 사업계획합의서에 의거하여 행해진다.

② 양국 정부는 ①에서 언급한 차관계약 및 사업계획합의서에는 다음의 제 조건이 포함되는 것임을 양해한다.

(A) 차관의 이행은 합리적인 정도로 각년 균등히 배분하여 행한다.

(B) 원금의 상환기간은 각각의 사업계획합의서의 효력발생일로부터 6개월 후에 시작되는 7년의 거치기간을 포함한 20년의 기간으로 하고, 금리는 연 3.5퍼센트로 한다.

(C) 원금의 상환은 14회에의 계속된 균등 연부불로 행하며 이자의 지불은 차관이 이행된 일자 이후에 원금의 그때그때의 미상환 잔액에 대하여 반년마다 행한다.

(D) 차관액은 일본엔으로 대출된 금액으로 환산되는 아메리카합중국 달러의 등가격을 기초로 하여 계산하며 그 환산에서 사용되는 외환율은 일본국 정부가 정식으로 결정하고 또한 국제통화기금이 동의한 일본엔의 아메리카 합중국 달러에 대한 평가로서 각각의 사업계획합의서의 효력발생일에 적용

되어 있는 것으로 한다.

(E) 원금의 상환 및 이자의 지불은 교환 가능한 일본엔으로 행한다.

③ 양국의 재정사정 및 해외경제협력기금의 자금사정에 따라서는 합의에 의하여 E, B에서 언급한 상환기간이 연장될 수 있다.

④ 해외경제협력기금은 차관 및 동 차관으로부터 발생되는 이자에 대하여 또는 그와 관련하여 부과되는 대한민국의 조세 기타의 과징금이 면제된다.

⑤ 양 정부는 대한민국 정부가 제시하는 차관의 대상이 되는 사업 및 그 연도 실시계획을 결정하기 위하여 매년 협의한다.

본인은 또한 본 서한 및 전기 제안에 대한 귀국정부에 의한 수락을 확인하는 각하의 회한을 협정 제1조의 규정의 실시에 관한 일본국 정부와 대한민국 정부 간의 합의를 구성하는 것으로 간주할 것을 제안하는 영광을 가집니다.

교환공문

대한민국과 일본국 간의 재산 및 청구권에 관한 문제의 해결과 경제협력에 관한 협정
제1조 ①의 합동위원회에 관한 교환공문

[**한국 측 서한**] 1965년 6월 22일

각하, 본인은 금일 서명한 대한민국과 일본국 간의 재산 및 청구권에 관한 문제의 해결과 경제협력에 관한 협정(이하 '협정'이라 함) 제1조 B에서 정하는 합동위원회에 관하여 양국정부가 다음과 같이 합의할 것을 제안합니다.

① 합동위원회는 도쿄에 설치한다.

② 합동위원회는 양 정부가 각각 임명하는 대표 1명 및 대리대표 수명으로 구

성된다.

③ 합동위원회는 일방 정부의 대표의 요청에 의하여 회합한다.

④ 합동위원회는 다음의 사항에 관한 권고를 위하여 협의를 행하는 것을 임무로 한다.

(A) 제1의정서에 의거한 연도실시계획, 계약의 확증 및 지불에 관한 절차

(B) (A)에서 언급한 연도실시계획에 관한 문제

(C) 협정 제1조 ① B의 규정의 실시에 관한 교환공문 ⑤에서 언급한 사업 및 그 연도실시계획에 관한 문제

(D) (A)에서 언급한 계약의 인증

(E) 협정 제1조 ①의 규정의 실시상황의 검토(수시의 제공 및 차관의 이행 총액의 산정을 포함함)

(F) 협정 제1조의 규정의 실시에 관한 기타의 사항으로서 양 정부가 합의에 의하여 합동위원회에 회부하는 것

본인은 또한 본 서한 및 전기 제안에 대한 귀국정부에 의한 수락을 확인하는 각하의 회한을 협정 제1조 ②에서 정하는 합동위원회에 관한 대한민국 정부와 일본국 정부 간의 협의를 구성하는 것으로 간주할 것을 제안하는 영광을 가집니다. 본인은 이 기회에 각하에 대하여 경의를 표합니다.

의사록

대한민국과 일본국 간의 재산 및 청구권에 관한 문제의 해결과
경제협력에 관한 협정에 대하여 합의된 의사록

대한민국 정부대표와 일본국 정부대표는 금일 서명된 대한민국과 일본국 간의 재산 및 청구권에 관한 문제의 해결과 경제협력에 관한 협정(이하 '협정'이라 함) 및 관련문서에 관하여 다음의 양해에 도달하였다.

1. 협정 제1조 ①에 관하여: 일본국이 제공하는 생산물 및 용역은 일본 국내에 있어서 영리목적을 위하여 사용되지는 아니한다는 데 의견의 일치를 보았다.

2. 협정 제2조에 관하여

(A) '재산권리 및 이익'이라 함은 법률상의 근거에 의거하여 재산적 가치가 인정되는 모든 종류의 실질적 권리를 말하는 것으로 양해되었다.

(B) '특별조치'라 함은, 일본국에 관하여는, 제2차 세계대전 전후 상태의 종결의 결과로 발생한 사태에 대처해, 1945년 8월 15일 이후 일본국에서 취해진 전후처리를 위한 모든 조치(1951년 9월 8일에 샌프란시스코 시에서 서명된 일본국과의 평화조약 제4조의 규정[A]에 의거하는 특별 약정을 고려하여 취해진 조치를 포함함)를 말하는 것으로 양해되었다.

(C) '거주한'이라 함은 동조 ② A에 기재한 기간 내의 어떠한 시점까지든 그 국가에 계속하여 1년 이상 거주한 것을 말하는 것으로 양해되었다.

(D) '통상의 접촉'에는 제2차 세계대전의 전투상태의 종결의 결과 일방국의 국민으로서 타방국으로부터 귀환한 자(지점폐쇄를 행한 법인을 포함함)의 귀환 시까지의 사이에 타방의 국민과의 거래 등, 종전 후에 발생한 특수한 상태하에서의 접촉이 포함되지 않는 것으로 양해되었다.

(E) 동조 ③에 의하여 취해질 조치는 동 ①에서 말하는 양국 및 그 국민의

재산, 권리 및 이익과 양국 및 그 국민 간의 청구권에 관한 문제를 해결하기 위하여 취해질 각국의 국내조치를 말하는 것으로 의견의 일치를 보았다.

(F) 한국 측 대표는 제2차 세계대전의 전투상태의 종결 후 1947년 8월 15일 전에 귀국한 대한민국 국민이 일본국 내에 소유하는 부동산에 대하여 신중한 고려가 베풀어질 수 있도록 희망을 표명하고, 일본 측 대표는 이에 대하여 신중히 검토한다는 취지의 답변을 하였다.

(G) 동조 ①에서 말하는 완전히 그리고 최종적으로 해결된 것으로 되는 양국 및 그 국민의 재산, 권리 및 이익과 양국 및 그 국민 간의 청구권에 관한 문제에는 본 협정의 서명일까지에 대한민국에 의한 일본어선의 나포로부터 발생한 모든 청구권이 포함되어 있고, 따라서 그러한 모든 청구권은 대한민국 정부에 대하여 주장할 수 없게 됨을 확인하였다.

3. 협정 제3조에 관하여: 동조 ③에서 말하는 양 정부가 각각 선정하는 국가 및 이들 국가의 정부가 협의에 의하여 결정하는 제3국은 대한민국 및 일본국의 양국과 외교관계가 있는 국가 중에서 선정한다는 데 의견의 일치를 보았다.

4. 제1의정서 제2조 ①에 관하여

(A) 대한민국 대표는 협정 제1조 ①의 규정에 의한 제공 또는 차관에 의하여 행해지는 사업의 수행상 필요하다고 예상되는 대한민국의 국내자금 확보를 위하여 대한민국은 일본국 정부가 1억 5천만 아메리카합중국 달러와 동등한 일본엔의 액수를 초과하는 자본재 이외의 생산물을 제공할 것을 기대한다는 취지를 진술하였고, 일본국 대표는 이에 대하여 고려할 용의가 있다는 취지의 답변을 하였다.

(B) 일본국이 제공하는 생산물은 무기 및 탄약을 포함하지 아니한다는 데에 의견의 일치를 보았다.

5. 제1의정서 제2조에 관하여: 일본국 대표는 외국환에 있어서의 추가부담이 일본국에 과해지는 경우라 함은, 당해 생산물을 제공하기 위해

① 특히 높은 외화부담이 필요로 되는 경우 및

② 동등한 품질의 일본국의 생산물에 의하여 대치할 수 있는 수입품 또는 독립적인 기능을 가지는 수입기계 부분품의 구입에 있어서 외화부담이 필요로 되는 경우를 말한다는 데에 의견의 일치를 보았다.

6. 제1의정서 제3조에 관하여

(A) 동조 ①에 대하여 대한민국 대표는 계약의 체결이 일본 국내에서 행해진다는 것 및 이 계약의 체결이라 함은 서명을 의미하며 서명에 이르기까지의 입찰, 공고, 기타 행위에 대해서는 대한민국 정부(조달청)가 행하는 경우에는 원칙적으로 대한민국에서, 기타의 경우에는 대한민국 또는 일본국에서 이러한 행위가 행해진다는 것을 양해한다고 진술하였고, 일본국 대표는 이에 대하여 이의가 없다는 취지의 답변을 하였다.

(B) 동조 ②의 계약으로서 수송, 보험 또는 검사와 같은 우수적인 용역의 제공을 필요로 하고 또한 이를 위한 지불이 제1의정서에 따라서 행해지기로 되어 있는 것은, 모두 그러한 용역이 일본국민 또는 일본국의 법인에 의하여 행해져야 한다는 취지의 규정이 포함되어야 한다는 것이 양해되었다.

7. 제1의정서 제6조 ④에 관하여: 일본국에 의하여 제공된 생산물이 가공(단순한 조립가공 또는 이와 같은 정도의 가공은 제외함) 또는 양 정부 간에 합의될 기타의 처리가 가해진 후 대한민국의 영역으로부터 수출되었을 경우에는 동조 ④의 규정은 통용되지 아니한다고 양해하는 취지를 진술하였고, 일본국 대표는 이에 동의하였다.

8. 협정 제1조 ① B의 협정의 실시에 관한 공문에 관하여

(A) 동 교환공문 ② B의 사업계획합의서의 효력발생일이라 함은, 사업계획합의서 별도의 규정이 있을 경우를 제외하고 각각의 사업계획합의서의 서명일을 의미한다는 것이 양해되었다.

(B) 교환공문 ② C의 차관이행일이라 함은 일본 측의 수출자와 대한민국

의 수입자 간에 체결되는 계약이 정하는 바에 따라 해외경제협력기금이 대한 민국 정부를 위하여 일본 측의 수출자에 대하여 지불을 하고, 동 기금에 개설 되는 대한민국 정부의 계정에 차기하는 일자임이 확인되었다.

차관계약

1965년 6월 22일자로 대한민국과 일본국 양 정부 간에 체결된 대한민국과 일본국 간의 재산 및 청구권 에 관한 문제의 해결과 경제협력에 관한 협정 제1조 ① B와 그 부속문서에 규정한 차관에 관한 대한민국 정부(이하 '차주'라 함)와 해외경제협력기금(이하 '기금'이라 함)과의 1965년 6월 22일자 차관계약

제1조(차관금액) ① '기금'은 '차주'에 대하여 이 차관계약 및 이에 부수된 약 정(이하 '차관계약'이라 함)의 조건에 의하여 현재에 있어서 7백 20억 일본엔으 로 환산되는 2억 아메리카합중국 달러에 동등한 일본엔의 액에 달할 때까지의 차관을 표제협정의 효력발생일로부터 10년의 기간 내에 이행할 것을 약정한다. 단, 대출의 누계액이 이 한도에 달하였을 때에는 신규대출은 행하지 아니한다.

② 차관계약에 의한 대출은 합리적인 정도로 각년 균등히 배분하여지는 것으 로 한다.

③ 제1항에 규정하는 일본엔화 대출액에 대한 아메리카합중국 달러 상당액 의 산정은 일본국 정부가 정식으로 결정하고 또한 국제통화기금의 동의한 일본 엔의 아메리카합중국 달러에 대한 평가로서 제3조에 규정되는 각 사업계획합 의서의 서명일에 적용되고 있는 것에 의존하는 것으로 한다.

제2조(차관금의 용도) '차주'는 이 차관을 일본국민 또는 일본국의 법인인 공급자(이하 '공급자'라 함)와 대한민국의 수입자(이하 '수입자'라 함) 간에 체 결되는 구매계약(이하 '구매계약'이라 함)에 따라 다음 조항에 규정되는 사업계

획의 달성을 위하여 필요로 하는 일본국의 생산물 및 일본인의 용역의 구입을 위하여 사용하는 것으로 한다.

제3조(사업계획합의서) ① '차주'는 기금에 대하여 차관이 행해질 사업계획을 제출하여 당해사업계획이 경제적 및 기술적으로 실시 가능하다는 것과 해외경제협력기금에 의거한 차관의 대상으로써 적당하다는 것에 대하여 기금의 동의를 얻는 것으로 한다.

② 전항의 사업계획에 대하여 '기금'과 '차주'가 합의한 경우에는 '기금'과 '차주'는 일본국 도쿄도에서 사업별로 사업계획합의서(양식 별첨 1)에 서명하는 것으로 한다.

제4조('구매계약'의 인증) ① '공급자'와 '수입자' 간에 이 차관을 받는 데 적당한 '구매계약'이 체결될 때마다 '차주'는 기금에 대하여 당해계약서에 확인필 사본 및 '기금'의 필요로 하는 서류를 제출하여 '기금'의 인증을 얻는 것으로 한다.

② 전항에 의하여 인증된 구매계약의 내용에 변경이 생겼을 경우에는 '차주'는 사전에 서면으로 '기금'에 통지하는 것으로 한다.

단, 당해계약의 내용에 중대한 변경이 발생한 경우에는 '기금'의 동의를 필요로 한다.

제5조(대출의 방법) ① '차주'는 '구매계약'의 인증통지를 수령하는 대로 '기금'에 대하여 취소불능지불수권서(양식 별첨 2)를 발급하고, 동시에 '공급자'에 대하여 그 사본을 교부하는 것으로 한다. '기금'은 인증을 한 후 '차주'에 대하여 수령하였다는 통지를 한다.

② 전항에 규정된 지불수권서에 의하여 '차주'는 기금에 대하여 당해 수권서에 기재된 금액의 한도 내에 있어서 당해 수권서에 기재되는 지불조건에 따라 공급자가 제출하는 수령서 및 당해 수권서에 기재되는 기타 서류와 상환相換으로 공급자에게 자금을 교부하고 당해 금액을 기금에 개설되는 '차주' 명의 계정에 차기할 것을 수권하는 것으로 한다.

단, '차주'가 '공급자'의 서면에 의한 동의서를 첨부하여 '공급자'에 대한 지불의 보류를 '기금'에 서면으로 요청하였을 때에는 '기금'은 그 지불을 보류하는 것으로 한다.

③ '차주'는 '기금'이 지불수권서에 따라 '공급자'에게 자금을 지불하였을 때마다 '기금'으로부터 차관계약에 의거한 대출을 수령한 것으로 한다.

④ '기금'은 '차관계약'에 의거한 대출을 실행한 때마다 '차주'에 대하여 대출 실행통지서(양식 별첨 3) 2통을 송부하는 것으로 한다.

'차주'는 그 중 1통에 수령의 표시를 하여 '기금'에 반송하는 것으로 한다.

제6조(원금상환의 방법) ① '차관계약'에 의거한 차관원금은 각 사업계획합의서 서명일의 6개월 후의 일자로부터 기산하여 7년의 거치기간 완료일을 제1회 부불일로 하는 14회에 계속된 균등연부불로써 상환하는 것으로 한다. 단, 각 회의 부불액 계산상 생기는 10만 일본엔의 단수端數금액은 제1회의 부불액에 가산하여 각 회의 부불액을 결정하는 것으로 한다.

② '차주'가 사업계획합의서의 차관한도액까지 차입하지 아니하였을 경우에는 차관한도액과 실제 대출액의 차액은 최종부불액으로부터 차인差引하는 것으로 한다. 그래도 잔액이 있을 때는 상환기간의 역순으로 차인하는 것으로 한다.

③ '차주'는 '기금'이 승낙하였을 경우에는 앞당겨서 차관금을 상환할 수 있다.

④ 상환기간을 연장하는 것에 관하여 양국정부 간의 합의가 있었을 때는 '차주'와 '기금'은 상환기한을 연장하는 것에 대하여 협의하는 것으로 한다.

제7조(이자 및 그 지불방법) ① '차주'는 '차관계약'에 의거하여 교부된 각 사업마다의 차관원금의 수시의 잔액에 대하여 연 3.5%의 비율로 계산된 이자를 본조 제3항에 규정한 이자 지불일마다 지불하는 것으로 한다.

② 이자의 계산기간은 사업계획합의서의 조인 서명일을 시기로 하는 6개월간 및 그에 계속하는 6개월간마다로 한다.

③ 이자지불일은 각 사업에 대한 대출의 실행 중에 있어서는 이자계산 기간

의 종기^{終期}의 익일로부터 1개월 후의 일로 하고 당해사업에 대한 대출의 실행 완료 후는 이자계산기간의 종기의 익일로 한다. 또한 각 사업에 관련한 제1회의 이자지불은 '기금'에 의한 당해사업에 대한 대출이 실행된 후에 행해지는 것으로 한다.

④ 이자의 계산에 있어서 그 기간이 6개월에 미달할 경우에는 1년 3백 6십 5일의 일보계산법에 의한다. 그 기간이 6개월 단위로 하여 단수^{端數}가 없는 경우에는 1년을 기준으로 하여 계산한다.

제8조(원리금의 지불장소와 지불통화) '차관계약'에 의한 차관의 원금, 이자가 만약 있는 경우에는 기타 모든 비용의 지불장소는 일본국 도쿄도 지요다구^{千代田區}에 있는 기금의 사무소로 하고 그 지불통화는 교환 가능한 일본엔으로 한다.

청구권

제9조(기금의 구제수단) 다음의 각항의 1에 해당하는 경우에는 '기금'은 '차주'에 대하여 서면에 의한 통지로써 그 사업계획에 대한 대출을 정지하거나 또는 중지할 수 있으며, 혹은 기한의 이익을 상실하게 할 수 있다.

(A) '차주'가 '차관계약'의 조항에 위반한 경우

(B) '구매계약'의 파기 또는 제3조에 규정된 사업의 완성 또는 수행이 불가능하게 되든가 혹은 현저하게 곤란하게 된 사태가 발생하였을 경우

제10조(기한 후의 지불) '차주'가 제6조 및 제7조에 규정한 차관원금 및 이자를 각각의 지불기한까지 지불하지 않았을 경우에는 '차주'는 '기금'에 대하여 지불해야 할 금액에 대해, 당해기일로부터 그 실제 지불일의 전일까지 연 5.5%의 비율로 계산된 연체이자를 지불하는 것으로 한다.

제11조(권리불행사) '기금'에 의한 '차관계약'에 의거한 권리의 불행사 또는 지연은 당해권리의 포기의 효과를 발생하지 않으며, 또한 그 권리의 어느 하나

의 행사 또는 부분적인 행사는 당해권리의 그밖의 또는 장래의 행사 혹은 기타 권리의 행사를 방해하는 것은 아니다.

제12조('차주'의 의무 불면책) 구매계약의 실시상 발생하는 크레임 및 분쟁은 당사자 간에서 해결하는 것으로 한다. 그러한 크레임 및 분쟁은 본 차관에 관련된 '차주'의 의무를 하등 면책하는 것이 아니다.

제13조(비용의 부담) ① '차주'는 '차관계약'의 작성과 '차관계약'에 의거한 차관금채권의 관리에 관한 기금의 통상의 사무경비 이외의 비용을 '기금'의 청구에 의하여 지불한다.

② 차관의 실행, 원금의 상환 및 이자의 지불에 관하여 징수될 수가 있는 은행의 수수료 및 경비는 만약 있을 경우에는 '차주' 또는 '수입자'에 의하여 부담된다.

제14조(중재) ① '차관계약'으로부터 발생하는 모든 양 당사자 간의 분쟁·논의, 일방의 당사자로부터 타방에 대한 크레임, 양 당사자 간의 의견의 상위(이하 '분쟁'이라 함)는 '차주' '기금' 및 양국정부로서 구성되며, 일본국 도쿄에서 개최되는 위원회에서 협의하여 해결하도록 노력하는 것으로 한다.

② (A) 전항의 위원회가 일방의 당사자로부터의 개최요청에도 불구하고 그후 60일 이내에 실제로 개최되지 아니하였을 때, 또는

(B) 전기 기간 내에 개최되었음에도 불구하고 최초의 회합일로부터 90일 이내에 합의에 달하지 못하였을 때, 또는

(C) 전항의 위원회에서 합의에 달하였음에도 불구하고 당해합의를 의무자가 그 후 60일 이내에 이행하지 아니하였을 때에는 '차주' 또는 '기금'은 '차주'와 '기금' 간에 따로 협정되는 중재규칙의 규정하는 바에 따라 '분쟁' 및 상기 (C)의 경우의 의무자에 대한 이행의 청구를 중재재판소에 의한 중재에 회부될 수 있는 것으로 한다.

③ '차관계약'의 양 당사자는 전항의 중재규칙의 모든 조항을 승락하고 이 규

칙이 '차관계약'과 일체를 이루는 것을 이에 확인한다.

제15조(위임장 및 서명람) ① '차주'는 '기금'에 대하여 다음의 서류를 제출하는 것으로 한다.

(A) '차관계약'을 작성 서명할 권한을 특정의 관직에 있는 자에 부여한 취지의 위임장

(B) 전호의 특정관직에 있는 자의 서명으로서, 대한민국 정부의 외무부장관이 인증한 것

② 전항의 서류에 기재된 사항에 변경이 생긴 경우에는 '차주'는 조속히 서면으로 '기금'에 통지하고 신임자에 대한 위임장 및 그 사람의 서명람을 제출하는 것으로 한다.

제16조(법률의견서) '차주'는 기금에 대하여 다음 사항을 내용으로 하는 대한민국 정부의 법무부장관이 작성하는 법률의견서를 제출하는 것으로 한다.

(A) '차주'는 대한민국의 법률에 의거하여 합법적으로 기금으로부터 차관을 받을 수가 있다는 것

(B) 대한민국 정부의 경제기획원장관은 대한민국의 행정조직법상 대한민국 정부를 대표하여 '차관계약'의 당사자가 된다는 것

(C) '차주'가 '차관계약'의 조항에 따라 부담한 채무는 유효하고 구속력이 있는 대한민국의 채무로 된다는 것

제17조(차관계약의 발효) ① 이 차관계약의 발효에는 다음의 조건을 필요로 한다.

(A) 대한민국과 일본국의 양 국회에 있어서 표제협정의 비준이 행해지고 비준서의 교환이 완료되어 있을 것

(B) 대한민국의 국회에서 이 차관계약에 관한 의결이 행해지고 대한민국 정부로부터 그러한 취지의 통지가 기금에 송달되어 있을 것

(C) '기금'이 제15조 ①항 (A)에 규정된 위임장 제15조 ①항 (B)에 규정된

서명람 및 제16조에 규정된 법률의견서를 수령하고 이러한 것에 만족하며 이 '취지'를 '차주'에게 통지하여 있는 것

② 이 차관계약은 전항 (A) (B) 및 (C)의 모든 조건이 갖추어진 날에 발효하는 것으로 한다.

제18조(준거법) '차관계약'의 효력 및 해석은 이 차관계약 서명지의 법령에 따른다.

제19조(잡칙) ① '차관계약'에 의거하여 양 당사자에게 필요로 하는 통지는 다음의 주소에 대하여 서면으로써 송달되었을 때에 이것이 정당히 행해진다.

'차주' 대한민국 서울특별시 경제기획원 장관

'기금' 일본국 도쿄도 지요다구內幸町 해외경제협력기금 총재

주소 또는 명칭에 변경이 있을 때는 양 당사자는 각기 상대방에게 서면으로써 통지하는 것으로 한다.

② '차주'는 '기금'이 차관금의 관리상 특히 필요로 하는 사업계획의 실행 및 운영상황에 대한 보고를, 기금에 제출하는 것으로 한다.

③ '구매계약'에 정하는 사유로 인하여 '차주'가 '공급자'에 대하여 어떤 종류의 금전채권을 취득하게 되었을 경우에는 '차주'는 이에 의한 채권의 행사에 대하여 '기금'과 협의하는 것으로 한다.

④ '차관계약'에 의하여 산출된 이자(연체이자를 포함)에 대하여 일본엔 단위 미만의 단수端數가 생겼을 때에는 이를 절사切捨한다.

⑤ 각조의 표제는 참고의 편의상 열거된 것이며, 이 계약증서의 일부가 되는 것은 아니다.

이 계약을 확인하기 위하여 '차주' 및 '기금'은 각각 정당하게 권한이 부여된 대표자에 의하여 두서의 일자에 일본국 도쿄에 있어서 동등한 정본인 한국어·일본어 및 영어로 된 증서 각 2통을 작성 서명하고 각기 그 1통씩을 교환하였다.

해석의 상이가 있을 때에는 영어증서에 의한 것으로 한다.

법적지위와 대우에 관한 협정

대한민국과 일본국 간의 일본국에 거주하는
대한민국 국민의 법적지위와 대우에 관한 협정

대한민국과 일본국은 다년간 일본국에 거주하고 있는 대한민국 국민이 일본국의 사회와 특별한 관계를 가지게 되었음을 고려하고, 이들 대한민국 국민이 일본국의 사회질서하에서 안정된 생활을 영위할 수 있게 하는 것이 양국간 및 양국 국민 간의 우호관계 증진에 기여함을 인정해, 다음과 같이 합의하였다.

제1조 1. 일본국 정부는 다음의 어느 하나에 당해하는 대한민국 국민이 본 협정의 실시를 위하여 일본국 정부가 정하는 절차에 따라 본 협정의 효력발생일로부터 5년 이내에 영주허가의 신청을 하였을 때에는 일본국에서의 영주를 허가한다.

(A) 1954년 8월 15일 이전부터 신청시까지 계속하여 일본국에 거주하고 있는 자.

(B) (A)에 해당하는 자의 직계비속으로서 1945년 8월 16일 이후 본 협정의 효력발생일부터 5년 이내에 일본국에서 출생하고, 그 후 신청 시까지 계속하여 일본국에 거주하고 있는 자.

2. 일본국 정부는 1의 규정에 의거하여 일본국에서의 영주가 허가되어 있는 자의 자녀로서 본 협정의 효력발생일로부터 5년이 경과한 후에 일본국에서 출생한 대한민국 국민이 본 협정의 실시를 위하여 일본국 정부가 정하는 절차에 따라 그의 출생일로부터 60일 이내에 영주허가의 신청을 하였을 때에는 일본국에서의 영주를 허가한다.

3. 1 (B)에 해당하는 자로서 본 협정의 효력발생일로부터 4년 10개월이 경과한 후에 출생하는 자의 영주허가의 신청기한은 1의 규정에 불구하고 그의 출생일로부터 60일 이내로 한다.

4. 전기의 신청 및 허가에 대해서는 수수료는 징수되지 아니한다.

제2조 1. 일본국 정부는 제1조의 규정에 의거하여 일본국에서의 영주가 허가되어 있는 자의 직계비속으로서 일본국에서 출생한 대한민국 국민의 일본국에서의 거주에 관하여는, 대한민국 정부의 요청이 있으면, 본 협정의 효력발생일로부터 25년이 경과할 때까지는 협의를 행함에 동의한다.

2. 1의 협의에 있어서는 본 협정의 기초가 되고 있는 정신과 목적을 존중한다.

제3조 1. 제1조의 규정에 의거하여 일본국에서의 영주가 허가되어 있는 대한민국 국민은 본협정의 효력발생일 이후의 행위에 의하여 다음의 어느 하나에 해당하는 경우를 제외하고는 일본국으로부터의 퇴거를 강제당하지 아니한다.

(A) 일본국에서 내란에 관한 죄 또는 외환에 관한 죄로 인하여 금고 이상의 형에 처해진 자(집행유예의 언도를 받은 자 및 내란에 부화수행한 것으로 인하여 형에 처해진 자를 제외한다).

(B) 일본국에서 국교에 관한 죄로 인하여 금고 이상의 형에 처해진 자, 또는 외국의 원수, 외교사절 또는 그 공관에 대한 범죄행위로 인하여 금고 이상의 형에 처해지고 일본국의 외교상의 중대한 이익을 해한 자.

(C) 영리의 목적으로 마약류의 취체에 관한 일본국의 법령에 위반하여 무기 또는 3년 이상의 징역 또는 금고에 처해진 자(집행유예의 언도를 받은 자를 제외한다). 또는 마약류의 취체에 관한 일본국의 법령에 위반하여 3회(단, 본 협정의 효력발생일 전의 행위에 의하여 3회 이상 형에 처해진 자에 대해서는 2회) 이상 형에 처해진 자.

(D) 일본국의 법령에 위반하여 무기 또는 7년을 초과하는 징역 또는 금고에 처해진 자.

제4조 일본국 정부는 다음에 열거한 사항에 관하여 타당한 고려를 하는 것
으로 한다.

(A) 제1조의 규정에 의거하여 일본국에서 영주가 허가되어 있는 대한민국
국민에 대한 일본국에 있어서의 교육, 생활보호 및 국민건강보험에 관한 사항.

(B) 제1조의 규정에 의거하여 일본국에서 영주가 허가되어 있는 대한민국
국민(동조의 규정에 따라 영주허가의 신청을 할 자격을 가지고 있는 자를 포
함함)이 일본국에서 영주할 의사를 포기하고 대한민국으로 귀국하는 경우의
재산의 휴행 및 자금의 대한민국에의 송금에 관한 사항.

제5조 제1조의 규정에 의거하여 일본국에서의 영주가 허가되어 있는 대한
민국 국민은 출입국 및 거주를 포함하는 모든 사항에 관하여 본 협정에서 특히
정하는 경우를 제외하고 모든 외국인에게 동등히 적용되는 일본국의 법령의 적
용을 받는 것이 확인된다.

제6조 본 협정은 비준되어야 한다. 비준서는 가능한 한 조속히 서울에서 교
환한다. 본 협정은 비준서가 교환된 날로부터 30일후에 효력을 발생한다. 이상
의 증거로서 하기 대표는 각자의 정부로부터 정당한 위임을 받아 본 협정에 서
명하였다. 1965년 6월 22일 도쿄에서 동등히 정본인 한국어 및 일본어로 본서 2
통을 작성하였다.

의사록

일본국에 거주하는 대한민국 국민의 법적지위와 대우에 관한 협정에 대한 합의의사록

대한민국 정부대표 및 일본국 정부대표는 금일 서명된 대한민국과 일본국 간
의 일본국에 거주하는 대한민국 국민의 법적지위와 대우에 관한 협정에 관하여

다음과 같은 양해에 도달하였다.

제1조에 관하여

1. 동조 1 또는 2의 규정에 의거하여 영주허가의 신청을 하는 자가 대한민국의 국적을 가지고 있음을 증명하기 위해

(1) 신청을 하는 자는 여권 또는 이에 대신하는 증명서를 제시하든지 또는 대한민국의 국적을 가지고 있는 뜻의 진술서를 제출하는 것으로 한다.

(2) 대한민국 정부의 권한 있는 당국은 일본국 정부의 권한 있는 당국이 문서로 조회할 경우에는 문서로 회답하는 것으로 한다.

2. 동조 1 (B)의 적용상 (A)에 해당하는 자에는 1945년 8월 15일 이전부터 사망시까지 계속하여 일본국에 거주하고 있었던 대한민국 국민을 포함하는 것으로 한다.

제3조에 관하여

1. 동조 (B)의 적용상 '그 공관'이라 함은 소유자의 여하를 불문하고 대사관 또는 공사관으로 사용되고 있는 건물 또는 그 일부 및 이에 부속하는 토지(외교사절의 주거인 이러한 것을 포함함)를 말한다.

2. 일본국 정부는 동조 (C) 또는 (D)에 해당하는 자의 일본국으로부터의 퇴거를 강제하고자 할 경우에는 인도적 견지에서 그 자의 가족구성 및 기타 사정에 대하여 고려를 한다.

3. 대한민국 정부는 동조의 규정에 의하여 일본국으로부터 퇴거를 강제당하게 된 자에 대하여 일본국 정부의 요청에 따라 그 자의 인수에 대하여 협력한다.

4. 일본국 정부는 협정 제1조의 규정에 의거하여 영주허가의 신청을 할 자격을 가지고 있는 자에 관하여는, 그 자의 영주가 허가되는 경우에는 협정 제2조 (A) 내지 (D)에 해당하는 경우를 제외하고 일본국으로부터의 퇴거를 강제당하지 아니함에 비추어 그 자에 대하여 퇴거강제 수속이 개시된 경우에 있어서

(1) 그 자가 영주허가의 신청을 하고 있을 때에는 그 허가 여부가 결정될

때까지의 기간, 또는

(2) 그 자가 영주허가의 신청을 하고 있지 아니할 때에는 그 신청을 하는지 안 하는지를 확인하고, 신청을 하였을 때에는 그 허가여부가 결정될 때까지의 기간 그 자의 강제송환을 자제할 방침이다.

제4조에 관하여

1. 일본국 정부는 법령에 따라, 협정 제1조의 규정에 의거하여 일본국에서의 영주가 허가되어 있는 대한민국 국민이 일본국의 공립의 소학교 또는 중학교에 입학을 희망하는 경우에는 그 입학이 인정되도록 필요하다고 인정하는 조치를 취하고, 또한 일본국의 중학교를 졸업한 경우에는 일본국의 상급학교에의 입학자격을 인정한다.

2. 일본국 정부는 협정 제1조의 규정에 의거하여 일본국에서의 영주가 허가되어 있는 대한민국 국민에 대한 생활보호에 대해서는 당분간 종전과 같이 한다.

3. 일본국 정부는 협정 제1조의 규정에 의거하여 일본국에서의 영주가 허가되어 있는 대한민국 국민을 국민건강보험의 피보험자로 하기 위하여 필요하다고 인정하는 조치를 취한다.

4. 일본국 정부는 협정 제1조의 규정에 의거하여 일본국에서의 영주가 허가되어 있는 대한민국 국민(영주허가의 신청을 할 자격을 가지고 있는 자를 포함함)이 일본국에서 영주할 의사를 포기하고 대한민국으로 귀국하는 경우에는 원칙적으로 그 자가 소유하는 모든 재산 및 자금을 휴행 또는 송금하는 것을 인정한다. 이를 위해

(1) 일본국 정부는 그 자가 소유하는 재산의 휴행에 관하여는 법령의 범위 내에서 그 휴대품, 이사짐 및 직업용구의 휴행을 인정하는 외에 수출의 승인에 있어서 가능한 한의 고려를 한다.

(2) 일본국 정부는 그 자가 소유하는 자금의 휴행 또는 송금에 관하여는 법령의 범위 내에서 1세대당 1만 아메리카합중국 달러까지를 귀국 시에, 또한

이를 초과하는 부분에 대해서는 실정에 따라 휴행 또는 송금하는 것을 인정하는 것으로 한다.

1965년 6월 도쿄에서

토의기록

재일한국인의 법적 지위와 대우에 관한 협정의 체결을 위한 교섭에 있어서 한일 양측으로부터 각각 다음의 발언이 행하여졌다.

〔일본 측 대표〕

(A) 일본국 정부는 협정 제1조 1 (A)의 적용에 있어서는 병역 또는 징용에 의하여 일본국에서 떠난 때부터 복원계획에 따라 귀환할 때까지의 기간을 일본국에 계속하여 거주하고 있었던 것으로 취급할 방침이다.

(B) 협정 제1조의 규정에 의거하여 영주 허가의 신청을 하는 자가 제출 또는 제시하는 것에는 다음 것이 포함되는 것으로 한다.

(1) 영주허가신청서

(2) 사진

(3) 가족 관계 및 일본국에서의 거주 경력에 관한 진술서

(4) 외국인 등록증명서

(C) 협정에 대한 합의의사록 중 협정 제4조에 관한 부분의 1에서 말하는 '필요하다고 인정하는 조치'라 함은 문교성이 현행 법령에 의거하여 행하는 지도 조언 및 권고를 말한다.

(D) 협정에 대한 합의의사록 중 협정 제4조에 관한 부분의 3에서 말하는 '필

요하다고 인정하는 조치'에는 후생성령의 개정이 포함된다. 그러나 그와 같은 조치를 취하기 위해서는 상당한 준비기간이 필요하므로 일본국 정부는 협정의 효력발생일로부터 1년이 경과한 날이 속하는 회계연도의 다음 회계연도의 첫 날부터 그들이 국민건강보험의 피보험자가 되도록 한다.

(E) 외국인의 재산취득에 관한 정령에 의거한 고시에 있어서, 동 정령의 적용 제외국으로서 대한민국을 지정하고 있는 바, 일본국 정부는 협정의 효력발생에 있어서 이를 삭제할 의도는 없다.

(F) 일본국 정부는 협정 제1조의 규정에 의거하여 일본국에서의 영주가 허가 되어 있는 대한민국 국민이 출국하고자 하는 경우에 재입국허가의 신청을 하였 을 때에는 법령의 범위 내에서 가능한 한 호의적으로 취급할 방침이다.

[한국 측 대표]

(A) 협정의 효력발생 후에는 출입국관리에 관한 일본국 법령의 규정에 의거 하여 일본국으로부터의 퇴거를 강제당하게 된 대한민국 국민의 인수에 대하여 대한민국 정부는 일본국 정부에 협력할 방침이다.

(B) 대한민국 정부는 협정에 대한 합의의사록 중 제4조에 관한 부분의 3에서 말하는 '필요하다고 인정하는 조치'가 취해지기 위해서는 상당한 준비기간이 필요함을 인정하는 바이나 그와 같은 조치가 가능한 한 조속히 취해지기를 기 대한다.

(C) 대한민국 정부는 일본국에 거주하는 대한민국 국민의 생활을 안정시키 고 또한 빈곤자를 구제하기 위하여 일본국 정부의 요청에 의하여 가능한 한 동 정부에 협력하기 위한 조치를 동 정부와 더불어 검토할 용의가 있다.

어업에 관한 협정

대한민국과 일본국 간의 어업에 관한 협정

대한민국 및 일본국은 양국이 공통의 관심을 갖는 수역에서의 어업자원의 최
대의 지속적 생산성이 유지되어야 함을 희망하고 전기의 자원의 보존 및 그 합
리적 개발과 발전을 도모함이 양국의 이익에 도움이 됨을 확신하고, 공해자유
의 원칙이 본 협정에 특별한 규정이 있는 경우를 제외하고는 존중되어야 한다
는 것을 확인하고 양국의 지리적 근접성과 양국 어업상의 교착으로부터 발생할
수 있는 분쟁의 원인을 제거하는 것이 요망됨을 인정하고 양국 어업의 발전을
위하여 상호 협력할 것을 희망하여 다음과 같이 합의하였다.

제1조 ① 양 체약국은 각 체약국이 자국의 연안의 기선基線부터 측정하여 12
해리까지의 수역을 자국이 어업에 관하여 배타적 관할권을 행사하는 수역(이하
'어업에 관한 수역'이라 함)으로서 설정하는 권리를 가짐을 상호인정한다.

단, 일방 체약국 이 어업에 관한 수역의 설정에 있어서 직선기선을 사용하는
경우에는 그 직선기선은 타방 체약국과 협의하여 결정한다.

② 양 체약국은 일방 체약국이 자국의 어업에 관한 수역에서 타방 체약국의
어선이 어업에 종사하는 것을 배제하는 데 대하여 상호 이의를 제기하지 아니
한다.

③ 양 체약국의 어업에 관한 수역이 중복되는 부분에 대해서는 그 부분의 최
대의 폭을 나타내는 직선을 2등분하는 점과 그 중복하는 부분이 끝나는 2점을
각각 연결하는 직선에 의하여 양분한다.

제2조 양 체약국은 다음 각선으로 둘러싸이는 수역(영해 및 대한민국의 어

업에 관한 수역을 제외함)을 공동규제수역으로 설정한다.

    (A) 북위 37도 30분 이북의 동경 124도의 경선

    (B) 다음 각 점을 차례로 연결하는 점

      (1) 북위 37도 30분과 동경 124도의 교점

      (2) 북위 36도 45분과 동경 124도 30분의 교점

      (3) 북위 33도 30분과 동경 124도 30분의 교점

      (4) 북위 32도 30분과 동경 126도의 교점

      (5) 북위 32도 30분과 동경 127도의 교점

      (6) 북위 34도 34분 30초와 동경 129도 2분 50초의 교점

      (7) 북위 34도 34분 10초와 동경 129도 8분의 교점

      (8) 북위 34도 50분과 동경 129도 14분의 교점

      (10) 북위 37도 30분과 동경 131도 10분의 교점

      (11) 우암령고정牛岩嶺高頂

제3조 양 체약국은 공동규제수역에서 어업자원의 최대의 지속적 생산성을 확보하기 위하여 필요한 보존조치가 충분한 과학적 조사에 의거하여 실시될 때까지, 저인망어업, 선망어업 및 60톤 이상의 어선에 의한 고등어낚시 어업에 대하여 본 협정의 불가분의 일부를 이루는 부속서에 규정한 잠정적 어업규제조치를 실시한다(톤이라 함은 총톤수에 의하는 것으로 하며, 선내 거주구 개선을 위한 허용톤수를 감안톤수에 의하여 표시함).

제4조 1. 어업에 관한 수역의 외측에서의 단속(정선 및 임검을 포함함) 및 재판권은 어선이 속하는 체약국만이 행하며, 또한 행사한다.

2. 어느 체약국도 그 국민 및 어선이 잠정적 어업규제조치를 성실하게 준수하도록 함을 확보하기 위하여 적절한 지도 및 감독을 행하며, 위반에 대한 적당한 벌칙을 포함하는 국내조치를 실시한다.

제5조 공동규제수역의 외측에 공동자원 조사수역이 설정된다. 그 수역의 범

위 및 동 수역에서 행해지는 조사에 대해서는 제6조에 규정되는 어업공동위원회가 행할 권고에 의거하여 양 체약국 간의 협의에 따라 결정된다.

제6조 1. 양 체약국은 본 협정의 목적을 달성하기 위하여 한일어업공동위원회(이하 위원회라고 함)를 설치하고 유지한다.

2. 위원회는 두 개의 국별 위원부로 구성되며, 각국별 위원부는 각 체약국 정부가 임명하는 3인의 위원으로 구성한다.

3. 위원회의 모든 결의, 권고 및 기타의 결정은 국별 위원부의 합의에 의해서만 행한다.

4. 위원회는 그 회의의 운영에 관한 규칙을 결정하고 필요가 있을 때에는 이를 수정할 수 있다.

5. 위원회는 매년 적어도 1회 회합하고 또 그 외에 일방의 국별 위원부의 요청에 의하여 회합할 수 있다. 제1회 회의의 일자 및 장소는 양 체약국 간의 합의로 결정한다.

6. 위원회는 제1회 회의에서 의장 및 부의장을 상이한 국별 위원부에서 선정한다. 의장 및 부의장의 임기는 1년으로 한다. 국별 위원부로부터의 의장 및 부의장의 선정은 매년 각 체약국이 그 지위에 순번으로 대표되도록 한다.

7. 위원회 밑에 그 사무를 수행하기 위한 상설 사무국이 설치된다.

8. 위원회의 공용어는 한국어 및 일본어로 한다. 제안 및 자료는 어느 공용어로도 제출할 수 있으며 또한 필요에 따라 영어로 제출할 수도 있다.

9. 위원회가 공동의 경비를 필요하다고 인정할 때에는 위원회가 권고하고 또한 양 체약국이 부담하는 분담금에 의하여 위원회가 지불한다.

10. 위원회는 공동경비를 위한 자금의 지출을 위임할 수 있다.

제7조 1. 위원회는 다음 임무를 수행한다.

(A) 양 체약국이 공통의 관심을 갖은 수역에서의 어업자원의 연구를 위하여 행하는 과학적 조사에 대하여 또한 그 조사와 연구의 결과에 의거하여 취

할 공동규제수역 안에서는 규제조치에 대하여 양 체약국에 권고한다.

(B) 공동자원 조사수역의 범위에 대하여 양 체약국에 권고한다.

(C) 필요에 따라 잠정적 어업규제조치에 관한 사항에 대하여 검토하고, 또한 그 결과에 의거하여 취할 조치(당해 구제조치의 수정을 포함함)에 대하여 양 체약국에 권고한다.

(D) 양 체약국 어선 간의 조업의 안전과 질서에 관한 필요한 사항 및 해상에서의 양 체약국 어선 간의 사고에 대한 일반적인 취급방침에 대하여 검토하고 또한 그 결과에 의거하여 취할 조치에 대하여 양 체약국에 권고한다.

(E) 위원회의 요청에 의하여 양 체약국이 제공해야 할 자료, 통계 및 기록을 편집하고 연구한다.

(F) 본 협정의 위반에 관한 동등한 형의 세목 제정에 대하여 심의하고 또한 양 체약국에 권고한다.

(G) 매년 위원회의 사업보고를 양 체약국에 제출한다.

(H) 이외에 본 협정의 실시에 따르는 기술적인 제 문제에 대하여 검토하고, 또한 필요하다고 인정할 때에는 취할 조치에 대하여 양 체약국에 권고한다.

2. 위원회는 그 임무를 수행하기 위하여 필요에 따라 전문가로 구성되는 하부기구를 설치할 수 있다.

3. 양 체약국 정부는 1의 규정에 의거하여 행해진 위원회의 권고를 가능한 한 존중한다.

제8조 1. 양 체약국은 각각 자국의 국민 및 어선에 대하여 항행에 관한 국제관행을 준수시키기 위하여 양 체약국 어선 간의 조업의 안전을 도모하고 그 정상적인 질서를 유지하기 위하여 또한 해상에서의 양 체약국 어선 간의 사고의 원활하고 신속한 해결을 도모하기 위하여 적절하다고 인정하는 조치를 취한다.

2. 1에 열거한 목적을 위하여 양 체약국의 관계당국은 가능한 한 상호밀접하게 연락하고 협력한다.

제9조 1. 본 협정의 해석 및 실시에 관한 양 체약국 간의 분쟁은 우선 외교상의 경로를 통하여 해결한다.

2. 1의 규정에 의하여 해결할 수 없었던 분쟁은 어느 일방 체약국의 정부가 타방 체약국의 정부로부터 분쟁의 중개를 요청하는 공한을 접수한 날로부터 30일의 기간 내에 각 체약국 정부가 임명하는 1인의 중재위원과 이와 같이 선정된 2인의 중재위원이 당해기간 후 30일의 기간 내에 합의하는 제3의 중재위원 또는 당해기간 내에 이들 2인의 중재위원이 합의하는 제3국의 정부가 지명하는 제3의 중재위원과의 3인의 중재위원으로 구성되는 중재위원회에 결정을 위하여 회부한다.

단, 제3의 중재위원은 양 체약국 중의 어느 국민이어서는 아니 된다.

3. 어느 일방 체약국의 정부가 당해기간 내에 중재위원을 임명하지 아니하였을 때, 또는 제3국에 대하여 당해기간 내에 합의하지 못하였을 때에는 중재위원회는 양 체약국 정부가 각각 30일의 기간 내에 선정하는 국가의 정부가 지명하는 각 1인의 중재위원과 이들 정부가 협의에 의하여 결정하는 제3국의 정부가 지명하는 제3의 중재위원으로 구성한다.

4. 양 체약국 정부는 본조의 규정에 의거한 중재위원회의 결정에 속한다.

제10조 1. 본 협정은 비준되어야 한다. 비준서는 가능한 한 조속히 서울에서 교환한다. 본 협정은 비준서가 교환된 날로부터 효력을 발생한다.

2. 본 협정은 5년간 효력을 가지며, 그후에는 어느 일방 체약국이 타방 체약국에 본 협정을 종결시킬 의사를 통고하는 날로부터 1년간 효력을 가진다.

이상의 중재로서 하기 대표는 각자의 정부로부터 정당한 위임을 받아 본 협정에 서명하였다.

1965년 6월 22일 도쿄에서 동등히 정본인 한국어 및 일본어로 본서 2통을 작성하였다.

부속서

본 협정 제3조에 규정된 잠정적 어업 규제조치는 양 체약국에 각각 적용되며 그 내용은 다음과 같다.

1. 최고 출어척수 또는 통수(공동규제수역 안에서의 조업을 위하여 감찰을 소지하고 또한 표지를 부착하고 동시에 동 수역 안에 출어하고 있는 어선의 척수 또는 통수의 최고한도를 말함)

 A. 50톤 미만의 어선에 의한 저인망 어업에 대해서는 1백 15척.

 B. 50톤 이상의 어선에 의한 저인망 어업에 대해서는

   (1) 11월 1일부터 익년 4월 30일까지의 기간에는 2백 70척.

   (2) 5월 1일부터 10월 31일까지의 기간에는 백 척.

 C. 선망 어업에 대해서는

   (1) 1월 16일부터 5월 15일까지의 기간에는 60통.

   (2) 5월 16일부터 익년 1월 15일까지의 기간에는 130통.

 D. 60톤 이상의 어선에 의한 고등어 낚시어업에 대해서는 15척. 단, 조업기간은 6월 1일부터 12월 31일까지로 하며 조업구역은 대한민국의 경상북도와 경상남도의 경계선과 해안선의 교점과 북위 35도 30분과 동경 130도의 교점을 연결하는 직선 이남(단, 제주도의 서측에 있어서는 북위 33도 30분 이남)의 수역으로 한다.

 E. 대한민국의 어선과 일본국의 어선의 어획능력의 격차가 있는 동안 대한민국의 출어척수 또는 통수는 양 체약국 정부 간의 협의에 따라 본 협정의 최고 출어척수 또는 통수를 기준으로 하고 그 격차를 고려하여 조정한다.

2. 어선규모

 A. 저인망 어업 중에서

   (1) 트롤어업 이외의 것에 대해서는 30톤 이상 170톤이다.

(2) 트롤어업에 대해서는 100톤 이상 550톤 이하. 단, 50톤 이상의 어선에 의한 저인망어업(대한민국이 동해에서 인정하고 있는 60톤 미만의 어선에 의한 새우저인망 어업을 제외함)은 동경 128도 이동의 수역에서는 행하지 아니한다.

B. 선망어업에 대해서는 망선 40톤 이상 100톤 이하. 단, 본 협정 서명일에 일본국에 현존하는 100톤 이상의 선망어선 1척은 당분간 예외로 인정된다.

C. 60톤 이상의 어선에 의한 고등어 낚시어업에 대해서는 100톤 이하.

3. 망목(해중에서의 내경內瞥으로 함)

A. 50톤 미만의 어선에 의한 저인망어업에 대해서는 33밀리미터 이상.

B. 50톤 이상의 어선에 의한 저인망어업에 대해서는 54밀리미터 이상.

C. 선망어업 중 전갱이 또는 고등어를 대상으로 하는 어망의 선망의 주요부분에 대해서는 30밀리미터 이상.

4. 집어등의 광택(발전기의 총 설비용량)

A. 선망어업에 대해서는 1통당 10킬로와트 이하의 등선 2척 및 7.5킬로와트 이하의 등선 1척으로 하고, 합계 275킬로와트 이하.

B. 60톤 이상의 어선에 의한 고등어 낚시어업에 대해서는 10킬로와트 이하.

5. 감찰 및 표지

A. 공동규제수역 안에 출어하는 어선은 각 정부가 발급하는 감찰을 소지하고 또한 표지를 부착해야 한다. 단, 선망어업에 종사하는 어선에 대해서는 망선 이외의 어선은 감찰을 소지할 필요가 없으며 또한 망선은 정표지, 망선 이외의 어선은 정표지에 부합하는 부표지를 각각 부착해야 한다.

B. 감찰 및 표지의 총수(저인망어업 및 고등어 낚시어업에 종사하는 어선에 대해서는 각 어선에 부착하는 2장의 표지를 하나로 계산하고, 선망어업에 종사하는 어선에 대해서는 어선에 부착하는 2장의 정표지를 하나로 계산함)는 잠정적 어업규제조치의 대상이 되는 어업별로 당해 어업에 관한 최고 출

어척수 및 통수와 동수로 한다.

단, 어업의 실태에 비추어 50톤 이상의 어선에 의한 저인망어업에 대해서는 그 최고 출어척수의 15%까지, 50톤 미만의 어선에 의한 저인망어업에 대해서는 그 최고 출어척수의 20%까지 각각 증가발급할 수 있다.

C. 표지의 양식 및 부착장소는 양 체약국 정부 간의 협의에 의하여 정해진다.

의사록

대한민국과 일본국 간의 어업에 관한 협정에 대한 합의의사록

대한민국 정부대표 및 일본국 정부대표는 금일 서명된 대한민국과 일본국 간의 어업에 관한 협정서에 관하여 다음 양해에 도달하였다.

1. 감찰 및 표지에 관하여

A. 양국정부는 감찰 및 표지가 항구 안에서의 경우를 제외하고는 해상에서 어느 어선으로부터 다른 어선에 인도되는 일이 없도록 행정지도를 한다.

B. 일방국의 정부는 자국의 출어어선의 정오 위치보고에 의거하여 어업별 출어상황을 월별로 집계하여 매년 적어도 4회 타방국의 정부에 통보한다.

2. 연간 총 어획기준량에 관하여

A. 공동규제수역 안에서의 저인망어업, 선망어업 및 60톤 이상의 어선에 의한 고등어 낚시어업에 의한 연간 총 어획기준량은 15만 톤 상하 10%의 변동이 있을 수 있음으로 하고, 일본국에 대해서는 이 15만 톤의 내역을 50톤 미만의 어선에 의한 저인망 어업에 대해서는 3만 톤 및 선망어업과 60톤 이상의 어선에 의한 고등어 낚시어업에 대해서는 11만 톤으로 한다. 연간 총 어획기준량은 최고 출어척수 또는 통수에 의하여 조업을 규제함에 있어서 지표

가 되는 수량으로 한다.

어느 국가의 정부도 공동규제수역 안에서의 저인망어업, 선망어업 및 60톤 이상의 어선에 의한 고등어 낚시어업에 의한 연간 총 어획량이 15만 톤을 초과 하리라고 인정하는 경우에는 어기 중이라도 연간 총 어획량을 16만 5천 톤 이 하로 그치게 하기 위하여 출어척수 또는 통수를 억제하도록 행정지도를 한다.

B. 어느 국가의 정부도 잠정적 어업규제조치의 적용의 대상이 되는 어업에 종사하는 자국의 어선이 공동규제수역 안에서 어획물을 양륙해야 할 항구를 지정한다.

C. 어느 국가의 정부도 자국의 출어어선에 의한 공동규제수역 안에서의 어 획량의 보고 및 양륙항에서의 조사를 통하여 어획량을 월별로 집계하여 그 결과를 매년 적어도 4회 타방국 정부에 통보한다.

D. 어느 국가의 정부도 타방국 정부의 공무원이 3 C의 시찰을 행함에 있어 서 당해 타방국 정부의 요청이 있을 때에는 그 공무원에 대하여 잠정적 어업 규제조치의 적용대상이 되고 있는 자국의 어선에 의한 어획물의 양륙상황을 시찰시키기 위한 편의도 가능한 한 제공하며, 또한 어획량의 보고 및 집계의 상황에 대하여 가능한 한 설명이 행해지도록 한다.

3. 잠정적 어업규제 조치에 관한 단속 및 위반에 관하여

A. 일방국의 감시선상에 있는 권한 있는 공무원이 타방국의 어선이 현재 잠정적 어업규제 조치를 분명히 위반하고 있다고 믿을 만한 상당한 이유가 있는 사실을 발견하였을 때에는 곧 이를 그 어선이 속하는 국가의 감시선상 에 있는 권한 있는 공무원에게 통보할 수 있다.

당해 타방국 정부는 당해 어선의 단속 및 이에 대한 관할권을 행사함에 있어 서 그 통보를 존중하며 그 결과 취해진 조치를 당해 일방국 정부에 통보한다.

B. 양국의 감시선은 잠정적 어업규제조치에 관하여 각각 자국 어선에 대한 단속을 실시함에 있어서 이를 원만하고 효과적으로 행하기 위하여 필요에 따

라 사전에 양국의 관계당국 간에서 협의되는 바에 따라 상호 제휴하여 순시하고 또한 긴밀한 연락을 유지할 수 있다.

C. 어느 국가의 정부도 타방국 정부의 요청이 있을 때에는 잠정적 어업규제조치에 관한 자국인 안에서의 단속의 실시상황을 감시할 수 있도록 이를 위하여 특히 권한을 부여받은 타방국 정부의 공무원에 대하여 가능한 한 편의를 제공한다.

D. 어느 국가의 정부도 타방국 정부의 요청이 있고 또한 이를 적당하다고 인정할 때에는 잠정적 어업규제조치에 관하여 자국 어선에 대한 단속을 실시함에 있어서 그 실정을 시찰하게 하기 위하여 당해 타방국 정부의 공무원을 오로지 어업의 단속에 종사하는 자국의 감시선에 승선시키기 위한 편의를 상호 가능한 한 제공한다.

4. 한일어업공동위원회에 관하여

한일어업공동위원회는 상설사무국의 사무국장을 매년 정기 연차회의의 폐회 전에 익년의 정기 연차회의가 개최될 체약국의 국별 위원부의 위원 중에서 선임한다. 사무국장의 임기는 1년으로 한다.

사무국장은 자국의 관계 당국의 보좌를 받으며 또한 필요에 따라 자국에 주재하는 타방 체약국의 권한 있는 공무원의 원조를 받아 위원회의 회의개회 준비를 포함한 기타의 필요한 사무당국의 사무를 수행한다.

5. 중재위원회에 관하여

협정 제9조 3에서 규정한 양국정부가 각각 선정하는 국가 및 이들 국가의 정부가 협의에 의하여 결정하는 제3국은 대한민국 및 일본국의 양국과 외교관계가 있는 국가 중에서 선정한다.

6. 감시선 간의 출어 상황의 정보 제공에 관하여

일방국의 감시선은 공동규제수역 안에서 어선의 출어상황에 대하여 필요하다고 인정할 때에는 타방국 감시선에 대하여 필요한 정보를 제공하도록 요청할 수 있으며, 당해 타방국 감시선은 가능한 한 이에 응한다.

7. 연안어업에 관하여

양국정부는 연안어업(저인망어업, 선망어업 및 60톤 이상의 어선에 의한 고등어 낚시어업을 제외함)의 조업실태에 관하여 정보를 교환하고, 어장질서를 유지하기 위하여 필요할 때에는 상호 협의한다.

8. 국내 어업금지수역 등의 상호 존중에 관하여

A. 대한민국 정부가 현재 설정하고 있는 저인망어업 및 트롤어업에 관한 어업금지수역과 일본국 정부가 현재 설정하고 있는 저인망 어업 및 선망어업에 관한 어업금지수역과 저인망어업에 관한 동경 128도, 동경 128도 30분, 북위 33도 9분 15초 및 북위 25도의 각선으로 둘러싸인 수역에 관하여, 양국 정부가 각각 상대국의 수역에서 당해 어업에 자국 어선이 종사하지 아니하도록 하기 위하여 필요한 조치를 취한다.

어업협정

B. 대한민국 정부가 전기한 대한민국의 어업금지수역 안의 황해 부분에서 대한민국의 50톤 미만의 어선에 의한 저인망어업 및 동 수역안의 동해 부분에서 대한민국의 새우 저인망어업에 관하여 실시하고 있는 제도는 예외적으로 인정된다.

C. 일방국의 감시선상에 있는 권한 있는 공무원이 A에서 열거한 동국의 수역에서 타방국의 어선이 조업하고 있음을 발견하였을 경우에는 그 사실에 관하여 당해 어선에 주의를 환기시키고 또한 조속히 이를 당해 타방국의 감시선상에 있는 권한 있는 공무원에게 통보할 수 있다. 당해 타방국 정부는 당해 어선의 단속 및 이에 대한 관할권을 행사함에 있어서 그 통보를 존중하며 그 결과 취해진 조치를 당해 일방국 정부에 통보한다.

9. 무해통항에 관하여

영해 및 어업에 관한 수역에서의 무해통항(어선은 어구를 격납한 경우에 한함)은 국제법규에 따르는 것임이 확인된다.

10. 해난 구조 및 긴급피난에 관하여

양국정부는 양국의 어선의 해난구조 및 긴급피난에 대하여 가능한 한 조속히 약정한다. 그 약정이 양국정부 간에 이루어지기 전에도 양국정부는 양국 어선의 해난구조 및 긴급피난에 대하여 국제관행에 따라 가능한 한 적절한 구조 및 보호를 한다.

토의기록

한일어업협정의 체결을 위한 교섭에 있어서 한일 양측으로부터 각각 다음 발언이 있었다.

〔한국 측 대표〕

(A) 협정에 대한 합의의사록 2 A에서 말하는 '출어척수 또는 통수를 억제하도록 행정지도를 한다'의 행정지도에는 감찰 및 표지의 발급수의 조정이 행해지도록 지도하는 것이 포함된다.

(B) 협정에 대한 합의의사록 3 C에서 말하는 자국 내에서의 단속의 실시상황의 시찰에는 감찰 및 표지의 발급상황에 대한 설명을 행하는 것도 포함된다.

〔일본 측 대표〕

(A) 협정에 대한 합의의사록 2 A에서 말하는 '출어척수 또는 통수를 억제하도록 행정지도를 한다'의 행정지도에는, 감찰 및 표지의 발급수의 조정이 행해지도록 지도하는 것이 포함된다.

(B) 협정에 대한 합의의사록 3 C에서 말하는 자국 내에서의 단속의 실시상황의 시찰에는 감찰 및 표지의 발급상황에 대한 설명을 행하는 것도 포함된다.

(C) 잠정적 어업규제조치의 적용의 대상이 되지 않는 연안어업에 종사하는 일본국 어선으로서 공동규제수역 안에 출어하는 것의 대부분은 영세한 경영규모의 것이며, 그 조업구역도 이러한 어선의 출어능력의 실태로 보아 동 수역 안에서는 주로 대마도 북방으로부터 제주도 북방까지이며, 이러한 실태는 당해 어업의 실정으로 보아 금후 크게 변동할 것은 아니라고 생각한다.

교환공문

[한국 측 서한] 1965년 6월 22일 도쿄에서

각하, 본관은 금일 서명된 대한민국과 일본국 간의 어업에 관한 협정에 언급해, 대한민국 정부가 대한민국의 어업에 관한 수역의 설정에 관하여 다음의 직선기선을 결정할 의향임을 언명하는 영광을 가집니다.

① 장기갑 및 달만갑의 각각의 돌단突端을 연결하는 직선에 의한 만구의 폐쇄선

② 화암추 및 범월갑의 각각의 돌단을 연결하는 직선에 의한 만구의 폐쇄선

③ 1.5미터 암·생도·홍도·간여암·상백도 및 거문도의 각각의 남단을 차례로 연결하는 직선

④ 소령도·서격열비도·어청도·직도·상황등도 및 횡도(안마군도)의 각각의 서단을 차례로 연결하는 직선

본관은 각하가 일본국 정부를 대신하여 전기의 직선 기선의 결정에 대하여 일본국 정부로서 이의가 없음을 확인하면 대한민국 정부는 이 문제에 대하여 일본국 정부와의 협의가 종료한 것으로 간주할 것임을 언명하는 영광을 가집니다.

각하에게 새로이 본관의 변함없는 경의를 표하는 바입니다.

〔한국 측 서한〕 1965년 6월 22일 도쿄에서

각하, 본관은 금일 서명된 대한민국과 일본국 간의 어업에 관한 협정에 언급하여 양국정부 대표 간에 도달된 다음의 양해를 확인하는 영광을 가집니다.

잠정적 조치로서 대한민국이 설정하는 어업에 관한 수역을 구획하는 선과 다음 각선에 의하여 둘러싸이는 수역이 당분간 대한민국의 어업에 관한 수역에 포함된다.

① 북위 33도 48분 15초와 동경 127도 21분의 교점, 북위 33도 47분 30초와 동경 127도 13분의 교점 및 우도의 진동 12해리의 점을 차례로 연결하는 직선.

② 북위 33도 56분 25초와 동경 125도 55분 30초의 교점과 북위 33도 24분 20초와 동경 125도 56분 20초의 교점을 연결하는 직선.

위의 양해를 일본국 정부를 대신하여 확인하는 각하의 회한을 접수할 때에는 대한민국 정부는 본 서한과 각하의 회한이 상기협정의 발효일자에 효력이 발생하는 양국정부 간의 합의를 구성하는 것으로 간주할 것입니다. 각하에게 새로이 본관의 변함없는 경의를 표하는 바입니다.

〔한국 측 서한〕 1965년 6월 22일 도쿄에서

각하, 본관은 금일 서명된 대한민국과 일본국 간의 어업에 관한 협정에 언급해, 양국정부대표 간에 도달된 다음의 양해를 확인하는 영광을 가집니다.

양국정부는 양국의 어업 발전과 향상을 도모하기 위하여 기술 및 경제 분야에서 가능한 한 상호 밀접하게 협력한다. 이 협력에는 다음을 포함한다.

(1) 어업에 관한 정보 및 기술의 교환

(2) 어업 전문가 및 기술자의 교류

위의 양해를 일본국 정부를 대신하여 확인하는 각하의 회한을 접수할 때에는 대한민국 정부는 본 서한과 각하의 회한이 상기협정의 발효일자에 효력이 발생하는 양국정부 간의 합의를 구성하는 것으로 간주할 것입니다.

각하에게 새로이 본관의 변함없는 경의를 표하는 바입니다.

[일본 측 서한] 1965년 6월 22일 도쿄에서

각 하

본관은 금일자의 각하의 다음 서한을 접수하였음을 확인하는 영광을 가집니다.

본관은 일본국과 대한민국 간의 어업에 관한 협정의 부속서에 규정된 표지의 양식 및 부착장소에 대하여 양국 정부대표 간에 도달된 다음 양해를 확인하는 영광을 가집니다.

1. 표지에는 어선의 국적을 표시하는 약자 및 어업종류와 근거지항을 식별할 수 있는 번호를 부여하고, 그 양식은 별지와 같이 한다.

2. 표지에는 야간에 있어서도 전기의 약자 및 번호를 식별할 수 있는 도료를 칠한다.

3. 모든 표지에는 각 정부의 발급증인을 날인한다.

4. 표지의 부착장소는 선교 양측 위의 보이기 쉬운 곳으로 한다.

위의 양해를 대한민국 정부를 대신하여 확인하는 각하의 회한을 접수할 때에는 일본국 정부는 본 서한과 각하의 회한이 상기협정 발효일자에 효력이 발생하는 양국정부 간의 합의를 구성하는 것으로 간주할 것입니다.

각하에게 새로이 본관의 변함없는 경의를 표하는 바입니다.

[주일본 대한민국 대표부 서한]

주일본 대한민국 대표부는 외무성에 경의를 표하며 또한 금일 대한민국과 일본국 간의 어업에 관한 협정이 서명됨에 즈음하여 이동원 대한민국 외무부장관이 별지와 같은 성명을 행하였음을 통보하는 영광을 가집니다.

〈별지〉

대한민국 정부는 대한민국과 일본국 간의 어업에 관한 협정이 발효하여 대한민국의 어업에 관한 수역이 설정될 때에는 그 감시선에 의한 일본국 어선의 동 수역의 침범사실의 확인과 그 어선 및 선원의 취급에 대해, 국제통념에 따라 공정타당하게 처리할 용의가 있음을 이에 성명한다.

[주일본 대한민국 대표부 서한]

주일본 대한민국 대표부는 외무성에 경의를 표하며 또한 금일 대한민국과 일본국 간의 어업에 관한 협정이 서명됨에 즈음하여 차균희 대한민국 농림부장관이 별지와 같은 성명을 행하였음을 통보하는 영광을 가집니다.

〈별지〉

본 장관은 금일 서명된 대한민국과 일본국 간의 어업에 관한 협정이 발효할 때에는 대한민국과 일본국 간의 공동규제수역에서 잠정적 어업규제 조치가 실시될 것과 관련해, 대한민국 정부가 다음과 같은 조치를 취할 방침임을 이에 성명한다.

1. 잠정적 어업규제 조치의 적용의 대상이 되지 아니하는 종류의 어업에 종사하는 대한민국의 어선으로서 공동규제수역 안에 출어하는 것 중 60톤 미만 25톤 이상의 고등어낚시 어선의 조업기간은 6월 1일부터 12월 31일까지로 하며, 그 조업구역은 공동규제수역 안에서 대한민국의 경상북도와 경상남도의 경계선과 해안선의 교점과 북위 35도 30분과 동경 130도의 교점을 연결하는 직선 이남(단, 제주도의 서측에 있어서는 북위 33도 30분 이남)의 수역으로 하도록 지도한다.

2. 대한민국 정부는 공동규제수역 안의 고래 자원의 상태에 깊은 관심을 가지고 있으므로, 동 수역 안에서 소형 포경어업의 조업척수 및 그 어획노력을 현재 이상으로 증가시키지 아니하도록, 또한 대형 포경어업(100톤 이상의 어선에 의한 것)의 조업척수를 현재 정도 이상으로 증가하지 아니하도록 지도한다.

[한국 측 서한] 1965년 6월 22일 도쿄에서

본관은 금일 대한민국과 일본국 간의 어업에 관한 협정이 서명됨에 즈음해, 대한민국의 수산당국은 한일 양국 어선 간의 조업안전을 도모하고 정상적인 질서를 유지하기 위하여 또한 해상에서의 양국 어선 간의 사고의 원활하고 신속한 해결을 도모할 목적에 기여하기 위하여 양국의 민간 관계단체 간에서 별지에 열거한 항목을 포함한 약정이 가능한 한 조속히 이루어지도록 대한민국의 민간 관계단체를 지도할 의향임을 언명하는 바입니다.

〈별지〉

◇ 조업안전 및 질서유지에 관한 항목

1. 표지 및 신호

    (1) 어로작업 중인 어선이 그 사실을 표시하는 표지

    (2) 어선의 어로 중에 발생한 사고를 표시하는 표지

    (3) 어선의 야간에 있어서의 투묘 및 정박을 표시하는 표지

    (4) 어선의 야간 식별 신호 및 침로기적 신호

2. 조업 중의 준수사항

    (1) 전방에서 어로작업 중인 어선의 조업을 존중하는 원칙

    (2) 어로작업 중인 어구의 연신구역을 존중하는 원칙

    (3) 복수의 어로체의 병행조업에 있어서의 원칙

    (4) 폭주하는 어장에서의 조업 원칙(선망어업에 있어서는 등선의 조업 간격을 포함함)

3. 피항에 관한 사항

　(1) 어로작업 중인 어선 우선의 원칙

　(2) 어로작업 중인 어선 상호 피항에 대한 원칙

　(3) 어로작업 중의 사고어선(어구상실, 로프절단 등) 우선의 원칙

　(4) 투묘 및 정박에 관한 주의사항

　(5) 해난구조에 관한 사항

　(6) 어선, 어구의 피해보상에 관한 사항

〔일본 측 서한〕 1965년 6월 22일

각하

　본관은 대한민국과 일본국 간의 어업에 관한 협정의 부속서에 규정된 표지의 양식 및 부착장소에 대하여 양국정부 대표 간의 다음과 같은 양해가 도달되었음을 확인하는 영광을 가집니다.

　1. 표지에는 어선의 국어를 표시하는 약자 및 어업종류와 근거지 항을 식별할 수 있는 번호를 부여하는 것으로 하고 그 양식은 별지와 같이 한다.

　2. 표지에는 야간에 있어서도 정기의 약자 및 번호를 식별할 수 있는 도료를 칠한다.

　3. 모든 표지에는 각 정부의 발급증인을 날인한다.

　4. 표지의 부착장소는 선교 양측 위의 보이기 쉬운 곳으로 한다.

　상기 양해를 대한민국 정부를 대신하여 확인하는 각하의 회한을 접수할 때에는 일본국 정부는 본 서한과 각하의 회한이 상기 협정 발효일자에 효력이 발생되는 양국정부 간의 합의를 구성하는 것으로 간주할 것입니다.

　각하에게 새로이 본관의 변함없는 경의를 표하는 바입니다.

문화재·문화협력에 관한 협정

대한민국과 일본국 간의 문화재 및 문화협력에 관한 협정

대한민국·일본국은, 양국 문화의 역사적인 관계에 비추어, 양국의 학술 및 문화의 발전과 연구에 기여할 것을 희망해, 다음과 같이 합의하였다.

제1조 대한민국 정부와 일본국 정부는 양국 국민 간의 문화관계를 증진시키기 위하여 가능한 한 협력한다.

제2조 일본국 정부는 부속서에 열거한 문화재를 양국정부 간에 합의되는 절차에 따라 본 협정 효력발생 후 6개월 이내에 대한민국 정부에 인도한다.

제3조 대한민국 정부와 일본국 정부는 각각 자국의 미술관, 박물관, 도서관 및 기타 학술 문화에 관한 시설이 보유하는 문화재에 대하여 타방국의 국민에게 연구의 기회를 부여하기 위하여 가능한 한의 편의를 제공한다.

제4조 본 협정은 비준되어야 한다. 비준서는 가능한 한 조속히 서울에서 교환한다. 본 협정은 비준서가 교환된 날로부터 효력을 발생한다.

이상의 증거로서 하기 대표는 각자의 정부로부터 정당한 위임을 받아 본 협정에 서명하였다.

1965년 6월 22일 도쿄에서 동등히 정본인 한국어 및 일본어로 본서 2통을 작성하였다.

의사록

대한민국과 일본국 간의 문화재와 문화협력에 관한 협정에 대한 합의의사록

　한국 측 대표는 일본국민의 소유로서 한국에 연유하는 문화재가 한국 측에 기증되도록 희망한다는 뜻을 말하였다.

　일본 측 대표는 일본국민이 소유하는 이러한 문화재를 자발적으로 한국 측에 기증함은 한일 양국간의 문화협력의 증진에 기여하게도 될 것이므로 정부로서는 이를 권장할 것이라고 말하였다.

1965년 6월 22일 도쿄에서

기본관계에 관한 조약

대한민국과 일본국 간의 기본관계에 관한 조약

대한민국과 일본국은, 양국 국민 관계의 역사적 배경과, 선린관계와 주권상호존중의 원칙에 입각한 양국관계의 정상화에 대한 상호 희망을 고려하며, 양국의 상호복지와 공통이익을 증진하고 국제 평화와 안전을 유지하는 데 있어서 양국이 국제연합헌장의 원칙에 합당하게 긴밀히 협력함이 중요하다는 것을 인정하며, 또한 1951년 9월 8일 샌프런시스코 시에서 서명된 일본국과의 평화조약의 관계 규정과 1948년 12월 12일 국제연합총회에서 채택된 결의 제195호(Ⅲ)를 상기하며 '본 기본관계에 관한 조약을 체결하기로 결정하며, 이에 다음과 같이 양국의 전권위원을 임명하였다.' (この基本関係に 関する條約を締結することに決定し, よって その全権委員としてつぎのとおり任命した).

대한민국	대한민국 외무부장관 이동원
	대한민국 특명전권대사 김동조
일본국	일본국외무대신 椎名悦三郎
	高杉晋一

이들 양국 전권위원은 그들의 전권위임장을 상호 제시하고 그것이 양호 타당하다고 인정한 후 다음의 제 조항에 합의하였다.

제1조 양 체약당사국 간에 외교 및 영사관계를 수립한다. 양 체약당사국은 대사급 외교사절을 지체 없이 교환한다.

양 체약당사국은 또한 양국정부에 의하여 합의되는 장소에 영사관을 설치한다.

제2조 1910년 8월 22일 및 그 이전에 대한제국과 대일본제국 간에 체결된 모든 조약 및 협정이 이미 무효임을 확인한다(1910年 8月 22日 以前に大日本帝國と大韓帝國との間で締結されたすべての條約および協定は、もはや無効であることが確認される).

제3조 대한민국 정부가 국제연합총회의 결의 제195호(Ⅲ)에 명시된 바와 같이, 한반도에 있어서의 유일한 합법정부임을 확인한다(大韓民國政府は、國際連合總會決議 195(Ⅲ)に明らかに示されているとおりの、朝鮮にある唯一の合法的な政府であることが確認される).

제4조 (가) 양 체약당사국은 양국 상호간의 관계에 있어서 국제연합헌장의 원칙을 지침으로 한다.

(나) 양 체약당사국은 양국의 상호의 복지와 공통의 이익을 증진함에 있어서 국제연합헌장의 원칙에 합당하게 협력한다.

제5조 양 체약당사국은 양국의 무역, 해운 및 기타 통상상의 관계를 안정되고 우호적인 기초 위에 두기 위하여 조약 또는 협정을 체결하기 위한 교섭을 실행 가능한 한 조속히 시작한다.

제6조 양 체약 당사국은 민간항공운수에 관한 협정을 체결하기 위하여 실행 가능한 한 조속히 교섭을 시작한다.

제7조 본 조약은 비준되어야 한다. 비준서는 가능한 한 조속히 서울에서 교환한다. 본 조약은 비준서가 교환된 날로부터 효력을 발생한다.

이상의 증거로서 각 전권위원은 본 조약에 서명 날인하였다.

1965년 6월 22일 도쿄에서 동등히 정본인 한국어, 일본어 및 영어로 본서 2통을 작성하였다. 해석에 상위가 있을 경우에는 영어본에 따른다.